KB082341

김조년 님께 一九八五.五.一○.

편지 고맙게 받은지 여러날 됐는데 쉬이 회답 못드려 궁금했을줄 압니다. 한마디로 기쁘 잘 있습니다.

지금은 土曜日 밤이그 냉불이며 즐즐음입니다.

사람은 저의 힘으로를 뜻벗어나지만 묵혀은 그 알수없는 근본되시는 아뇌림 모든것을 아는자리에 가진것임니다. 이시간이나, 또 내일에 가며 어떻게 될 것인지 어느정도 알수도 있지만, 남인간음에 은생각고하은 이무리 사랑한건해도 그까음과 혼의상태를 알수 없군요, 그래서 편지편도 해보지만, 그것으로도 저쪽을 알기는 어렵고, 나를 알릴고도 없고, 또즉 음이많은 하나의 경계선을 넘으면 리욱 알고싶어지고

사랑
하는
벗
에게

표주박통신 20년
사랑하는 **벗**에게

2007년 4월 15일 초판 1쇄 인쇄
2007년 4월 20일 초판 1쇄 발행

지은이 | 김조년
펴낸이 | 김영호
펴낸곳 | 동연
편 집 | 김화혁
등 록 | 제1-1383호
주 소 | 서울시 마포구 망원동 472-11 2F
전 화 | (02)335-2630
팩 스 | (02)335-2640

값 12,000원
ISBN 978-89-85467-56-8 03040

사랑하는 벗에게

동연

발간에 부쳐

편지는 나에게 어떤 운명인지 모른다는 생각을 많이 한다. 편지 때문에 영광스럽고 기쁠 때도 많았지만, 편지 때문에 힘들고 괴로웠던 때도 있었다. 그런데도 편지 쓰는 것을 그만 둘 수가 없다. 오고가는 것이 정이듯이, 편지 쓰고 받는 것도 역시 같은 정이다. 편지는 내 맘의 표현이요, 내 사자요, 내 몸이다. 한없이 외로워서 그것을 내던진다. 받아주는 이 있으려니 생각하면서. 함께 가고 싶어 손짓한다. 마치 같이 만들 낙원이 있을 것 같아서. 숨기지 못하고 속 알을 내보이고 싶다. 마치 함께 영글어갈 것 같아서. 그냥 기록하고 싶다. 잊혀지면 존재가 없어지는 것 같아서… 그렇게 하여 편지질이 스무 해가 넘었다. 그러니 함께 기뻐하잔다. 함께 고마워하잔다. 가만히 살펴보면 그냥 고마운 것뿐이다. 하루하루 살면서 내 넋이 몸이 되고, 몸이 다시 넋으로 바뀌다가 이제는 넋과 몸이, 맘과 몸이 그냥 맘으로 하나가 되는 것이 옳다는 생각에 다다른다. 내 속에 사랑하는 벗 당신이 있고, 당신 속에 내가 있음을 본다. 그래서 나는 한 번도 그냥 낯선 사람에게 편지를 보내지 않았다. 언제나 나는 바로 내 안에 살아 있는 사랑하는 당신 한 사람에게만 수없이 편지를 보내고 이야기하고 사랑을 나누고 싶었다. 그래서 나와 떨어지지 않는 당신이기에, 이 편지는 또 다시 내 자신에게 띄우는 것이 됐다. 그냥 나와 내가 이야기하고, 나와 내가 싸우는 것을 당신에게 보여드린다는 핑계 삼아 이렇게 편지를 썼다.

그래서 남는 것은, 보이는 것은 부끄럼뿐이다. 그렇다고 버릴 것도 숨길 것도 아니다. 그 모습 그대로 받아주기를 바라기에. 그러면서 스무 해의 뒤에 해당하는 열 해 동안 썼던 것들 중에서 부드러운 것들 몇 편을 골랐다. 미연이, 은숙이, 혜숙이, 난영이가 애썼고, 강훈이가 또 애썼다. 지하, 묵점, 관옥 선생님들이 빛나는 축하의 말씀을 망설임 없이 써주셨다. 그냥 팽개치다시피 던진 글들을 깊은 동정과 의무를 가지고 동연의 김영호 선생과 편집진이 맥을 잡아 얽어 주셨다. 그래도 글이 지루하고 진부하고 맴도는 것은 다 내 삶이 그래서 그렇다. 부끄러운 한 점 던져 놓고 또 다른 한 점을 향해 가는 징검다리를 놓는다. 이제 읽는 당신과 나에게 건강과 평화가 가득하기를 빌면서...

2007년 4월 8일

김조년 모심

가까이, 더욱 더 가까이!

김 지 하(시인)

　김조년 교수의 저 유명한 '표주박통신'이 책으로 묶여 나온다고 한다.

우선 축하한다.

맨 먼저 떠오르는 생각은 김교수의 그 독특한 통신방법이다.

디지털매체의 그 흔해빠진 통신방법과는 너무나도 다르고, 너무나도 원시

적인, 그리고 너무나도 근원적인 소통이기 때문이다.

그것은 거의 육필에 가깝다.

육필은 육성이다.

만들어지는 소리, 기계음으로 가득 찬 이 세상에서 육성을 듣는다는 것은

거의 전율이다.

육성을 통한 소통은 의미체계가 다르다. 그 문법적 구조와는 전혀 다르게

그 '넋의 몸'을 만질 수 있게 하는 강렬한 스킨십이기 때문이다. 날이 갈수

록 더욱 더 소중해지는 이것을 한꺼번에 책으로 묶는다는 것이다. 놀라운

일이다.

다 알듯이 김교수는 현대의 성자인 함석헌 선생의 제자다.

그의 글 갈피갈피에 씨올이 살아 생동한다. 씨올은 '몸의 넋'이다.

그러매 '넋의 몸을 통해서 몸의 넋을 발신하는 것'이 곧 '표주박통신'인 것이다.

이것은 결코 범상한 일이 아니다.

우리는 거의 매일 매 순간 넋과 몸의 깊은 분열로, 그 소통단절로 괴로워하고 있기 때문이다.

씨올은 생명이며 영성이다.

생명과 영성의 시대를 온몸, 온 넋으로 외쳐 부르는 이 '표주박통신'으로부터 오늘 우리의 살길 하나를 마음의 손으로 직접 더듬어 보자.

가까이!

더욱 더 가까이!

2007년 4월 4일

차례

1부 사랑하는 벗에게

3부 스승 함석헌의 편지

4부 다시 샘물을 뜨면서…

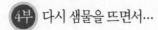

표주박 들고 옹달샘 터로 가리라!

기 세 춘

　김조년 교수의 표주박통신이 벌써 20년이 되었다고 한다. 이 통신은 특이한 공동체의 미니컴이라고 할 수 있다. 표주박은 졸업한 제자들과의 쌍방소통이라는 점에서 그 의미가 남다르기 때문이다. 대학교라는 제도에서 교수와 학생은 거의 일방통행의 지식전달 관계이며, 졸업을 하고 나면 그 관계마저 당연히 단절된다. 그런데도 이처럼 단절하지 않고 통신을 통해 '서로 소통'을 계속한 사례를 내가 알기로는 앞선 사례도 없고 뒤에도 없을 것이다. 그리고 제자들 뿐 아니라 그 주변으로 확산되어 수천부의 통신지가 발행되고 있는 것은 참으로 기이한 사건이다. 진심으로 20주년을 경하해 마지 않는다.

　내가 언제부터 표주박통신을 받아보기 시작했는지는 기억이 없지만 15~6년은 넘었을 터인데도 도무지 오래되었다는 생각이 들지 않는다. 표주박은 정기간행물도 아니라서 기다릴 일도 없고, 어느 날 갑자기 엽서처럼 오면 가벼운 마음으로 읽었을 뿐이다. 그리고 오지 않으면 잊어버리고 기다리지도 않는다. 표주박에 실린 글들도 구체적으로 기억나는 것이 없다. 그저 '모두 예쁜 글이었지!' 라는 막연한 기억밖에 없다. 이처럼 표주박은 나에게는 편안한 것이었다. 김 교수의 글들은 잔잔하고 담담할 뿐 맛깔스럽지도 않다. 더구나 무슨 시험과목도 아니고 남에게 자랑할 만한 뜻밖의 지식을 제공해 주지도 않는다. 있어도 그만, 없어도 그만 생활에 보탬이 되지도 않는다. 그렇다고 우리의 영혼을 일깨우는 거창한 진리의 말씀도 아니다. 그런데도 손길이 다가가고 읽으면 잔잔한 감동과 명상에 잠기게 한다. 왜 그럴까? 이제야 돌이켜보니 그것은 독자 스스로 자신의 영혼을 일깨우도록 인도하는 글이었던 것 같다. 그가 우리에게 준 것은 생명의 물이 아니라 그것을 떠먹으라는 표주박이었던 것이다. 〈표주박〉도 '예쁜 이름이구나!' 했지만 그 의미를 곰곰 생각해본 적이 없었는데 이제야 알 것 같다.

김조년 교수는 그의 표주박처럼 참으로 편안한 분이다. 언젠가 그가 주선하는 무위(無爲) 캠프에 참석한 적이 있는데 그 때 느낌도 덤덤할 뿐 열광적이지도 않았다. 그렇지만 그와 그들을 만나보면 모두가 편안하고 정이 간다. 왜 그럴까? 분노하고 교만을 자청하는 나와는 너무도 대조적이어서 그럴까? 피와 살을 가진 인간은 종노릇을 하고, 국가, 기업, 공장, 학교, 교회 등 의제된 가짜 인간들이 주인노릇을 하는 이 문명이 나를 분노하게 한다. 사람 살기 좋은 나라가 아니라 기업이라는 괴물들이 살기 좋은 나라를 지향하고 있으니 그 광기에 분통이 터진다. 나는 훌륭한 선배들의 학문적 업적은 인정하지만 그들을 앞서려고 비판하는 교만을 자청한다. 그러면서 학문을 하는 자는 교만해야 한다고 떠들며 나의 교만을 합리화 한다. 그러나 나와는 달리 그는 훌륭한 학자지만 조용히 성찰할 뿐, 교만 끼가 전혀 없다. 그는 진정 표주박 같은 분이다. 표주박은 깊은 우물을 긷거나, 유장한 강물을 퍼 올리거나, 드넓은 바닷물을 끌어올 수는 없다. 하지만 조그만 옹달샘에서는 꼭 필요한 물건이다.

옹달샘은 생명의 근원이다. 먼 옛날부터 인류는 물을 신성시 했다. 그래서 인류 최초의 철학자라고하는 탈레스는 만물의 근원은 물이라고 말하지 않았던가? 중국인들이 하늘과 땅을 연결하는 물의 화신인 용(龍)을 숭배하는 것도 물을 생명수로 여겼기 때문이다. 또한 가뭄과 홍수의 여신 〈여왜(女媧)〉를 숭상한 것도 마찬가지이다. 중국 고대신화에 나오는 여왜는 성씨가 풍(風)인 여신(女神)으로 태양신 복희(伏羲)씨의 아내인데 달(月)을 주관하는 인면사신(人面蛇身)의 음제(陰帝)이다.

특히 여왜신화에 주목하는 것은 그 내용이 대체로 구약 창세기의 창조설화와 비슷하기 때문이다. 요약하면 그녀는 만물을 지었는데, 그것만으로는 너무 쓸쓸하여 흙으로 사람의 형상을 만들고 혼을 불어넣어 7일 만에 사람을 짓고 혼인 제도를 만들어 번성하게 했으나, 수신 공공(水神 共工)과 환산 축융(火神 祝融)이 서로 싸워 하늘이 무너지자, 산에는 불이 나고 들에는 대홍수가 져 사람이 살 수 없게 되었다. 이에 여왜는 옥돌 기둥을 만들어 하늘을 기워 수리함으로써 사람이 살 수 있게 되었다는 것이다.

지중해 연안 가나안 지방에서는 소수 민족인 유태인과 계약을 맺은 전쟁 신 〈야훼〉보다도 비의 신 〈바알〉이 널리 퍼진 토착 신이었다. 바람과 비의 신 〈바알〉은 바다와 강의 신 〈얌-나하르〉와 우물과 샘의 신 〈아스달〉과 죽음의 신인 〈모트〉를 물리치고 왕이 된 만신전(萬神殿)의 주신(主神)이었다. 특히 의미 있는 것은 이 가운데 하늘에서 내리는 비의 신이 인공과 문명의 신보다 우월하다는 것이다. 〈바알〉은 유목의 신인 〈야웨〉와는 달리 농경민족의 풍요의 신이라는 점에서 헬라인의 포도와 풍요의 신 〈디오니소스(박카스)〉와 상통한다.

인도에서는 신들이 결혼하여 여러 신을 낳으므로 여신들이 많다. 인도의 고대 신화집인 [베다]에 의하면 만신전(萬神殿)이 무색할 정도로 신들이 너무도 많아서 3억이 넘는다고 한다. 그러나 그 중에서 천둥과 비의 신 〈인드라(Indra)〉, 우주질서를 담당하는 〈바루나(Varuna)〉, 식물의 신 〈소마(Soma)〉, 불의 신 〈아그니(Agni)〉가 유명하다.

[베다] 이후에는 창조의 신 〈브라흐만〉, 질서와 정의의 신 〈비슈누〉, 죽음과 파괴의 신 〈시바〉의 삼신일체(三神一體)로 정리되었으며, 이들 신들은 연꽃 위에 앉아 있거나 뱀을 감고 있는 형상으로 그려지는데, 연꽃과 뱀은 물(水)의 화신(化神)을 의미한다. 연꽃은 생명의 원천인 물의 발현과 깨어남을, 뱀은 물의 잠재와 휴식을 표현한다. 인도인들에게 가장 인기 있는 풍요와 富의 여신 〈락슈미〉는 연꽃 위에 앉아 두 손에는 연꽃을 들고 있고 두 손으로는 황금을 쏟아 붓고 있다.

이처럼 신들의 모습은 민족마다 지역에 따라 다종다양하지만 물을 신성시 한 것은 모두 비슷하다. 그런데 김 교수는 생명수인 물임을 자처하지 않고 그저 그것을 떠먹는 표주박이 되고 싶었던가 보다. 그것도 샘물도 아니고 강물도 아니고 바닷물도 아니고 산속의 작은 옹달샘에서만 소용되는 표주박이고자 했다. 옹달샘은 외로운 산길을 가는 나그네가 목을 축이고 돌아서면 그 뿐 아무도 기리거나 기억해 주지 않는다. 그러나 그것이 모여 큰 강물을 이루고 넓은 바다를 이룬다. 그러니 그 옹달샘 가에 작은 표주박 하나를 걸어놓은 그의 마음이 쓸쓸하고 아름답지 않은가?

인도의 힌두교도들은 강의 여신 "강가"를 숭상하고, 이 강에서 목욕 의례를 하는 "쿰바멜라" 축제를 12년마다 여는데 2001년 1월에 열린 축제에는 8천만이 모여들었다고 한다. 그들에게 강물은 생명과 정화의 신성물이다.

이제 표주박 가족들은 한남대학교 오동나무 숲 옹달샘터에서 2007년 4월 20일과 21일 이틀간 20주년을 기념하는 작은 축제를 연다고 한다. 이날은 이 책도 선을 보일 것이고, 아울러 〈아름다운 가게〉 운동을 펴고 있는 박원순 선생님, 〈녹색대학〉 이사장인 장회익 선생님, 독일 퀘이커이며 평화운동가인 Ute Caspers 선생님의 말씀이 있을 것이니 온기로 넘쳐날 것이다. 나도 즐거운 마음으로 표주박 같은 이 책 하나 받아들고 그가 인도하는 데로 생명과 평화의 옹달샘 물을 마시려고 한다. 그날이 기다려진다.

2007년 4월 4일

선생 김조년

이 현 주

나는 김조년 선생에 대하여 아는 게 별로 없는 사람입니다. 무슨 일을 함께 해본 적도 없고, 한 스승을 모시고서 공부한 사이도 아닙니다. 김조년 선생이 대전에 있는 한남대학교 교수라는 건 압니다만, 그가 무엇을 가르치는 교수인지, 전공이 무엇인지도 모릅니다.

그런데도 이렇게 '발문'을 써달라는 부탁에 응하고 있는 것은 지난 수년 간 받아 읽은 '표주박통신'에 대한 빚 갚음쯤 될는지 모르겠습니다.

남새밭에 물을 주면서 거기 놓여 있는 '크는 돌'에도 빠짐없이 물을 주던 아이가 있었습니다. 그 아이가 자라나더니 대학교수가 되어 자기를 선생으로 바라보고 따르는 학생들과 주변 사람들에게 계속 물을 주고 있습니다. 물을 준다고 해서 '돌'이 자랄 리야 있겠습니까만, 그렇게 정성껏 돌에게 준 바로 그 물이 본인을 자라게 했다는 사실이야 어딜 가겠습니까?

김조년 선생은 자기 이름에 아무 것도 붙지 않는 '맨 사람'으로 살고 싶다고 합니다만, 그거야 존중되어야 할 본인의 희망이고, 다른 사람들이 그에게 달아주는 꼬리표까지 떼어버릴 수는 없는 일이겠지요.

그런 뜻에서 나는 '김조년'이라는 이름에 '선생'이라는 꼬리표가 붙는 것이 매우 당연하다는 생각입니다. 그래요, 시끄럽게 떠들며 장난치는 시골 중학교 학생들에게 준비해간 모든 것을 버리고 즉석에서 새로 교안을 구성하여 '평범한 일상생활 속에서 낳고 자라고 열매 맺는 평화'를 가르치는 모습을 보면, 그는 천생 선생입니다. 물론 이 나라에는 속된 말로 '선생질' 해서 살아가는 이들이 참 많습니다. 그러나 그들 모두를 정말 선생이라고 부를 수 있을까요? 그 이름에 '선생'이라는 꼬리표가 붙는 것이 마땅해 보이고 나아가 우러러보이는 그런 이들이 과연 몇이나 될까요? 그런 이들이 얼마나 많이 있느냐 또는 적게 있느냐 하는 것은 사실 물어볼 가치도 없는 질문입니다만, 내가 여기서 말하고 싶은 것은, 김조년이야말로 '선생'이라는 호칭 말고는 어울리는 호칭을 따로 찾기 힘든 그런 분이라는 사실입니다.

이렇게 말씀드리는 이유는, 그가 남을 가르치기 전에 먼저 자기 자신을 학생의 자리에 두어 끊임없이 배우는 자세를 유지해왔고 지금도 그런 자세로 살아가고 있다고 보기 때문입니다. 본인의 고백대로, 지난 날 그에게 다석 유영모의 제자면서 스승과 다른 길을 걸어야 했던 평화운동가요, 씨올사상가요, 시인이요, 퀘이커인 함석헌이 없었다면 오늘의 김조년은 없었을 것입니다. 그가 바보새 함석헌을 평생 스승으로 모셨다는 말은 그가 평생 학생으로 살았다는 말이고, 바로 그 때문에 믿을만한 선생일 수 있다는 말씀이올시다.

그는 "좋은 농부가 씨 뿌리고 거름 주고 북돋아 주듯이 지극 정성으로" 자신의 맘을 모아, "애써서 노력하지 않아도 학생 하나하나가 내 앞에 변복하고 나타난 하나님"으로 보여지기를 소망하는 그런 사람입니다. 이로써, 미쁜 선생에게 모름지기 있어야 할 필요충분조건을 두루 갖춘 셈 아니겠습니까?

김조년 선생이 세상을 살면서 자기에게 던져지는 문제들과 씨름하는 모습을 보여주며, 1987년 3월 30일 첫 호를 낸 '표주박통신'이 스무 해 세월을 흘러 바야흐로 백호를 내기까지 이르렀나 봅니다. 어찌 그것을 김 선생 혼자서 이룬 일이라고야 하겠습니까만, 그러나 김교신 없는 '성서조선'이나 함석헌 없는 '씨알의 소리'를 생각할 수 없듯이, 김조년 없는 '표주박통신'을 생각할 수 없는 것 또한 엄연한 사실이지요.

그를 선생으로 모시며 따르는 후학들이 이렇게 스무 해 기념으로 책을 한 권 묶어 세상에 내게 된 것을 진심으로 축하합니다.

아무쪼록 앞으로도 계속하여 '표주박통신'이 평화의 다리가 되어 세상을 좀 더 평화롭게 만들어가고, 사람들 저마다 속에 간직되어 있는 빛을 세상에 드러내어 비추게 하는 데 숨은 공덕이 있기를 빕니다.

2007년 4월 5일

1부

사랑하는 벗에게

내면의 빛

사랑하는 벗에게

안녕하셨습니까? 인사가 늦었습니다. 학생들과 함께 필리핀에 자원봉사활동을 두 주간 다녀오는 바람에 준비할 시간을 많이 가지지 못하였습니다. 양력이나 음력으로도 모두 새해가 지났습니다. 춥다고 하는 동안 입춘이 지났고 날씨가 많이 풀렸습니다. 경제에도 냉기가 사라지고 따뜻한 봄이 왔으면 좋겠고, 남북관계나, 북미관계, 북일관계 역시 따뜻한 봄날이 오기를 기대합니다.

요사이 나는 몇 가지를 종합해야 한다는 생각을 종종 합니다. 즉 명상과 활동, 고요함과 움직임, 신비와 이성, 신비주의와 합리주의, 직관과 분석(학문), 종교와 철학, 과학과 상식, 죽음과 삶, 영원과 순간, 생각(이론)과 실천, 몸과 맘, 물질과 정신, 밝음과 어두움, 빛과 그림자, 옴(있음)과 떠남, 사랑과 미움(증오), 거룩함과 속됨, 사사로움과 공공성, 개인과 전체(사회), 가짐(소유)과 빈손(무소유), 자아와 무아(몰아) 따위를 한 묶음으로 묶어서 생각하고 따져보아야 한다는 생각이 많아졌습니다. 과학기술이 첨단을 치달리고 자본의 힘이 모든 것을 제압하는 듯이 보이는 지금, 그것들에 눌려 전혀 겉으로 드러나서 힘을 내지 못하는 것들에 대한 갈망이 내 속에 상당히 크게 있음을 봅니다. 대개 우리는 분명한 한 편에 서 있는 것을 좋아하고 요청받기도 합니다. 그러나 우리 삶은 그렇게 분명한 것을 가릴 수 없게 할 때가 너무 많습니다. 그렇다고 두루뭉수리로 아무렇게나 살아도 된다는 것 또한 아닙니다. 그래서 중용을 생각하고, 그것은 양극단을 거부하지 않되 양극단을 극복하는 그런 통합의 자리가 아닌가 생각하게 됩니다. 엄밀히 따지면 양극단은 멀리 떨어져 있는 듯이 보이지만, 그 근원은 하나입니다. 그것이 나오는 뿌리는 하나라는 뜻입니다. 하나의 뿌리로 통합이 되지만, 개개인이 가지는 욕심을 채우기 위한 방법에서 갈라집니다. 그 사사로운 욕심의 도구를 깨는 것이 바로 중용이라고 생각합니다. 중용의 길은 바로, 양극단에 크게 무게를 두지 않되 스스로 자리를 중심에 두는 것일 겁니다. 그렇다고 하더라도 어디인가 한 곳 더 무게를 두는 곳은 있어야 할 것입니다. 첨단과학시대, 자본과 물질이 주류를 이루는 지금, 그것과 반대편에 있는 듯 보이는 것에 더 많은 관심을 쏟는 것이 옳다고 봅니다. 그것은 바로 신비로움을 일상생활에서 맛볼 수 있게 애쓰는 일이라 봅니다.

원래 인간은 신비로운 존재, 신비로움을 경험하는 존재였습니다. 우리가 어렸을 때는 모두가 다 그러한 신비로움을 맛봅니다. 그러다가 크면서, 철이 들면서, 사회규범에 버릇되고 체면이라는 것이 생기면서, 사사로운 욕심에 서서히 사로잡히면서 신비체험에 대한 감각이 무뎌지다가 나중에는 그것을 무시하게 된다고 봅니다. 우리는 어느 순간에 소리를 듣고, 빛을 보고, 환상을 보며, 해탈과 해방감을 느끼며, 먹지 않았음에도 배고프지 않고, 마시지 않았는데도 목마르지 않는 순간을 느낄 때가 있습니다. 또 그 힘으로, 바로 그러한 순간의 경험으로 복잡하고 어려운 삶을 잘 이끌어 나갑니다. 요사이처럼 삶이 각박할수록 모든 분야에서 신비체험은 필수불가결한 것이라고 봅니다.

여행하면서, 자연 속에서, 속된 것을 즐기면서, 고통을 받으면서, 공동체생활 속에서, 어떤 기쁨을 맛보면서, 때로는 아주 심한 아귀다툼 속에서, 또는 욕망충족의 절정에서, 아니면 밑 모르는 좌절감에서 우리는 어떤 신비감을 느낄 때가 있습니다. 그 때는 바로 '삶이 그렇게 복잡한 것이 아니구나' 하는 생각과 '내 자신의 어떤 힘과 노력만으로 꾸려지는 것이 아니구나' 하는 것을 깨닫게 됩니다. 이 때 우리는 또 다른 신비로움을 맛봅니다. 그러한 신비체험을 자주 하는 것이 좋은 삶으로 가는 지름길이 되지 않을까 합니다. 그러기 위하여 몇 가지 가져야 할 전제가 있다고 봅니다.

나는 모든 것들은 다 동일한 생명의 근원에서 나왔다고 확신합니다. 윤회나 생명의 순환을 믿는 것과는 상관없이 나는 모든 생명체를 똑같이 귀한 존재로 높이고, 공경하고, 모셔야 한다고 믿습니다. 그렇다면 나는 결코 스스로 자신을 높일 이유가 없습니다. 그냥 낮아지는 훈련을, 연습을 일상생활에서 하는 것이 아주 좋은 삶이 아닐까 합니다. 그것은 하나의 기다리는 삶입니다. 나도 무엇인가를 기다려보니 기다리는 순간은 결코 교만할 수가 없더군요. 무엇을 기다릴까? 나는 우리 모든 사람은 한결같이 '내면의 빛', '내 안에 있는 빛'이 있다고 믿습니다. 그 빛은 언제나 반짝 빛나고, 비추기를 기다릴 것입니다. 내가 기다리는 것은 바로 내 속에 있는 그 빛에 어떤 또 다른 빛이 비추어 서로 마주치는 점에 내가 서 있는 것입니다. 이것이 신비로움입니다. 그것을 나 혼자서 기다릴 수도 있지만, 아내와 함께, 딸이나 아들과 함께, 또는 맘이 통하는 친구들과 함께 기다리고 나눌 필요가 있다고 봅니다. 그래서 개인신비와 집단신비를 거쳐서 사회신비의 차원까지 간다면 얼마나 좋겠습니까?

신비로운 삶을 기대하고, 평화를 빌며...

- 2005. 1. 31. 표주박통신 84호

생명의 신비

사랑하는 벗에게

안녕하십니까? 황사가 심하여 견디기 어려우면서도 봄에 활짝 피는 꽃들과 새롭게 지저귀는 새들의 소리를 들으면 삶의 의욕이 솟아올라 요동치는 아름다운 계절입니다. 이 계절에 훌륭한 삶을 사기기 빕니다.

저는 예수의 고난과 부활을 기념하는 기간에, 그것을 기념하는 것이 무엇인지를 많이 생각하면서 지냈습니다. 그가 고난을 받을 때 내 고난은 무엇이며, 그가 십자가에 못 박힐 때 내 무엇을 못 박았으며, 그가 무덤에 묻힐 때 내 어떤 시체를 땅에 묻었으며, 그가 부활할 때 나는 어떤 모습으로 새롭게 솟아났는가를 따져 보았습니다.

참으로 자연의 힘은 우리가 상상할 수 없는 무한함을 보여줍니다. 여기 유럽에는 Schneeglöckchen이라고 하는, 우리말로 번역하면 '작은 눈종꽃'이라고 하는 꽃이 있습니다. 말 그대로 꽃은 작은 종처럼 생긴 것이 눈같이 하얗습니다. 우리말 정식 꽃이름이 무엇인지 모르겠군요. 정원을 가지고 있는 사람들은 그것을 심어 놓고 봄을 기다리는 듯이 보입니다. 그 꽃은 제가 보기에 새봄을 알리는 전령사입니다. 2월이 되면 눈이 많습니다. 땅은 꽁꽁 업니다. 그런데 날씨가 약간 풀려서 눈이 녹으면, 눈녹은 정원 그 자리에 튀밥처럼 생긴 하얀 꽃이 땅을 비집고 올라옵니다. 눈은 녹은 곳이 있지만, 그러나 땅은 얼어 있는 것이지요. 그런데 그 차가운 눈 속에서, 언 땅에서 그 연한 꽃잎이 올라오는 것을 보는 사람이 감동하지 않을 수 있겠습니까? 대개 2월 중순쯤이면 그것이 올라옵니다. 풀잎보다는 새하얀 꽃이 먼저 나옵니다. 얼마나 부드럽고 깨끗한 게 눈이 부십니다. 길을 가다가 그것을 보는 순간, 그러니까 눈이 녹은 자리에 또 다른 새하얀 그 꽃이 땅을 비집고 올라온 것을 볼 때 발을 멈추고 길게 숨을 내쉽니다. 아! 세월이 이렇게 됐구나 하는 생각과 함께, 그 딱딱한 땅을 어떻게 이 연한 것이 뚫고 솟아오를까 하는 생각에 감동을 느낍니다. 무조건 부드럽다고 견고한 것을 뚫는 것은 아니겠지요. 그것이 생명이기에 그런 힘이 있는 것이지요. 그냥 무조건 부드러우면 비겁한 것이 될 수도 있을 것입니다. 그러나 생명으로 가득한 부드럼이면 어느 것도 넘볼 수 없는 의연한 강함이 있을 것입니다. 그것이 바로 부활의 신비요 실재라고 보았습니다. 어둡고 음산하고 딱딱하고 차가운 그 속에서 생명의 씨는 얼지도, 음산하지도, 딱딱하지도 않게 그냥 그렇게 의연히 생생하게 살아 있었던 것이지요. 바로 이것이 봄의 신비요 현실입니다. 아니, 생명의 신비요 현실입니다.

그런데 문제는 그 생명현실을 우리 일상생활현실로 어떻게 바꾸거나 익히는가 하는 문제입니다. 어느 선생에게 여쭈어도 가르쳐줄 수 없을 것이며, 꿈속에 어느 신령님이 오셔서 가르쳐주는 것도 아닐 것이며, 하느님이 큰 소리로 이리저리하라고 가르치는 것도 아닐 것입니다. 우리 속에 이미 주어진 생명, 속에서 타고 있는 생명의 빛이 이미 말하여 주고 있습니다.

'원수를 사랑하라.' '모든 것에 감사해라.' 이런 계명들이 이미 우리가 낳기 이전부터 우리에게 주어져 있었습니다. 그것을 실현하려고 애 쓰는 과정에서 생명현실은 바로 우리 일상생활형식으로 서서히 바뀔 것입니다. 일단 내가 제일 미워하던 사람을 입으로 부르면서 그를 위하여 기도하여 보는 것, 그를 사랑하게 하여 달라고 빌어보는 것, 바로 그것이 그 길로 가는 첫걸음이라고 봅니다. 그러면 분명히 미움이 사랑으로, 저주가 축복으로, 암울함이 산뜻하고 밝음으로 바뀌게 될 것입니다.

　벗과 저에게 건강과 평화가 있기를 빌면서...

- 2005. 3. 31. 표주박통신 85호

소통

사랑하는 벗에게

안녕하시지요? 아주 훌륭한 계절을 생기발랄하고 멋지게 지내고 계시리라 믿습니다. 역시 오월은 참으로 아름다운 계절입니다. 어느 계절인들 나쁜 것이 있겠습니까마는 특별히 오월은 천지가 푸르름으로 가득한 듯 어디인가 약간 빈 듯한, 그래서 좀 더 많은 정이 가는 그런 누리를 우리에게 주는 계절인 듯합니다. 파란비단을 깔아놓은 듯한 천지를 볼 때 누가 기쁘고 행복한 마음을 가지지 않겠습니까? 우리 삶이 이렇게 항상 싱싱할 수 있는 길이 어디에 있는지 우리 각자가 찾아야 할 것 같습니다. 그런 오월이 다 갔습니다.

저는 두 가지, 아주 쉬운 듯하면서도 무척 어려울 것같은 두 가지를 간절히 바라고 있습니다. 그 중 하나만 나누어 보겠습니다. 아침이나 낮에 산책할 때, 숲을 지날 때 아름다운 새들이 온갖 정성과 뛰어난 재주로 노래를 부릅니다. 그것이 하도 신기하고 기분이 좋아서, 좀 더 가까이에서 관찰하고 싶어서 다가가거나 조용히 서서 보려고 하면, 그만 그 새는 날아가 버립니다. 어느 때는 알게 하지 않으려고 조심하면서 다가가도, 어느 새 내가 다가가는 것을 보고는 포로록 날아가 버립니다. 얼마나 안타깝고 원망스러운지. 그러면서 혼자 중얼거립니다. '내가 자기를 어떻게 하겠다는 나쁜 맘을 가진 적이 없는데. 그 모습과 그 소리가 좋아서 더 듣고 가까이 보고 싶었을 뿐인데.' 그런데 새는 마치 적이, 방해꾼이 왔다는 듯이 쌀쌀맞고 몰인정하게 날아가 버립니다. 일종의 모멸감이나 인격을 모독당한 느낌이 듭니다. 나를 나쁜 맘을 가진 자로 인정하고 날아가는 것 같아서 그렇습니다. 그 새는 나에 대하여 어떻게 생각하는지 모르지만.

그런데 산책하는 길에서 개를 만날 때가 많습니다. 주인이 산책하기 위하여서나 개가 운동을 하거나 볼 일을 보아야 하기에 먼 거리를 뛰게하고 자유롭게 놀게 하면서 개와 주인이 산책합니다. 그 개도 얼마나 신이 나고 기분이 좋겠습니까? 그래서 이리저리 뛰고 놀고 짖고 야단이지요. 그런데 그런 개 곁을 지나갈 때는 긴장합니다. 혹시 이 개가 나를 공격하거나 물지는 않을까 하는 생각이 들어 있기 때문입니다. 그러나 한 번도 내가 개에게 물린 적은 없었습니다. 그런데도 내 머리 속에는 '개는 무는 것'이라는 것이 입력되어 있습니다. 그래서 어떤 때는 저 멀리 큰 개를 데리고 누가 산책에 나서면, 그 개와 마주치지 않을 다른 길로 돌아서 가던지, 뒤돌아갈 때가 많습니다. 그러다가 또 다른 개를 만납니다. 낭패스런 일이 아닙니까? 어쩔 수 없이 조심하면서 그 곁을 지나갑니다. 개도 슬슬 나를 보거나, 나에게 전혀 관심을 두지 않고 그냥 자기 길을 걸어갑니다. 그렇게 지나고 나면 '잘 지났다' 하는 안도감과 함께 개에게 미안한 생각이 듭니다. 내가 그 개에게 어떤 나쁜 일을 하겠다는 생각을 가지고 있지 않은 것처럼, 개도 나를 어떻게 해코지하겠다는 생각을 가지지 않았을 것이기 때문입니다. 그런데도 나는 그를 경계하고, 조심하고, 혹시나 하는 의심을 한 것이거든요. 그것은 역시 내가 그 개를 모독한 것이지요. 그 개의 격조 높은 품격을 무시하고 모독한 것이지요.

바로 이 때 생각이 났습니다. 저 새는 나와 하나가 되지 못하여서 내 맘을 몰라 저러는 것이고, 나는 저 개의 맘을 몰라 그들 두려워하는 것이 아닐까? 완전히 독립되어 고립된, 그래서 전혀 깊고 격이 높은 의사소통이 되지 않는 별개의 존재로 머물러 있는 것이지요. 이것은 노상 말로는 '모든 생명은 하나다' 라고 주장하였고, 모든 것은 하나의 근원에서 발생하였다고 주장하였지만, 실제가 없는 빈 말 뿐이었다는 것을 말합니다. 맘과 몸으로서는 나와 그것들이 하나가 되지 못하였던 것이지요. 겉으로는 하나라고 주장하고 건성으로 그렇게 생각하고 바라면서, 깊은 속에서는 그렇게 되지 않았던 것입니다. 나 따로 너 따로 지냈던 것이지요.

바로 이 대목에서 많이 반성하고 염려하며 기도하였습니다. 어쩌면 이것이 평생동안 기도해야 할 제목 중의 하나가 될지 모르겠습니다. 나와 저 새, 나와 저 개, 나와 이 온갖 풀들과 나무들과 꽃들, 나와 물과 바람과 바위들, 나와 달과 해와 별들 사이에 틈새가 없는, 그래서 하나라는 것을 느끼면서 살 수 있게 되기를 바라고 있습니다. 내가 그들에게 어떤 나쁜 맘을 가지고 있지 않듯이, 그들도 나에게 그런 맘을 가지고 있지 않음은 분명할 것입니다. 정말로 그것들과 내가 하나가 되는 연습, 훈련이 필요하다고 느낍니다. '밥알 한 알 속에 하느님과 우주가 들어 있다' 고 외우듯이 말로는 주절거리면서 맘과 몸은 나 따로 밥알 따로 라고 인정하면서 살았던 것이지요. 그래서 모두가 다 적대자요 경쟁자며 낯선자로 여겼던 것이지요. 나만이

의롭다는 생각 속에서, 계속하여 반복되는 착각과 편견을 덧쌓으면서 살았던 것이지요. 그러나 왜 내가 그것들을 좋아하고 두려워하는가 하는 생각 없이, 그것들과 내가 정말로 하나가 되어야 하겠다는 지나친 애씀 없이 그냥 편안한 맘으로 살아야 하겠습니다. 연습이고 훈련이며 실제 삶이지요. 사실 우리 삶에서는 어떤 것도 연습은 없고, 훈련은 없습니다. 그냥 그런 것이 곧 삶 그 자체지요. 그래서 걷고, 보고, 듣고, 말하고, 생각하고, 먹고, 자고, 쉬고, 일하고 하는 속에서 모든 것과 내가 하나가 되는 삶을 살기를 바라면서 하루를, 순간을 지내야겠습니다. 될지 안 될지도 생각하지 않으면서.

건강과 평화가 벗과 나에게 있기를 빌면서...

- 2005. 5. 31. 표주박통신 86호

간절한 희망

사랑하는 벗에게

오십이면 지천명(知天命)인데, 오십을 넘은 나에게 주는 하늘의 명령이
무엇이고, 쉰 번을 선보인 [표주박통신]에게 주는 시대의 뜻이 무엇일까? 엄
밀히 따지면 오십이란 수가 아무런 의미가 없다. 다만 이만큼 걸어왔고 살
았다는 자부심이나 자랑스러움의, 어쩌면 교만한 생각과 앞으로 좀 더 잘
살아야 하지 않나 하는 다짐을 해보는 의미가 있다면 있을까? 네가 누구냐?
정체를 따지는 것이고, 어떻게 살 것인가 하는 방향을 물어보는 질문이 될
것이다.

"표주박통신"과 관련하여 가만히 생각하면 나는 행복한 사람이었다.
내 개인으로는 상당히 고마운 일 뿐이다. 많은 사람을 만났다. 많은 사람이
염려하고 기도하여 주었다. 마음뿐이 아니라 물질과 시간과 몸을 투자하여
함께 해 주었다. 몇몇은 자기 일과 똑같은 열성과 정성과 사랑으로 일을 했
다. 자기 일은 의무로 하는 때가 많았지만, 몇몇은 정말 속에서 우러나서 기
쁨으로 해 주었다. 내가 할 일은 그 님에게 감사하는 것뿐이다. 항상 외롭
다는 느낌을 가졌지만, 그러한 생각은 주변에서 무수히 많은 동역자들이

애쓴 것에 대한 모독이 될 것이다.

　이 일을 시작할 때는 갈등이 있었다. 한 번으로 끝낼 것인가? 오래도록 계속할 것인가? 끝이 결단성 있게 될 것인가? 용두사미처럼 흐리멍덩할 것인가? 이런 염려와 생각을 하면서 시작하였다. 의미를 따지면 의미가 없어지고, 잘하려 하면 실패하는 것을 여러 번 경험하였다. 그래서 의미를 주지 않으려 했고, 잘하려고 하지 않았다. 시작이 있으니 언젠가는 끝도 있겠지만, 시작하는 듯 아닌 듯 시작했듯이 끝남도 그러하리라 본다. 쓰임이 없으면 자연 소멸될 것이기 때문이다.

　생각은 항상 깊이 하자는 것이지만, 무엇을 찾고 어디를 목적하고 설정한 것에 도달하자는 뜻에서 생각하지는 않았다. 그냥 궁극이 무엇이고, 어떻게 그 자리에 가는가를 따져 보았을 뿐이다. 그러면서 가능한 한 솔직해 보자는 마음은 있었다. 때로는 스스로 속이기도 하였고, 아닌 척 협상하기도 하였고, 아닌 듯 뽐내기도 하였고, 우물에 비친 자신의 얼굴에 취하는 미소년처럼 나르시스에 스스로 빠지는 것을 느끼기도 하였다. 그러다가 가만히 생각해 보고 자신에게 부끄러워서 얼굴을 붉히고 돌아선 때도 많았다. 있는 그대로 보고, 보이자 하면서도 꾸밈이 없진 않았다. 그러나 분명한 것은 있다. 길거나 짧거나 글을 쓸 때는 똑같은 정성을 드렸다. 간절한 마음으로 사랑하는 님에게 편지를 쓰는 자세로 쓰려고 애를 썼다. 특정한 개인을 생각하고 그에게 보내는 마음으로 썼지만, 가장 중요한 것은 그의 수준을 생각하지 않고, 문제와 내가 씨름하는 자세로 글을 썼다. 내 생각을 누구에게 준다는 것이 아니라, 나와 문제가 서로 엎치락뒤치락 씨름하는 자세로 생각하고 글을 썼다. 내가 쓰는 글은 내가 씨름하는 모습이고, 씨름한 결과다.

비웃는 사람도 있었겠지만, 가끔 장한 일을 한다고 말하는 분들도 있었다. 그러나 나는 그런 생각을 할 수가 없었다. 굉장히 힘든 일을 한다고 느끼지도 않았다. 내 일은 따로 있고, 이 일은 주변의 일이라고 생각하지도 않았다. 그렇다고 이것이 내 일생일대의 가장 중요한 필생의 사업이라고 생각하지도 않았다. 그냥 이것이 내 삶이려니 하는 생각과, 이것이 나에게 부여된 몫이려니 생각하였다. 한 장의 종이로 시작되었고, 큰 소리 내지 않고 나왔으니 그냥 들어가도 섭섭해 할 사람이 있을까 하는 의문을 가지면서 일을 해 왔다. 그러다가 시간이 지나고 그 일에 대한 생각이 깊어지고 많은 사람들이 관심을 쏟아 줄 때, 내가 장한 일을 하고 있구나 하는 작은 자만심과 교만스러움이 솟아나기도 하였다. 그럴 때는 여지없이 뒤통수를 때리는 한 소리가 있었다. '그것이 네 혼자서 한 일이냐? 네가 그것에 투자한 것이 무엇이냐? 겨우 글 몇 줄 쓰는 것 이외에 투자한 것이 무엇이냐? 너는 그 일로 이름이 나고 칭찬이라도 받기도 하겠지만, 이름도 빛도 없이 그 일이 좋아서 하는 많은 사람들이 없어도 그 일이 됐겠느냐?' 이러한 무서운 질책이 항상 있었다. 그 질책은 다시 내가 제자리로 돌아오게 하는 막대기였다.

　어떤 형태가 되었든 씨가 뿌려지고 땅에 떨어졌다. 뿌린 씨가 튼실한 것인지 아니면 쭉정이인지 모른다. 좋은 밭에 뿌려진 것인지, 나쁜 밭에 떨어진 씨인지 모른다. 씨가 떨어진 곳이 어디가 되든 뿌린 나는 한 가지 정성으로 했다. 그래서 내가 보기엔 씨가 떨어진 밭의 문제는 아니다. 옥토가 되었든 박토가 되었든, 풀밭이나 자갈밭이나 씨에겐 귀한 땅이다. 씨뿌리는 나는 정성을 가능한 한 다하여 좋은 씨를 마련하는 것이 중요할 뿐이다. 그런데 때로는 시간에 쫓겨, 때로는 빨리 내야 한다는 강박관념에, 타성이나 관습에 따라 의당 하여야 한다는 생각에, 교만한 마음으로 정성이 흐려진 적도 있었다. 채 익지도 않고, 뜸이 들지 않은 생각을 허겁지겁 내 놓았을 때 울림이 없을 것은 당연하다. 가끔 지나간 것들을 다시 읽어보면 부끄러움이 나를 때린다. 그래도 그것을 사랑한다. 그것이 나를 가르치는 선생 노릇을 하기 때문이다.

좋은 일을 하므로 좋은 사람이 된다고 생각할 수는 없다. 좋은 사람이 되면 자연스럽게 좋은 일은 하게 돼 있다고 생각한다. 그래서 마음을 바르게, 생각을 맑게, 삶을 밝게 살아 보려고 애써본다. 애쓴다기 보다는 내 삶이 그러한 생의 골짜기를 스스로 지나가기를 바란다. 겉으로 좋고 선한 듯, 성공하는 듯 일을 한다고 하여도 자기 속에서 아니라고 부정하면 아닌 것이다. 깊이 생각하고 반성하여 되돌려야 한다. 양심에 따라 제대로 했는지는 남은 몰라도 자신은 안다. 때 묻지 않고 맑은 양심이라면. 자기 자신을 속이지 않고 솔직하기를 바란다.

평생교육, 계속교육, 성인교육이란 말을 써 보았고, 생각해 보았다. 누가 누구를 어떻게 교육하자는 것인가? 그냥 자신이 자신을 교육하는 자기교육이 있을 뿐이다. 그래서 항상 나는 내 생각이나 관점을 내 놓는 것 뿐 다른 이에게 강요하거나 영향을 주고 싶지는 않았다. 하나의 제안이고 토론할 거리요, 생각의 계기를 던지고 싶었다.

모두가 성인으로, 자신의 삶을 이끄는 사람들로 자기 길을 걷고 있기 때문에 다른 사람에게 영향을 줄 위치에 있는 사람들이다. 많은 사람들은 한때 나에게 강의를 받은 적도 있지만, 이제는 그들이 나에게 자신들의 경험과 지식과 삶을 가르칠 때가 되었다고 본다. 그래서 나는 커뮤니케이션의

자료로 이 글을 쓰고 내어놓는 것 뿐이다. 굉장히 활발한 토론과 의견교환이 있기를 바랬지만 그렇게 되지가 않았다. 아직도 많은 사람들은 옛날의 선생으로부터 무엇인가 가르침 받고 있다고 생각하는 듯하다. 나는 그것을 바라지 않는다. 여기서 교육이란 말은 앞에서도 말했듯이 자기교육이다. 자기교육은 스스로 자신을 표현하고 드러내 놓을 때 이루어지고, 남과 서로 대결할 때 이루어진다. 그렇게 될 때 서로가 밀고 당기고, 받쳐주고 내려놓을 때 제발로 서는 독립된, 성숙된 자리에 한 발 더 다가선다고 본다. 이렇게 하여 생각과 행동과 관점이 비슷한 동아리가 형성되기를 바랬다. 그러나 어떤 특정한 핵심이 있어서, 그것을 중심으로 이루어지는 것이 아니라, 통신을 받는 하나하나가 스스로 중심이 되는, 그러나 다른 사람의 주변이 되는, 다시 말해서 중심도 주변도 없는, 중심이고 주변인 평등한 자리를 나는 희망했다. 앞도 뒤도 없고, 위도 아래도 없는 그것을 바랬다. 각자가 영원한 중심이며 핵심이되, 영원한 변두리다. 하나의 작품, 영화나 연극과 소설에서는 주인공과 조력자들이 있지만, 실제로 우리의 삶에서는 주연도 없고 조연도 없다. 그러나 동시에 자신이 생의 한 가운데에 서있는 주연이면서 다른 사람의 변두리에 서있는 조연이다. 그래서 함께 사는 것이지 않을까?

아주 간절한 희망이 있다면, 역사가 지난 얼마 뒤에 "1987년 3월 30일 〈표주박통신〉이 시작되었다"는 날짜가 어떤 중요한 이정표가 되었으면 한다. 그러나 시작하였으니 꼭 영원히 지속되어야 한다는 희망은 없다. 그냥 좋은 금 하나 우리의 삶에 그리고 마치면 족하다. 실제로 그러하지 못하지만, 마음으로는 이번 쓰는 것이 마지막이다 하는 자세로 심혈을 기우려야 한다고 다짐한다. 지금까지 계속된 것을 보면 이것이 마지막 글이라는 간절한 마음으로 하지는 못한 것이라 본다.

또 하나 간절한 소망이 있다. 평화의 다리를 놓는 일이다. 어느 듯 〈표주박통신〉이 다리의 역할을 하는 것을 느꼈다. 이제 더 적극, 본격 평화의 다리를 놓기를 바란다. 그래서 바램이 있다면, 통신을 받는 사람들은 한 해에, 아니면 두 해에 한 번 정도라도 엽서나 편지나 전화로 잘 살아서 숨쉬고 있다는 표시를 하여 주면 좋겠다. 아무런 반응이 없다고 조급해 하거나 섭섭한 것은 없지만, 제대로 전달이 되는지는 알아야 할 것이다. 허공 중에 날아가 버리는 것도 나쁘지 않다는 심정으로 시작한 통신이다. 좋은 한 시인이 읊었듯이 한 번 부른 노래는 허공에 사라진 줄 알았으나 어느 사이에 님의 가슴에 아름다운 멜로디로 살아 있음을 보았고, 하늘을 향해 쏜 화살이 어느 늙은 나무에 박혀서 세월을 함께 한 것을 뒤늦게 느꼈다는 것처럼, 통신의 울림도 어디엔가 부딪치는 곳이 있으리라 확신하기 때문이다. 그러나 서로 이 다리를 사이에 두고 오고간다면 얼마나 좋을까? 옛날 어려서 시골에 살 때 좁다란 도랑물을 건널 때다. 누구인지는 모르나 몇 개의 돌로 징검다리를 놓았다. 사람들은 그것을 따라 물을 건넌다. 누가 그 돌을 징검 놓았는지도 묻지도 않은 채 그냥 건넌다. 누가 놓았다고 써 있지도 않고, 무슨 징검다리의 이름도 없다. 그러나 그 징검다리는 어린 나에게, 지금의 성수대교나 행주대교보다도, 대전의 목척다리보다도 더 귀한 다리였음을 고마워한다. 그 다리가 기쁨을 주었고, 평화로움을 주었다. 언젠가 이 통신을 회상할 때 어떠한 의미로든 징검다리였다는 것을 확인할 수 있으면 좋겠다. 궁극으로 가는 다리, 평화로 가는 다리, 함께 사는 마을로 가는 다리, 그 징검다리를 놓는 하나의 돌이면 좋겠다.

　어려서 학교에 다닐 때부터 지금까지 나에게 붙어 다니는 평가가 하나 있다. "날카롭다"는 것이다. 그런데 나는 정말 날카로우려 하지 않는다. 때로는 날카롭지 못한 내 자신의 판단과 결정을 싫어한다. 날카롭고 싶을 때도 가끔 있지만, 그냥 있는 대로 어느 결을 따라서 보고, 생각하고, 쓰고, 말하고 싶을 뿐이다. 한 때는 날카로움을 감추기 위하여 눈빛을 흐리게 하여 보려고 눈을 지긋이 감아 보기도 하였고, 글을 낭만스럽게 써보려고 하였다. 그래도 아니었다. 날카로워서 누구에게 상처를 주지는 않았을까? 날이 무디어지어 잘라야 할 것을 자르지 못하게 되기를 바라지 않지만, 날카로워서 남을 해치는 일은 정말 바라지 않는다.

　날카롭되 뭉툭하고 푸근한 솜뭉치 같을 수는 없을까? 날카롭되 살을 베지 않을 수는 없을까? 그것을 장자는 아주 적절하게 표현한 적이 있다.

　몇 십년간 칼을 갈지 않고도 고기를 아주 잘 써는 칼잡이가 있었다. 그에게 사람들이 물었다. 다른 사람은 칼을 몇 번 쓰면 숫돌에 갈아서 써야 하는데, 어떻게 당신은 몇 십년간을 갈지 않아도 그렇게 고기를 잘 썰 수 있느냐는 것이었다. 그 백정은 말했다. 내 칼은 고기를 써는 것이 아니라, 고기 속에 있는 틈새를 따라 비집고 다니기 때문에 날이 무디어지지 않는다고 대답했다. 내가 날카롭다면 무디어지기를 바라지 않지만, 이 백정처럼 틈새를 휘집고 다니는 자리까지 가기를 바란다. 그것이 이른바 백정이 도를 터득한 것이다. 그 자리가 내 자리가 되면 얼마나 좋을까?

　또 하나 바램이 있다. 여러 벗들이 글을 많이 쓰고 그것이 이 자리를 통하여 서로 교환되면 좋겠다. 그래서 말 그대로 통신이 되면 좋겠다. 통신의 모습이 달라져야 할 것이다. 그러나 자연스럽게 달라지기를 바란다. 앞으로도 누구에게 글을 부탁하거나 억지로 편집계획을 세우고 그것에 따라서 글을 쓰고 모으는 것은 없을 것이다. 그러나 자연스러운 흐름에 따라서 마치 특집을 꾸미듯이 공동의 관심거리가 이심전심으로 함께 나타나는 것은 매우 바람직한 것이라고 생각한다.

이 일을 하는 동안에 길을 보았다. 이 길이 물흐르듯이 지극히 자연스럽게 이루어지기를 희망한다. 표주박통신의 네트워크란 가상공간을 실질공간으로 바꾸는 일이다. 이것의 끝은 생명공동체라 할 수 있다. 그것을 이루기 위한 것이나, 그것의 내용을 채우는 일은 앞 뒤가 없고, 동시에 이루어지는 것도 아니지만, 흐름에 따라서 이루어지는 것이 좋다. 좋은 곳에 삶의 공동체가 꾸려지도록 애 쓸 것이다. 벗들이 만드는 신용조합, 생활조합이 꾸려지는 것은 우선 해야할 귀한 일이다. 자라나는 어린아이들을 위한 참 교육의 프로그램이 마련되고, 비형식 속에서 실제로 실현되도록 하여야 할 것이다. 이것은 긴 시간을 두고 해야 할 일이지만, 지금부터 하나하나 순서 없이 되는 것부터 실현해야 한다. 이것이 꿈이다. 모두가 경쟁, 실적, 발전, 진보를 말할 때, 자본주의와 지배의 논리를 극복하면서 참 삶의 모습이 어떠한지를 찾고 이루어보려는 노력은 무엇보다도 중요할 것이다. 그 꿈이 허황한 것이 아니라면 언젠가 꼭 이루어지리라 믿는다. 다시 생각하면 고마운 것뿐이다.

벗과 나에게 평화가 있기를 빌면서...

- 2005. 3. 10. 표주박통신 50호

사람을 살리는 말

사랑하는 벗에게

참으로 아름다운 계절입니다. 오늘은 계절의 여왕이라는 오월의 마지막 날입니다. 마침 5월 26일 오후에 계룡산 자락에 자리 잡은 충남여성개발원에서 특강이 있어서 갈 때였습니다. 생명으로 가득 찬 산과 그 사이를 가로지르는 길 가에 마냥 싱싱한 푸르름을 볼 때 답답한 가슴이 확 트이는 해방감을 맛보았습니다. 그 때 나는 '아! 좋다!' 라고 깊은 곳에서 솟아나는 탄성을 나즈막히 질렀습니다. 생명이 충만할 때 이렇게 사람을 풀어주고 열어주는 것이거늘, 왜 그런 것을 잊어버리고 살았는고.

또 5월 11일 부처님 오신 날 옥천에 있는 고리산(환산)에 갈 때 만난 한 불자가 합장하여 "성불하십시오" 하면서 인사할 때, '아, 그것 참 좋은 인사다' 라고 생각했습니다. 말 속에는 살이 끼어 있기도 하지만, 또 사름, 살림, 삶이 들어 있습니다. 그래서 사람은 말로서 사람을 죽이고 살리기도 합니다. 또 옛날이나 지금이나 장난처럼 떠돌아다니는 '행운의 편지' 에 대한 기억들을 떠올렸습니다. 그 이름과 발상이 참으로 좋습니다. 그래서 가끔, 아니면 시간을 정해놓고 아름다운 생각, 글, 감동이나 경험을 적어서 친구들에게 보내면 참으로 좋겠다고 생각했습니다. 그도 역시 아름다운 것을 다른 친구에게 계속하여 전달한다면 얼마나 좋을까 생각했습니다. 너무나 우리 사회가 살벌한데, 그곳 어디에 살리는 산뜻한 말 한 마디; 진리체험, 영체험, 해탈체험의 말 한마디가 있다면 얼마나 시원하겠습니까? 대개 살이 끼어 있는 말은 내 맘 속에 더럽고 욕심 사납고, 의심과 분심이 가득할 때 튀어나오게 되어 있습니다. 그것들을 버리고 맘을 텅 비워 신선한 바람이 술술 통하게 하면 분명히 살리는 말이 나오리라 믿습니다. 적어도 한 주에 한 번 정도 누구에게든지 살리는 말이나 생각, 경험이나 글을 적어 보내 봅시다. 분명히 모든 것이 달라지지 않을까?

변함없이 평화를 빌면서...

- 2005. 5. 31. 표주박통신 57호

평화의 다리

사랑하는 벗에게

무더운 여름을 어떻게 보내십니까? 이열치열이라고 하지만, 열기에 열기를 더하여 시원한 삶을 살 수 있다면 얼마나 좋겠습니까?

지난 6월 30일, 올 해의 반을 지내면서 많은 것을 생각하여 보았습니다. 사실 나는 지난 해 9월초부터 어려운 시간을 보냈습니다. 잘 풀리지 않는 달갑지 않은 일과 씨름하면서, 그렇다고 어떤 효과가 있는 일을 수행하지도 못하면서 힘들게 지냈습니다. 그렇지만 반년을 보낸 오늘을 평가할 때 줍는 이삭은 반반입니다.

일에 이리저리 휩쓸리고 몰리게 될 때 나는 간절히 오직 한 가지로 기도하는 것이 있었습니다. "주여! 나를 평화의 도구로 써주소서" 하는 것이 그것이었습니다. 하루에도 몇 번이고, 순간순간 그 기도를 노래로 드렸습니다. 그러는 동안에 어떠한 일이 있어도 일단 내 마음에 평화가 넘치지 않으면 밖의 일을 할 수 없다는데 다다랐습니다. 그래서 덜 흥분하고, 덜 감정에 치우치고, 덜 밖으로 까불대고, 덜 마음을 괴롭혔습니다. 어느 때보다 덜 화를 내고 평안하려고 노력하였습니다.

어쩔 수 없어서, 하지 않으면 안 되는 것으로 맡겨졌기에 한 일들이지만, 그것 때문에 시간을 많이 빼앗겨 내가 하여야 할 본연의 일을 많이 못하였습니다. 연구하고, 생각하고, 글을 쓰고, 가르치고, 학생들과 만나고, 그들을 위하여 무엇인가를 하는 학도와 선생으로서 해야 할 일을 충실히 하지 못하였습니다. 그 때 나에게 계속하여 던져지는 질문이 있었습니다. 그것은 내가 항상 불만스러워하였던 것을 뒤집어 나에게 던진 질문이 되었습니다. 나는 이제까지 좋은 선생님들을 많이 만나지 못한 것에 대하여 몹시 불만족스러워 하고 있었습니다. 젊은 날에 좋은 선생님들을 많이 만났더랬으면 오늘보다 훨씬 더 나은 사람이 되어 있지 않을까 하는, 오늘 내가 되어 있는 것에 대하여 나 말고 다른 사람이나 환경에 더 큰 탓이 있다는 데 빠져 있었습니다. 그러다가 어느 날 '그렇게 생각하는 오늘의 너의 실체는 무엇인가'고 되묻는 소리가 들렸습니다. 나의 실체, 정체를 간단히 규정할 수 없는 것이지만, 적어도 나는 직업상 지금 젊은 사람들을 가르치는 위치에 있음을 발견하였습니다. 그리고 다시 묻게 됩니다. '지금 너의 젊은 날을 탓하는 너는 앞으로 너와 같은 나이에 서서 오늘을 회상하게 될 지금의 젊은 사람들에게 무엇으로 서 있는 것인가? 좋은 선생으로 서 있는가? 아니면 전혀 쓸모없는 그저 그렇고 그런 선생으로 서 있는가? 아니면 차라리 없어야 할 못된 선생으로 서 있는가?' 이러한 질문이 나에게 던져질 때 나는 아찔한 느낌이 들었습니다. 그래서 좋은 선생이지 못할 바에는 그렇게 되려고 노력하는 모습이라도 보여야 하지 않을까 하는 마음이 들었습니다.

이 지경에서 생각하니, 선생이란 결국 젊은이들에게 좋은 선생을 만나게 하여 주는 안내자의 역할을 하여야 하는 것이고, 그러한 선생을 학생들이 스스로 찾을 수 있는 길을 열어주어야 한다는 생각이 들었습니다. 나는 누가 좋은 선생이 될 것이며, 어떤 사람들이 좋은 선생인 것을 잘 모릅니다. 그래서 그들과 함께 좋은 선생을 찾아야 하겠다고 생각하였습니다. 젊은 날에 만나야 했던 선생, 생각, 삶의 방법, 책 따위를 함께 찾아 나서는 것이 매우 중요하다는 생각에 도달하였습니다. 나는 그들을 비록 젊은 날에 만나지 못하였지만, 나와 함께 그를 찾는 젊은 학생들은 그것을 젊은 날에 만나게 되는 것이지 않을까 하는 생각이 들기 때문입니다. 그래서 "젊은 날에 만나야 할 사람, 생각 그리고 책"이란 이름으로 모임을 만들고, 그 모임에 젊은 사람들을 초대하고 있습니다.

내가 중학교에 다닐 때 교장 선생님으로부터 들은 이야기가 있었습니다. 일본의 호까이도 농과대학에 클라크라는 미국인 선교사가 있었답니다. 그는 그곳에서 여러 해를 일한 뒤 귀국하면서 "젊은이들이여, 야망을 가져라"라고 말하였답니다. 그 말에 고무된 일본의 젊은이들이 각성하여 새로운 일본을 만드는데 노력하였다는 말이었습니다. 그러면서 교장 선생님은 너희들은 젊은 날에 야망을 가져야 한다고 했습니다. 야망을 가져야 한다는 그 말이 나를 감동시켰지만, 어떠한 것을 야망으로 가져야 하는 것인지를 설정하지 못하고 있었습니다. 대학에 다닐 때 마르틴 루터 킹 목사의 유명한 연설 "나는 한 꿈을 가졌다"를 읽고 매우 감동스러워했습니다. 그러면서 나도 어디에서나 "나는 꿈을 가지고 있다"고 외칠 수 있기를 희망하였습니다. 그러나 어떠한 꿈을 가져야 하는 것인지 정립하지 못하고 있었습니다. 그들이 그렇게 감동스러운 삶을 살았고, 그것에 영향을 받아 많은 것을 새롭게 하고 변화시켰다는 역사를 들었지만, 내가 세워야 할 꿈(야망)

이 무엇인지를 설정하지 못한 채 오늘까지 살고 있습니다.

그러다가 결국에 도달한 것이 두 가지입니다. 지난 한 해 내내 흥얼거렸던 대로 평화의 다리를 놓는, 그러니까 평화의 도구로 쓰여질 수 있는 사람으로 성장하는 것이 그 하나요, 내가 항상 불만으로 삼고 있었던 그 불만을 젊은 사람들이 반복하지 않게 애를 쓰는 것, 즉 내가 좋은 선생 이 되지 못한다면 나에게 배우는 학생들이 좋은 선생을 만날 수 있는 길을 닦아주는 일을 하여야 한다는 것이 그 둘째입니다. 내 안에 평화가 일지 않으면 결코 평화의 다리를 놓을 수 없을 것이며, 내 속에 있는 좋은 선생을 내가 만날 수 없다면 어느 누구에게도 좋은 선생이 있는 곳을 가르킬 수 없다는 것이 깨달아집니다. 이렇게 느끼고 보면 나는 내 삶을 탓하고 소홀히 할 수 없다는 것을 느낍니다. 이것을 나의 꿈이라고 말할 수는 없습니다. 다만, 그렇게 되기를 간절하게 바랄 뿐입니다. 간절히 바람은 또 다른 눈으로 본다면 그렇게 내 실제 생활을 이끌어 나가는 것이 될 것입니다. 바라는 것은 가만히 서서 기다리는 것이 아니라, 그 바라는 것을 향하여 걸어가는 것이라고 보기 때문입니다. 이러한 일들을 내 일상생활에서 실현하여야 함을 다시 느낍니다. 내 안에 평화가 쌓이기를 간절히 바람이 마치 하나님께 예배하듯이 하여야 하고, 내 앞에 앉아 있는 학생들을 하나님을 대하듯이 하지 않으면 안된다는 것을 느낍니다. 이러할 때 또 하나의 질문이 있습니다. 내가 과연 하나님을 깊은 곳에서 두려움으로 맞이하고 있는가? 내가 드리는 예배는 거짓이 아니고 진실된 것인가? 하나님 없는 것처럼 살아가는 것은 아닌가? 모릅니다. 하나님이 살아서 나를 항상 바라보고 지켜본다는 것을 깊이 느끼지 않는 한 내 신앙은 헛것입니다. 그렇다면 학생들 앞에 좋은 길을 닦겠다는 것도 거짓입니다. 결국 여기까지 오면 내 신앙과 삶을 제대로 정립하지 않으면 이 모든 것이 거짓이라는 것이 드러납니다.

나는 두 꿈, 평생토록 평화의 다리를 놓을 수 있는 지경에 도달하는 것 그리고 선생으로 있는 한 좋은 선생을 학생들에게 소개하는 일을 할 수 있도록 되는 것, 이 두 꿈을 이제 가지게 됩니다. 사랑하는 벗이여, 그대는 지금 어디에서 무엇을 바라보고 있습니까? 지금 서 있는 그곳이 거룩한 땅이기에 "신발을 벗으라"고 말하는 소리를 듣습니까? 바로 저기 가 네가 가야 할 곳이라고 지시하는 소리를 듣습니까? 나는 아직도 그것을 발견하지 못해 그 소리 듣기를 간절히 바라는 얼간이에 지나지 않습니다. 벗이여, 들었거든 나에게 일러주시오. 아직 듣지 못하였거든 눈과 귀를 열어놓고 함께 길을 떠납시다.

벗의 마음속과 주변에 평화가 가득하기를 빌면서...

- 2000. 7. 25. 표주박통신 58호

그리워한다는 것

사랑하는 벗에게

　가끔 오는 편지 중에서, '보고 싶은', '그리운', '만나고 싶은', ' 뵙고 싶은', '사랑하는' 선생님이라고 시작한 것을 읽거나, '그냥 목소리가 듣고 싶어서', '잘 지내는지 안부가 궁금하여' 전화하였다는 것을 들으면 가슴이 뿌듯하고 속이 훈훈하여지는 것을 느낍니다. 소식을 전하는 사람들은 기뻐서도 그렇게 하겠지만, 속이 허전하여서 그럴는지도 모릅니다. 위안이 필요한 것이지요. 그런데도 좋습니다. 분명히 '선생님-' 하고 불러본다든지, 그렇게 써보거나 목소리를 전하고 나면 어느 때는 속히 풀리는 수도 있거든요. 어느 날은 한 친구가 밤이 깊은 시간에 술 취한 목소리로 전화를 하였습니다. '혼자 술을 마시다 네 생각이 나서 전화했다' 는 것이었습니다. 자다가 받은 전화지만 싫지가 않았습니다. 다만 무슨 답답하고 힘든 일이 있어서 혼자서 술을 마시며, 이 깊은 밤에 나 같은 사람에게라도 전화를 하지 않으면 안되었을까 하는 안타까움에 마음이 아팠습니다. 얼마 전에는 몇 년 전부터 제 사무실에 일 때문에 종종 들리는 분이 있었습니다. 우연히 오래간만에 만나서 이야기하던 중에 그의 가정에 얽힌 사생활에 대하여 이야기를 듣게 되었습니다. 자신을 잘 갈무리하는 분이라고 느끼면서도 어떤 사연이 있는 사람이라는 것을 처음 만났을 때 직감으로 느꼈었습니다. 역시 가정에서 갈등이 있던 분이었습니다. 자식이 커 가는데, 나중에 그가 장가를 가게 될 때 축하하러 오는 사람이 몹시 적을 것에 대하여 걱정하면서, 또 한 쪽 축하객만 있을 것 같은 느낌이 들어 그 자신과 아이들을 생각하니 눈물이 나던 모양입니다. 그냥 눈물을 흘리게 내버려두었습니다. 얼마를 그렇게 속을 처음으로 털어놓고는 갔습니다. 속은 항상 비워야 하는 것이겠지요. 그 속에 답답한 것이 쌓인다면 그것이 병이 되는 것이 아니겠습니까? 그것은 쓰레기니까.

나도 아직 속이 허해서 누구인가를 궁금해 하고, 누구인가가 나를 생각하여 주면 좋은 것을 어찌할 수 없습니다. 그것이 피차간에 서로 포근한 고향이 되어 주는 것이로구나 생각하였습니다. 삭막한 세상을 살아가는 동안에 생각나는 친구나 선생이나 뭐 그런 사람이 없다는 것은 참으로 더욱더 살벌한 벌판을 가게 되는 것과 같을 것입니다. 특히 일이 잘 되지 않고, 생활이 순조롭게 풀리지 않을 때는 더욱 어디엔가 의지하거나 마음을 털어놓을 그런 대상이 있다는 것이 얼마나 행복한 일인지 모릅니다. 이 세상에는 얼마나 많은 사람들이 위로가 필요하고 따뜻한 말 한 마디 듣기를 기다리는지 알 수가 없습니다. 그럴 때 어디에선가 시원한 바람 불어주고, 상긋한 향기 한 번 풍겨준다면 얼마나 행복하겠습니까?

예수가 병자를 고친다는 소문을 듣고 중풍에 걸린 친구를 들것에 실어 온 사건에 대하여 어느 선생님과 이야기를 나누었습니다. 예수 주변에 사람이 너무 많이 몰려 있기에 그 병자를 데리고 그 앞으로 갈 수 없었습니다.

그래서 지붕을 뚫고 밧줄로 그를 예수 앞에 내려뜨렸다는 것입니다. 그 때 예수는 그들의 믿음이 갸륵하여 병자의 병을 낫게 하였다는 이야기입니다. 일평생 이러한 친구를 둔다는 것이 얼마나 멋진 일이겠습니까? 그 때 그 선생님은 당신이 성경을 가르치는 사람들에게 각자는 얼마나 되는 친구, 그렇게 좋은 친구를 얼마나 가지고 있는가를 물으셨답니다. 그 물음은 나에게도 똑같이 던지는 것이었지요. '너는 중풍병자를 들것에 들고 온 사람들과 같은 친구를 가지고 있느냐'는 질문이지요. 그런 친구 네 명을 가지고 있느냐는 것이었지요. 나는 대답할 수 없었습니다. 아무리 내가 어느 누구는 나에게 그러할 수 있는 친구라고 생각할 수 있지만 막상 그러한 상황이되면 어떻게 될 지 아무도 모릅니다. 아니, 전혀 그러리라 믿지도 않고 생각도 않던 사람이 그런 친구로 나타날 수도 있는 것이겠지요. 그래서 더 대답을 못하였습니다. 그 대신 그 질문을 뒤집어서 받아보는 것이 좋겠다고 말씀드렸습니다. '너는 누구에게 그와 같은 친구가 되어 줄 수 있느냐'는 것이지요. 이 질문에는 나는 대답할 수 없었습니다. 그런 절박한 상황이 되어보아야 하는 것이지만, 도저히 쉽게 대답할 수 있는 것이 아니었습니다. 다만 이렇게 생각을 정리하여 보았습니다. '나에게 그런 친구가 있느냐고 묻는 것보다는, 나는 누구에게 그런 친구가 되어 줄 수 있을 것인가'에 마음을 써야 하겠다는 것이었습니다. '너는 그런 친구가 있느냐'고 묻는 것은 다른 사람에게 던진 질문이지만, '나는 누구에게 그런 친구가 될 수 있느냐'고 묻는 것은 대답할 자가 바로 나이기 때문입니다. 내 문제는 바로 이것이지 않겠습니까?

　나는 주변의 여러 사람들로부터 사랑을 많이 받은 사람입니다. 지금도 많이 받고 있다고 생각합니다. 그런데 나는 어떤 사랑을 그들에게 되돌려 주고 있는지 물어봅니다. 받는 만큼 주지를 못하고 있다는 생각이 매우 강합니다. 그래서 언젠가부터 이렇게 생각합니다. 내 자신이 푸근한 고향의 품과 같은 사람이 된다면 얼마나 좋을까? 그렇게 되려고 애를 쓰자고 마음을 먹습니다. 그래서 종종, 어떤 때는 매일 내 수첩에 적힌 이름들이나, '표주박통신' 주소록을 죽 훑어보면서 한 사람 한 사람을 생각하여 봅니다. 옛날 통신을 받는 사람이 적을 때는 대개 어떤 사람이라는 것이 머리에 떠오르며 그의 그림이 그려졌습니다. 그런데 지금은 그렇게 기억할 수가 없게 되었습니다. 그렇지만 이름과 주소와 전화번호를 보면서 그를 위하여 간절한 기도를 바칩니다. 그러면서 이름이 주소록에 올랐다 연락이 계속되지 않아 지워져버린 사람들을 생각하여 봅니다. 언젠가 나는 '표주박통신'을 성직자가 목회 하는 심정으로 한다는 말을 한 적이 있습니다. 그것은 지금도 변함이 없습니다. 그런데 글이 갈수록 청량함이 떨어지는 느낌이 들기도 합니다. 내 느낌이 그럴 뿐만 아니라, 그렇게 느끼는 벗들도 많을 것입니다. 벌써 많이 오염되었기 때문이겠지요. 욕심이 많든지, 기대하는 것이 크든지, 초조하거나 조급하든지, 아니면 능력이 그만한 것에서 한계에 부딪쳤든지 하기 때문이라고 생각도 됩니다. 그래서 다시 반성합니다. 능력이 부치는 것이야 어쩔 수 없는 것이지만, 더러워진 것은 정성을 쏟아 맑히고 맑히는 일을 꾸준히 일상생활이 되게 하여야 하겠지요.

이렇게 말하면 마치 나를 그리워하고 사랑하고 만나고 싶은 사람만 있는 듯이 들릴지도 모릅니다. 그러나 절대로 그렇지만은 않겠지요. 내가 몹시 보기를 싫어하고 목소리 듣기도 싫어하고 공연히 미워지는 사람들이 많습니다. 시간이 지나면서 그런 사람들이 사정이 달라져서 마음이 달라지기도 하지만, 좋거나 괜찮았던 사람들이 또 싫어지거나 미워지는 수도 많이 있습니다. 동시에 나를 몹시 미워하거나 뵈기 싫어하는 사람이 얼마나 많겠습니까? 또 어떤 경우에는 내가 몹시 싫어하는 사람이 나를 몹시 좋아할 수도 있고, 그 반대로 내가 몹시 마음에 두고 좋아하는 사람이 나를 굉장히 혐오하거나 기피하는 인물로 여길 수도 있지 않겠습니까? 그러니 모르지요. 그래서 할 일은 내 자신이 사람을 좋아하고, 그리워하고, 맑히는 것이라고 봅니다. 역시 그것을 생각하면서 또 다시 자신을 맑혀야 한다는 생각을 많이 합니다. 남이야 어떠하든 내 자신이 맑아져야 하는 것은 무엇보다 더 중요한 것이라 보기 때문입니다.

사실 요사이는 그리운 사람들이 많은 답답한 시대입니다. 지금까지 살아 계셨다면 100세가 되는 함석헌, 김재준, 김교신 선생님들이 그런 분들이고, 그보다 더 연세가 많으신 유영모 선생님이나, 좀 젊었던 장준하, 안병무, 문익환 선생님들이 몹시 그리워지는 시절입니다. 그러나 마냥 그분들을 그리워만 할 수는 없는 것이지 않겠습니까? 그분들이 하셨던 것, 하려다 하지 못한 것, 그것이 발전되거나 수정된 것을 우리가 함께 해내는 일이 더욱 중요하겠지요. 그분들은 하루하루를 혁명처럼 살려고 애쓰신 분들이라고 생각합니다. 얼마 전 나는 신입생들에게 대학은 자기혁명을 경험하는 곳이라고 말하였습니다. 대학시절 뿐이겠습니까? 일상생활이 혁명으로 시작되고 끝나야 하겠지요. 그런 의미에서 유영모 선생님이 말씀하셨듯이 우리의 일생은 '하루살이' 입니다. 어제와 오늘이 이어지는 듯 혁명으로 끊어지고, 오늘, 아니 지금 이 순간을 혁명으로 살아갑니다. 어제를 생각하고,

내일을 염려하며 지나치게 주변을 의식하면서 살 수는 없겠지요. 점점이 혁명입니다. 그렇게만 된다면 일생이 혁명이 되지 않겠습니까?

우리 모두가 하루하루를 새롭게 할 때, 당신은 내 고향이 되고, 나는 당신의 고향이 될 것입니다. 그리워한다는 것은 고향찾음이라 할 수 있습니다. 내 고향이 어디며 무엇일까요? 그곳은 내가 맨 처음 나오고 맨 마지막으로 가야하는 궁극의 자리라고 생각합니다. 바로 그 궁극의 자리, 마지막 평화롭게 안식할 자리, 그곳은 진리의 자리일 것입니다. 그 자리에 갈 때까지 사람은 마냥 그리워하고 기다릴 것입니다. 그런 의미에서 보면, 선생을 그리워하고, 사람을 사랑하는 것은 바로 궁극의 그것을 찾는 행위의 그림자라고 생각합니다. 그림자를 찾고, 따르고, 그리워하다 보면 언젠가는 실체, 그 알짬, 참을 찾게 될 것입니다. 그림자는 실체가 아니지만, 그림자 없는 실체도 없습니다. 다른 것을 그리워하는 것, 다른 세계를 기다리는 것, 그것은 마음을 간절히 열어놓는 일로 시작될 것입니다. 간절히 먼 것을 바라는 것은 마음을 열어 비워두는 일이라고 봅니다. 훤하게 비우게 열어둘 때 궁극의 자리는 내 속에 들어와 자리할 것입니다. 그래서 그리워합니다.

봄입니다. 봄답지 않게 추운 날도 있었지만, 봄을 거슬러 되돌아가지는 않을 것입니다. 침묵하는 봄이 아니라, 소란스럽고 생기발랄하고 아주 멋진 봄을 보내기 바랍니다.

벗과 나에게 평화가 있기를 빌면서...

- 2001. 3. 31. 표주박통신 61호

아름다운 만남

사랑하는 벗에게

잘 지내십니까? 어느 새 봄이 훌떡 지나가고 여름으로 접어들었군요. 오늘은 많은 사람들이 계절의 여왕이라고 말하는 오월의 마지막 날입니다. 모두들 말하기를 봄이 없어진 모양이라고 합니다. 사실 봄을 제대로 맞이하는 것이 무엇인지 모르지만, 오는 철을 잘 맞이하려면 그 봄을 찾아가고 쫓아가면 계속 달려가는 그것을 따라잡을 수는 없겠지요. 어디엔가 가만히 앉아서 오는 철을 올곧게 맞이하여야 하지 않을까 생각합니다. 사실 봄에 피는 꽃들이나 풀들이 솟아나는 것, 이런 저런 새로운 철새들의 소리를 찾아서 다닌다면 얼마나 마음이 현란하겠습니까? 깜짝 놀랄 순간에 새싹이 돋고, 꽃이 피며, 이상한 생명의 소리가 들리지 않습니까? 그러니 그것을 따라 간다는 것은 불가능한 일입니다. 부질없는 짓입니다. 그러면서도 우리는 수없이 많이 꽃구경을 가거나 나무를 보고 새들을 맞이하려 이리저리 쏘다니며 야단입니다. 봄맞이한다는 것이겠지요[1].

---

1) 봄은 준비 없이 맞이할 수 있는 것일까? 분명히 그렇지는 않으리라. 그러나 우리는 말에서도 봄은 그냥 맞이하는 것으로 되어 있다. 그런데 겨울은 꼭 준비를 하여야 한다는 것 아닌가? '가을걷이', '겨울준비', '월동준비'란 말이 그것을 뜻하는 듯이 보입니다. 그런데 봄은 맞이하는 것인 모양입니다. 맞이를 위해서는 무엇을 하여야 하는 것인지.

나도 지난봄에 피고 지는 꽃들을 열심히, 맘껏 보지 못하여 속에서 안달하는 것을 느낄 수가 있었습니다. 안타까운 마음에 꼭 꽃구경을 가야하는데 하는 심정뿐이었습니다. 아는 사람에게 그런 말을 하면서 다음 해에 보아야지요 했습니다. 마치 맘이 매우 느긋한 듯이 말입니다. 한 해 뒤에는 굉장한 시간이 남아돌아갈 것이라는 착각을 가지면서 말입니다. 그런데 그의 입에서 아주 깜짝 놀랄, 내가 깜짝 놀란 말이 나오고 말았습니다.

　　"한 해에 한 번 보는 꽃이에요. 퇴임까지 앞으로 몇 번 더 볼 수 있겠어요?" 아니, 한 해에 한 번? 그렇지 우리는 지나치게 시간을 넓고 길게 잡는 경향이 있지요. 그러다 보니 내년에 볼 수 있는 꽃이라면 마치 일 년 내내 볼 수 있는 것으로 생각하지 않습니까? 그런데 사실은 일 년이 하니라 한 번입니다. 모든 계절은 한 해에 한 번밖에는 없는 것이지 않습니까? 5년이란 세월을 생각하면 짧은 것이 아니지만, 다섯 번이라고 하면 지극히 제한된 순간에 지나지 않습니다. 앞으로 내가 몇 년 지나면 회갑이 되고, 정년이 되고, 고희가 되는 것이 아니라, 몇 번 진달래꽃을 보면 그렇게 된다고 계산법을 바꿀 필요가 있습니다. 시편에서 말하듯이 유영모 선생님이나 함석헌 선생님에게서 날 수 세는 것을 배워 그렇게 하면 하루하루를 짭쪼롬하게 지내겠구나 생각했습니다. 그래서 내 일기장이나 약속달력에 내가 그 날까지 살아온 날 수를 적습니다. (오늘 5월 31일까지 나는 20215날을 살고 있습니다.) 하루를 매우 소중하고 마디게 살았으면 좋겠다는 간절한 바램에서 그렇게 해보았습니다. 그런데 하루를 살고 나면 무수히 많은 하루가 또 계속하여 전개될 것이라는 느낌이 들어 별로 긴장되는 것을 느낄 수가 없었습니다. 그런데 일정한 나이, 예를 들어 60이나 70 또는 80을 정해 놓고 거꾸로 세어 본다면, 몇 년이 남았다고 하는 것이 아니라, 앞으로 철새소리를 몇 번 듣고, 피는 꽃을 몇 번 보는 것으로 계산하니 참으로 짧고 무서운 시간이 됩니다. 이러한 이야기를 학생들과 나누었습니다. 마침 그곳에 4학년생이 하나 있었습니다. 내년에 졸업하는 사람이지만, 그에게 학창시절의 봄은 더 이상 없습니다. 영입니다. 다 지나가 버린 학창이지요. 졸업이야 내년 2월이겠지만, 오늘 하루가 그에게는 학창의 마지막 날입니다. 그는 충격을 받는 듯이 보였습니다. 나도 충격을 받았었으니, 그리고 무심할 수는 없었을 것입니다. 이때부터 날 수 세는 방법을 달리 하여야 한다는 생각이 들었습니다. 일 년을 하루로, 아니 한 번으로 계산하는 방법입니다. 그러니까 나에게는 모든 것이 한 번만이 있을 뿐입니다. 이것이 기독교에서 말하는 진정한 종말론이라고 믿어집니다.

얼마 전부터 내가 깊이 생각하는 것은 '만남과 혁명' 이라는 사건입니다. 물을 따라가다 보면 언제나 물길은 방향을 바꾸게 되어 있음을 봅니다. 장애물이 있을 때 방향을 바꾸지만, 또 다른 물길을 만날 때 방향을 바꾸더군요. 자연스럽게 만들어진 길도 마찬가지입니다. 한 길과 다른 길이 만날 때는 항상 길의 방향이 바뀌는 것과 같습니다. 다시 말하면 한 길과 다른 길의 만남은 길의 방향 바꿈이면서 동시에 갈라섬입니다. 이제까지 가던 길을 벗어나던지 틀어버리는 사건입니다. 이것이 만남이면서 만남의 결과지요. 이 결과를 우리는 혁명이라고 하여도 좋을 것입니다. 우리는 때때로 사람을 만납니다. 부모, 친구, 선생, 제자, 그냥 친지를 만납니다. 일상생활에서 맞부딪치면서 만나는 사람들이 커다란 사건을 제공할 수 없는 것처럼 보일지 모르지만, 어느 날 어느 때인가는 항상 보던 그 사람에게서 위대한 만남 즉 나 자신을 변화시키는 만남을 경험할 수가 있습니다. 갑자기 한 식구의 얼굴이 천사같이 빛나거나 지극히 평온한 모습을 찾은 것을 발견할 수 있습니다. 이 때 내 맘이 열리고 나도 그를 만나게 됩니다. 이 만남은 나를 변화시키게 될 것입니다. 이 때 만나던 그가 달라져서 내가 그를 다르게 볼 수도 있었겠지만, 그는 원래 그 모습인데 그를 보는 내 눈이 달라져서 다르게 보일 때도 많을 것입니다. 이러나저러나 문제는 나에게 있습니다.

퀘이커교도들은 누구나 사람이라면 내면의 빛을 이미 가지고 있다고 믿습니다. 그 빛은 무엇인가로 가려져 있습니다. 그러다가 어느 순간 그 빛이 비치게 되어 있습니다. 간절히 무엇인가를 깊이 기다리고 그리워할 때, 다시 말하면 내면의 빛에 어떤 영원한 빛이 맞비추이기를 간절히 바랄 때, 이 두 빛은 서로 만나서 반짝이게 됩니다. 이 때 그는 해방을 느끼며 감동하고 감사하게 됩니다. 이 내면의 빛은 사람이라면 누구에게나 공통으로 다 주어져 있다고 봅니다. 기도하고 명상하고 생각하고 착실히 일하고 신명나게 놀면서 자신을 갈고 닦는 것은 바로 이 내면의 빛에 다른 빛이 비추이기를 기다리는 행위입니다. 내 속에 이미 와 있는 내면의 빛과 영원한 빛이 서로 만날 때 우리는 변화합니다. 이 빛은 시대의 말씀으로, 역사의 의미로, 무엇인가를 하여야 하는 과제로 나타나기도 합니다. 그래서 그 결과는 혁명입니다. 우리에게 주는 본질명령을 받고 따르는 일입니다. 삶의 기본방향을 잡는 데는 언젠가 큰 만남이 있을 필요가 있겠지만, 내면의 빛과 영원한 빛의 만남은 항상 있어야 할 것입니다. 그렇게 된다면 더 바랄 것이 없을 것입니다. 그래서 일상생활은 하루하루가, 아니 매순간순간이 혁명입니다. 이렇게 혁명으로 사는 삶이라면 하루를 천년으로 살고, 천년을 하루로 사는 것과 일치하는 삶일 것입니다. 결국 오늘이 영원이며, 영원이 오늘 지금 이 때에 응축되어 있습니다. 오늘을 사는 것은 그러므로 영원을 사는 것입니다. 한 번밖에 없는 이 순간에 아름답고 놀라운 만남이 있기를 빕니다.

벗과 나와 세상에 평화가 넘치기를 빌면서...

- 2001. 5. 31. 표주박통신 62호

아름다운 기도

사랑하는 벗에게

가끔 우리는 기분 좋은 인사를 받을 때가 있습니다. 가령, "내가 요사이 당신을 위하여 기도하고 있습니다" 라든지, "간 밤 꿈에 당신을 보았는데, 무슨 좋은 일이 있는 거야?", "듣자니까 어려운 일이 많다던데, 내가 염려하여 주니 잘 풀릴 거야. 그러니 너무 걱정하지 말고 기쁘게 지내도록 해" 따위의 말을 듣는다면 마음이 참 기쁩니다.

나와 친한 한 친구가 어려운 시절을 보낼 때, 그의 아버지가 몹시 걱정하고 힘들어하며 가슴 아파했습니다. 말을 하시고 걱정 하다하다 더 이상은 안 되겠다 싶었을 때, 마지막 말씀을 하듯이 "너는 아무리 그리해도, 너를 위하여 기도하는 아버지가 있다는 것만큼만 타락할 수밖에 없다는 것을 명심해라" 하시더랍니다. 누구인들 좋은 삶을 살고 싶지 않겠습니까마는, 마음과는 달리 잘못된 것에 유혹을 받고 그 길로 갈 수도 있는 것이 인생입니다. 그는 일생동안 어렵게 살았습니다. 그러면서도 아버지가 마지막처럼 던진 그 말을 붙잡고 살았습니다. 그 말을 되뇌이는 그 친구는 그 아버지의 기도 때문에 자기가 적절한 수준에서 잘못된 삶을 그칠 것이라는 확신에서 살았습니다. 그것을 되살리고 되뇌이는 것은 본인도 그렇게 살기를 몹시 힘쓴다는 것을 말하는 것이지요.

　바로 이것입니다. 간절한 마음으로 어떤 사람을 위하여 빌어주는 것만큼 큰 보시는 없을 것입니다. 가능하면 하루에 한 사람 씩만이라도 간절한 마음으로 누구인가를 생각하는 시간을 가지면 좋겠습니다. 그 전에는 중보기도라든지, 장독대에 찬물 떠놓고 새벽같이 일찍 비는 그것을 존경할만한 일로 보기는 하였지만 별로 귀하게 보지는 않았었습니다. 깊은 수도처에 갇혀서 밖의 일을 끊고 평생 오로지 기도만을 하는 생활을 의미 있는 것일까 하고 의심해본 적도 많습니다. 그러나 지금은 생각이 많이 달라졌습니다. 전부터 내가 알고 지냈던 어느 분은 당신이 출석하는 교회의 모든 교인들과 그들의 자녀들의 이름을 하나하나 들어 축복하고, 하나님께 문제를 아뢰고 해결해 달라고 빌었습니다. 당시에는 그냥 대단한 사람이라는 정도로만 생각하고 지냈습니다. 그러나 지금은 그분에 대한 판단이 달라졌습니다. 그것이 대단한 것일 뿐만 아니라, 사람이라면 꼭 해야 할 당연한 일 중 하나로 여겨집니다. 그래서 나도 그 일 비슷한 것을 합니다.

　나는 '표주박통신'을 받는 벗들의 이름과 주소를 종종 살펴봅니다. 하나하나 이름과 주소와 번호를 살피면서, 그 벗에 대한 기억을 찾아냅니다. 그러면서 기도합니다. 물론 어떤 벗에 대하여는 기억이 까마득하거나, 전혀 없는 수도 있습니다. 그래도 일단 그 주소록에 올랐다는 것은 언젠가 나와 관계를 맺었었다는 것을 의미합니다. 다만 내 기억이 없어졌을 뿐입니다. 그렇더라도, 그에 딱 맞는 것을 빌 수는 없지만, 평화롭고 건강하여 구차스럽지 않고 명랑하게 살기를 비는 것은 결코 헛농사는 아니라고 굳게 믿고 있습니다. 간혹 가다가 통신문이 되돌아와 이름만 남아 있고, 주소가 없는 벗들도 있습니다. 통신문에 관심을 많고 깊이 가졌던 벗들이기에 빈 칸을 남겨두고 이름을 불러 빌어봅니다.

어느 때, 어느 절기에만 특별히 인사하는 것이 아니라, 늘 그렇게 하는 생활이 버릇됐으면 좋겠습니다. 내가 남을 위해 간절히 빌 때, 누구인가는 나 몰래 나를 위해 지극한 정성으로 기도할 줄 압니다. 이렇게 된다면 매우 아름다운 흐름이 우리들 사이를 오고갈 것입니다. 이것이 평화로운 세상으로 가는 한 길이 될런지 모릅니다. 나는 오늘 새벽 일찍 나와 내 육신의 형제들과 식구들을 위하여 지극정성으로 기도하였을 내 어머니에게 고마움을 드립니다. 동시에 그는 당신의 자식들뿐만 아니라, 그들과 함께 하는 모든 사람들에게도 그의 자식들과 똑같은 복이 내려지기를 빌었을 것이라 확신합니다. 내가 아직 크지 못하였을 때 내 관심은 내 주변을 넘지 못하였습니다. 그러나 조금씩 커가면서 내 관심은 점점 더 넓어졌습니다. 사람에 대한 관심 역시 마찬가지입니다. 한 동안 나는 내 식구들이나 친척들의 행복이 내 관심의 전부였던 때도 있었습니다. 그러나 지금은 조금 넓어졌습니다. 때때로는 분명한 어느 사람을 지칭하기도 하지만, 때로는 막연한 인간을 들어 평화롭게 살고 행복하게 지내기를 빕니다. 사람이 사람되게 살 수 있기를 빕니다. 그러나 그것에서 더 나아가야 한다고 믿고 있습니다. 사람도 한 생명체라면, 생명체 전체를 아우르는 새로운 생명사랑으로 높아져야 한다고 보기 때문입니다. 최근 정부에서는 인권위원회를 두어 새로운 흐름을 잡고 있는 것은 매우 잘한 일이라고 봅니다. 그러나 그 인권위원회는 더 앞으로 나가서 생명권을 보호하고 옹호하는 데까지 나가야 할 것입니다.

그에 대한 깊은 관심이 솟아나야 할 것입니다. 무엇을 위하여 기도한다는 것, 염려한다는 것, 이름을 부르고, 그리워한다는 것은 그것을 사랑하는 것입니다. 그것을 사랑할 때 세상은 참으로 아름다워질 것입니다. 내가 알고 좋아하고 가까운 사람을 위하여서만이 아니라, 전혀 알지 못하는, 때로는 미워 죽을 지경인 사람을 위하여 기도하는 것은 더욱 아름다운 일이 될 것입니다.

사랑하는 벗이여, 오늘은 누구를 위하여 어떤 기도를 하시렵니까?

벗과 나에게 평화가 있기를 빌면서...

- 2001. 11. 30. 표주박통신 65호

씨을교육

사랑하는 벗에게

- 왜 교육이겠습니까?

안녕하십니까? 온 천지가 생기로 가득합니다. 그러나 가득하지만, 아직은 꽉 차서 답답한 것을 느끼지 않습니다. 아마 생명의 약동이 가장 싱싱할 때가 지금이 아닌가 합니다. 우리의 삶도 이러한 것이면 좋겠습니다.

캐나다에서 사시는 김기근 선생께서 표주박통신 67호를 보신 뒤 그 느낌을 편지로 보내주셨습니다. 지금 이 시대, 이 나라에서 교육을 이야기 할 수 있느냐는 것이었습니다. 온통 모든 것이 썩어버렸고, 정신이 없어져버린 이 때, 그것들에 대한 냉혹한 질책과 무서운 꾸지람과 같은 외침 대신에 교육을 말하고 있을 수 있는가 하는 것이었습니다. 특별히 함석헌 선생을 따르고, 가르침을 그에게서 받고, 그를 이해한다고 하는 사람들에게서 이 사회를 향한 시대의 말씀이 나오지 않는 것을 몹시 안타까워하면서 질책하셨습니다. 선생의 그런 꾸지람을 부끄럽고 고마운 마음으로 받아들입니다. 그래서 이 글은 김 선생께 드리는 대답이라 생각하시면 좋겠습니다. 물론 여기서 대답이란 말은 해답이나 해결의 실마리를 뜻하는 것이 아니라, 주신 편지에 고마움을 보내드리는 것으로 보시면 좋겠습니다.

맞습니다. 지금 모든 씨울들이 그렇게 느끼고 생각합니다. 하나같이 하는 말이 '이런 때 선생님이라면 이렇게 가만히 계시진 않았을 텐데' 하는 것입니다. 그러면서 모두가 바로 선생께서 무엇인가를 하셨으리라는 그 일을 하고 싶어 합니다. 그런데 그게 되지 않습니다. 능력이 그에 못 미치고, 관심이 다르고, 시대가 바뀌었으며, 찾는 길이 새로 난 것처럼 보이고, 해야 할 일이 달리 있는 것 아닌가 느껴지기 때문일 것입니다. 아니면 해도 해도 되지 않는 것을 옛날과 같은 방식으로 할 필요가 있는 것인가 하는 생각도 있을 것입니다. 저는 또 다른 생각도 있습니다. '함 선생님이 계셨더라면' 하는 생각은 나는 아무 것도 하지 않으면서 선생만 바라보거나 남을 바라보는 하나의 노예근성이 아닌가 하는 생각이 듭니다. 누구인가가 나서기를 바라는 마음보다는 비록 보잘 것 없이 희미한 것이라 하더라도 내가 서 있는 곳에서 내가 할 수 있는 일을 하는 것이 더욱 바람직한 것이 아닌가 생각하기 때문입니다. 작으나 크나 내가 하려고 할 때 큰 일은 이루어진다고 보기 때문입니다. 지금 우리 시대는 위대한 영웅이나 큰 인물이 필요한 것이 아니라, 잔잔히 제 삶을 잘 살아가는 무수히 많은 씨울들이 나타나기를 고대할 것이기 때문입니다. 그들이 미련하리만큼 성실하게 자기가 살아야 할 삶을 사는 것이 중요할 것입니다. 물론 생각은 이러하면서 실제로 내 자신이 움직여지지 않는 것을 너무 많이 분명하게 봅니다. 그것이 안타까운 일입니다.

또 지금 우리 시대가 많이 달라진 것을 볼 수 있습니다. 날카로운 비판이 전혀 필요 없는 것이 아닌데도 그 비판의 효과는 매우 형편없이 작은 것을 볼 수 있습니다. 그래서 비판하는 사람들이 맥이 빠져 버렸다고 할 수도 있습니다. 그러나 그것 보다 더 큰 것은 다른 데 있는 듯이 보입니다. 모든 곳이 다 썩어버려서, 도저히 비판발이 서지 않는 것입니다. 누구를 비판하고 누구를 탓할 수 없이 완전히 부패문화가 우리 사회를 뒤덮어버린 것입니다. 사회를 분석하여 보니 그렇단 말입니다. 비판하였던 사람들이 정권의 핵심에 앉은 뒤에 되돌아보면 역시 그 이전 비판받던 사람들과 똑같은 더러운 자리에 앉아 있습니다. 결국 그가 자리를 차지하면 좀 나아지리라 생각한 것이 완전히 망가지고 깨져버리며 물거품으로 돼버렸습니다. 일반 사람들이 흔히 말하듯이, '바꿔봤자 별 수 있겠느냐', 또는 '그놈이 그놈이지 다른 것이 있겠느냐' 하는 그 말이 들어맞는 만고의 진리처럼 되어 버렸단 말입니다. 왜 이렇게 되었을까요? 참으로 슬프고 답답한 일입니다. 완전히 맥이 빠져버린 상태가 된 것이지요. 여기에는 분명히 까닭이 있을 것입니다. 그 까닭을 저는 이렇게 보았습니다.

비판이라는 것을 잘못 알고 있지 않았나 싶습니다. 비판의 대상은 어떤 특정한 사람이나 집단이 되는 것으로 알고 있었던 모양입니다. 다시 말하면 비판하는 사람은 이미 비판의 대상이라는 범주에서 멀리 떠나 있는 것으로 스스로 판단하는 것이 문제입니다. 대개 같은 문화와 사회 속에서 같은 운명을 경험하면서 자라난 사람들은 크게 다르지 않은 공통의 문제를 가지고 있습니다. 다른 세계를 모르기 때문에 자신이 가지고 있는 세계에서만 나와 남을 보기에 잘못하면 흑백논리나 옹졸하고 좁은 생각의 틀 속에서 헤맬 수가 있습니다. 이것은 자칫 잘못하면 나를 정당한 것으로 보고, 옳은 것으로 보는 착각에 빠지게도 만듭니다. 이러한 착각 속에 있는 사람들은 자신이 책임 있는 자리에 앉게 될 때 전혀 달라지지 않은 못된 습속을 생각 없이 그대로 반복합니다. 이것이 바로 김영삼, 김대중 정권이 들어선 뒤에 나타난 현상입니다. 자기와 비슷한 부류의 사람들이 자리를 잡으면서 비판의 기능을 잃어버린 것입니다. 자기 자신을 비판하는 것으로 착각한 모양입니다. 이러한 현상은 비판그룹이 비판의 본질을 잘 파악하지 못한 때문일 것입니다. 비판은 진리판단에 입각하여 하여야 합니다. 내가 비판의 대상이 되었을 때 역시 남을 비판하던 잣대와 논리를 적용하여야 합니다. 그런데 내 편이 잘못하였을 때는 비판의 칼날을 무디게 하거나 접어버리는 데 문제가 있습니다. 이러한 현상은 바로 비판받아야 할 것의 속성을 보지 않고, 그것의 겉을 본 때문일 것입니다. 이것은 우리가 아직 성숙한 단계에 도달하지 못하였다는 것을 말합니다. 모든 비판은 자기비판을 전제로 할 때 힘이 있습니다.

또 한 가지는 적어도 시간을 우리가 뛰어 넘을 수 없다는 것입니다. 함 선생이 자주 말씀하셨듯이 역사는 계단을 뛰어넘는 수가 없다는 것을 확인하게 됩니다. 간단히 책임을 맡는 사람이 바뀌고 약간의 제도를 바꾸었다고 하여 문제가 없어지거나 달라지리라고 생각할 수는 없는 것이라고 봅니다. 특히 상당히 긴 기간 한국에서 민주화운동을 하였던 사람들이 정권을 잡은 뒤에 민주주의에 대한 것과 다른 몇 가지 면에서는 약간 나아졌지만 국민정신에 대한 부분과 원래부터 심각한 문제로 지적된 부정과 부패의 문제는 전혀 달라지지 않았습니다. 민주투쟁을 한 그들이 민주주의자라고 하기는 아직은 먼 상태였습니다. 그래서 비판이나 민주운동 또는 인권에 대한 말을 하기가 민망스럽게 되었습니다. 개혁을 상당히 많은 시민이 바라고 기대했지만, (나중에 새로 좋게 평가를 받을 수 있는 일이 있긴 하기만) 별로 좋은 결과를 가져올 가능성이 매우 약해 보입니다. 이렇게 되니 모든 시민들이 의기를 잃고 소침해지고 무엇인가를 위하여 움직여야 한다는 뜻을 잃어버린 것 같습니다. 이것이 우리가 겪어야 할 것이라고 한다면 지나치게 잔인한 심판입니다. 그 긴 시간을 그렇게 많이 투자하거나 허비하였는데도 또 더 기다리고 훈련하여야 한다면 참으로 힘드는 일입니다. 깊은 자기비판을 통한 성찰이 없었던 결과가 그것이라고 봅니다. 심판은 실제로 어느 누가 어느 특정한 때 하는 것이 아니라, 지금 살아가는 그것으로 한다고 봅니다. 살아가는 것이 실패하면 심판은 역시 나쁘게 나올 수밖에 없습니다. 원래 우리나라의 정치운동이나 사회운동은 생활운동과 동떨어져 이루어진 것이 많았기 때문에, 실제 생활의 변화가 없는 그러한 것들은 그나저나 똑같은 못된 길을 걸어가는 것이었다고 봅니다. 말로서 비판하는 것이 아니라, 생활 그 자체가 비판이 되게 하는 길을 걷지 못한 것이 문제입니다. 자기혁신의 생활이 없는 비판은 거짓일 수밖에 없습니다.

셋째는 사람이 완전히 변화되지 않으면 안 된다는 것입니다. 무엇으로 변화될 수 있겠습니까? 사람의 변화는 어느 순간, 어떤 계기를 통하여 된다고 보지는 않습니다. 물론 특정한 시점이나 장소에서 아주 특이한 경험을 통하여 변화할 계기를 얻을 수는 있을 것입니다. 그것은 들머리에 불과합니다. 사람의 변화는 그것에서 시작하여 차근히 달라져야 할 것입니다. 달라진다는 것은 바로 달라지는 삶을 그렇게 살아가는 것이라고 봅니다. 달라지는 것은 어떤 수단과 목적이 아닙니다. 그냥 그렇게 살아가는 삶입니다. 부정을 없이 하겠다고 강력한 힘을 쓰고, 독재를 물리치겠다고 독재자의 방법으로 일을 한다면 결코 당시에 나타난 부정이 드러나고, 판을 치던 독재자가 물러난 뒤에도 부정과 독재는 남아 있을 것입니다. 왜냐하면 부정을 없이하고, 독재를 물리치겠다는 그 사람의 마음과 방법 속에 이미 부정과 독재는 씨로 남아서 싹을 틔우고 잘 자라고 있었기 때문이라고 봅니다. 다시 말하면 부정을 비판하고 없애겠다고 노력하는 그 속에서, 그리고 독재를 반대하고 민주를 세우겠다는 싸움 속에서 부정과 독재의 씨가 함께 자라고 있었기 때문입니다. 맑은 것으로 변화되지 않고, 민주로 살아가는 삶이 자리를 잡지 않는 한 그렇게 될 수밖에 없습니다. 그래서 일찍이 함석헌 선생은 자유당독재와 싸우고, 박정희 군사독재와 싸울 때 역시 진정한 싸움의 대상은 그들이 아니라 자기 자신임을 강조하였습니다. 자신에 대한 사랑, 상대방 속에 들어 있는 나, 내 속에 들어 있는 다른 사람을 해방하는 사랑의 마음이래야 제대로 된 싸움이 됩니다. 그러기에 상대와 싸우되 먼저 자신과 싸워서 이긴 다음에라야 상대를 설득하거나 이길 힘이 나오는 법입니다. 여기에서 자기 자신이란 좀 다른 말로 하면 민중, 씨올이라 할 수 있습니다. 일이 잘 되어도 그것이 돌아갈 곳은 씨올이지만, 일이 잘 못되어도 그 책임을 지어야 할 이는 역시 씨올이라는 것입니다. 그러한 부정과 독재는 모든 나, 즉 씨올 속에 똬리를 틀고 있는 그것들이 겉으로 드러났을 뿐이라 보기 때문입니다. 진정한 운동과 싸움은 바로 씨올 속에 있는 이것을 씻어내는 것, 그래서 속과 겉이 새롭게 된 씨올을 만드는 것이었습니다. 무엇으로 그것을 할 수 있겠습니까? 제가 생각하기에 그것은 교육이지 않을까 합니다.

그렇다면 어떤 교육이어야 하겠습니까? 역시 씨울교육입니다. 지식교육이 아니라 사람의 본질을 변화시키는 교육입니다. 그러한 변화를 교육이 할 수 있느냐고 우리는 물을 수 있을 것입니다. 이제까지 모든 교육이 그것을 이루지 못하였기 때문입니다. 지금 하는 교육으로도 그것을 이룰 기미를 전혀 느낄 수 없다고 보기 때문에 던지는 질문일 것입니다. 저도 그렇게 생각합니다. 그러면서 그것에 희망을 걸고 일을 꾸며보아야 하지 않을까 합니다. 그래서 되지도 않을 것 같은 교육을 다시 말하고 생각하여 보자는 것입니다. 이것은 사람을 믿을 수 없어서 사람을 버리고 싶으면서도, 그래도 믿을 것은 사람이야 하면서 사람을 믿어보는, 차마 포기할 수 없어서 믿어보는 것과 같습니다. 그래서 믿지 못할 교육이지만, 교육 아니고는 달라질 수가 없을 것이라고 말하는 것입니다. 여기서 교육은 사람이 바뀌는 교육을 말합니다. 한 사람이 한 순간 순간 조금씩 바뀌면서, 그것이 삶으로 실천이 되고, 이웃과 사회에 전파되어 변화되는 삶이 사회문화로 정착되는 것을 말합니다. 이것이 사회문화로 정착이 되어야 법률이나 행정과 정치로 자리를 잡는 제도가 형성되어 제대로 사회와 개인이 설 수 있다고 봅니다. 그렇게 되려면 끊임없이 자기반성과 집단반성을 통한 자기진단이 일어나면서 개인과 공동체가 함께 변화의 모습을 만들어 가는 매우 치열한 노력이 있어야 할 것입니다. 사회가 진정으로 달라지려면 개인과 집단이 동시에 바뀌지 않으면 안 됩니다. 무엇이 먼저라고 할 수 없는 것이지만, 제도와 집단은 언제나 개인들이 바뀐 다음에 왔다는 것을 알아야 합니다. 씨울 자신이 만든 제도가 아니고는 씨울들이 따를 수가 없었던 것입니다. 씨울이 제대로 자신에게 맞는 제도를 만들어 실행하려면 씨올 개개인이 성숙되기를 희망하고 그 길로 나서야 할 것입니다. 그것은 분명히 교육으로 될 수 있을 것입니다. 그러나 지금 이루어지고 있는 것 같은 교육으로는 되지 않는다는 말입니다. 그래서 다른 교육을 말하여 보자는 것입니다.

그것은 씨올의 자기교육입니다. 제 스스로 일어나서 걸어야 할 힘을 자기가 기르는 자기교육이 필요합니다. 나에게 좋고 다른 사람에게는 나쁜 것이 아니라, 서로에게 좋은 삶을 서로 깊이 이야기하고 생각하고 나누면서 만들어 나가는 일입니다. 여기에는 가능한 한 어떤 강력한 사람, 힘, 제도에 맡기는 것이 아니라, 제 힘으로 하여 보자는 뜻을 가지고 움직여야 합니다. 대개 좋은 정치가를 뽑으면 된다는 생각을 가집니다. 그럴듯한 듯이 보이지만 정치가를 믿지 않는 씨올이 되어야 합니다. 좋은 정치가를 지나치게 믿는 것은 권력을 숭배하는 것에 지나지 않습니다. 자기 자신을 주인으로, 주체로 보되 다른 사람과 함께 하는 공동주체로 보는 것입니다. 우리는 정치가를 믿어주어야 하지만, 믿어주되 저놈은 자기도 속이고 우리도 속일 것이라고 앞을 내다보면서 속아주는 성숙이 있어야 합니다. 이렇게 되면 어떤 지도자나 정치가에게도 숭배하는 정도의 신뢰를 주지 않지만, 그놈이 잘못하였을 때 역시 실망하지 않고 또 다시 올바른 길이 어디에 있는지 찾아 나설 것입니다. 그렇게 이미 알면서 속아주는 성숙이 있을 때 일은 제대로 될 것입니다. 우리는 우리 스스로 우리를 변혁하는 자기교육운동을 벌여야 합니다. 자기변혁, 자기혁명을 통한 사회혁명을 획책하지 않는 교육은 거짓입니다. 우리가 찾아가고자 하는 교육은 바로 여기에 있습니다. 누구를 비판하고 분석하는 것이 아니라, 올바른 길이라고 생각하는 그 길을 내가 걷되 공동으로 걷기를 운동하는 일입니다. 그러한 꿈을 가지고 움직이면(꿈틀거리면) 분명히 길이 열리리라 믿습니다.

사랑하는 벗이여, 죄송스럽지만 우리 함께 맘을 닦는 일에 나섭시다. 나를 닦는 그 닦음으로 우리 사회도 닦아 봅시다. 소극자세에서 적극자세로 나가도록 합시다. 대통령도 우습고, 장관도 우습고, 국회의원도 다 우스운 허접스레기 같은 허무한 존재들이 아니던가요? 그것들을 향하여 우리의 귀한 가치를 소비할 시간이 없습니다. 우리가 진리를 사는 것이 무엇인지 곰곰이 생각하면서 나갑시다. 그렇게 되면 분명히 살 맛 나는 세상이 오지 않겠습니까? 진리가 모든 것을 풀고 살린다고 하지 않던가요?

오월이 다 가고 이제 유월입니다. 짜증내지 말고 싱싱하게 사시기 바랍니다.

벗과 나에게 평화가 함께 하기를...

- 2002. 5. 31. 표주박통신 68호

개인의 사회참여

사랑하는 벗에게

안녕하십니까? 불볕더위와 열대에서나 맞이하는 더운 밤으로 잠을 자지 못하고 뒤척이며 지새우는 날이 며칠 계속됩니다. 이런 때는 어떤 시원한 이야기나 그림이 머릿속에 그려지기를 바라기도 합니다. 옛날에 보았던 영화 "의사 지바고" 같은 눈으로 펼쳐지는 장면을 연상하면 조금 도움이 되려는지요. 아니면 "사운드 오브 뮤직"에 나오는 알프스의 푸른 산록을 보면 좀 시원할 것인지? 강원도 소금강 골짜기에 흐르는 물줄기를 상상하면 속이 시원할 것인지? 가장 어려운 시절은 역시 그것을 극복하는 자기최면이 필요하기도 합니다.

나는 지난 7월 22일부터 26일까지 일본 아마가사끼와 케이한에 있는 의료생활협동조합을 견학하고 왔습니다. 대전과 전주에서 의료생협을 준비하는 사람들 틈에 끼어 다녀왔습니다. 오사카 근처에 있는 아마가사끼시의 의료생활협동조합은 그 이전부터 있던 의료기관을 통합하여 1974년 의료생협으로 새롭게 시작하였습니다. 그리고 케이한은 이제 10년의 역사를 가진 조합활동을 보여주고 있었습니다. 아마가사끼의 경우, 전체 시민의 20%

정도를 조합원으로 확보하고 있었습니다. 그러면서도 매우 왕성하게 조합원을 확보하는 일에 열중하고 있었습니다. 조합원을 확보하고, 출자금을 증가시키고, 서비스를 더 짜임새 있게 하는데 애를 많이 쓰고 있었습니다. 병원을 운영하는 것 외에, 아직 우리나라에서는 시행하고 있지 않은 개호보험에 의하여 나이가 많은 어른들을 상대로 개호보호사업을 중점과제로 삼고 있었습니다. 우리 사회에 어떻게 적용하여야 할 것인가는 매우 깊고 주의를 기울여 연구하고 실천하여 보아야 할 것이라고 생각합니다. 교육을 받은 사람들이 우리사회를 살펴보고, 그것에 맞는 의료생활협동조합이 어떠하여야 할 것인가를 찾아 만들어내야 할 것입니다.

어찌 되었든 일본 사람들은 사회참여를 많이 하고 있다는 인상을 받았습니다. 전국 단위나 세계단위의 일에 참여하는 사람들도 많이 있겠지만, 자기가 살고 있는 지역단위의 사회운동에 많이 참여하는 듯이 보였습니다. 이것은 매우 좋은 모습이라고 봅니다. 나는 상당히 오래 전부터 우리 사회가 달라지려면 사회운동에 참여하여 실제로 공부도 하고, 공부한 것을 실천하는 운동이 크게 일어나야 한다고 보았습니다. 생활이나 실천과 떨어진 학교 교육으로는 되지 않고, 제멋대로 이리저리 바뀌는 행정이나, 관행에 따라서 법이 제대로 운용되지 못하는 것 가지고도 안되고, 모든 탓을 남에게만 돌리는 엉망진창인 정치판으로도 되지 않습니다. 되려면 오직 자기혁명을 꾸리면서 공동으로 함께 변화시켜 보려는 사회운동이 깊은 데까지 이르지 않으면 안됩니다. 간디나 함석헌 그리고 달라이 라마 같은 사람들은 개개인의 변화를 매우 중요하게 보았으면서, 동시에 사회변화를 획책하였습니다. 그들은 깊은 영성을 강조하였고, 스스로 그것을 체험하기 위하여 매일 철저한 수행을 거듭하였으면서도 그것을 개인차원으로 좁히지 않고 사회전체와 역사의 흐름으로 넓혔습니다. 그들에게는 개인이 먼저 변하여야 사회가 달라진다는 순서를 넘어서, 개인과 사회를 결코 분리하여 생각할 수 없는 존재로 보았습니다. 곧 개인의 변화는 사회의 변화요, 사회가 달라진다는 것은 개인의 혁명 없이는 불가능한 것으로 보았습니다. 다시 말하면 개개인의 수련은 사회수련이 되는 것이며, 사회수련은 개인을 익명으로 파묻는 것이 아니라, 밝은 등불아래 드러내는 일이었습니다. 원래 우리는 죄인으로 나서 죄로 얽힌 사회에서 살지만, 이 두 원죄를 벗어나려는 노력은 사회와 개인을 하나로 통합하여 보려고 애쓰는데서 시작되고 끝날 것입니다. 그래서 나는 사랑하는 벗 당신에게 아주 간절히 호소합니다. 어떠한 형태가 되었든 사회를 변혁하려는 사회운동에 아주 적극 가담하시기 바랍니다. 일상생활의 한 부분으로 나를 내어놓는 봉사활동에 참여할 수 있으면 좋겠습니다.

많은 사람들은 월드컵 때 보여준 매우 괄목할만한 일을 칭찬합니다. 나도 그것을 보았고, 경험하였습니다. 아주 훌륭하였습니다. 우리 사회가 한 단계 올라갈 수 있는 힘이 속 깊이 있다는 것을 발견하기도 하였습니다. 그러나 그 때 그렇게 하였다고 하여 항상 그러리라는 것을 바라거나 그렇게 되었다고 인정하는 것은 크게 잘 못된 것이라고 봅니다. 먼 날 그렇게 될 수도 있을 것입니다. 그 때 그렇게 한 것은 그러한 잠재력이 있다는 것을 보여주었을 뿐입니다. 일상으로 돌아가면 다시 옛날 한심했던 모습으로 되돌아갑니다. 그것을 이루려는 아주 끈질기고 힘겨운 학습이 없이는 그렇게 되지 않을 것입니다. 문화의 변혁과 사회의 변화는 개개인이 주인이 되는 집단학습을 통하여 이루어지기 때문에 상당한 시간이 걸려야, 월드컵 경기 때 보여준 몇 가지 좋은 자리에 오르게 될 것입니다. 지금 벌써 옛날 모습으로 돌아가, 자기가 싫다고 토했던 것을 다시 걷어 먹는 형상이 되고 있지 않습니까? 우리 모두가 어떠한 형태가 되었든 사회운동에 적극 참여하여 변해야 할 것을 바꾸는 일에 주인으로 함께 참여하길 바랍니다.

더운 날에, 조금 지나면 다시 가을 문턱을 넘고, 뜨거운 여름을 뒤로 할 것이니, 참고 관용을 베풀면서 행복하게 사시기 바랍니다.

언제나처럼 평화와 사랑을 보내면서...

- 2007. 7. 31. 표주박통신 69호

작은 힘

사랑하는 벗에게

　요사이 저는 평화와 전쟁에 대한 주제에 자주 생각을 깊이 모아봅니다. 유명한 철학자 칸트가 펴낸 '영구 평화론'과 자꾸만 반복되어 끊임없이 나타나는 전쟁, 즉 영원한 전쟁 문제에 대하여 생각해 봅니다. 교육이나 과학 기술 그리고 문명의 발달로 보면 이제 사람들이 서로 싸우지 않고, 특히 나라와 나라들이 전쟁을 하지 않고도 살 수 있을 만큼 성숙한 듯이 보이기도 한데, 전쟁은 더욱 더 살벌하여지고 잔인해지고 짜증스러워 집니다. 개인이나 작은 집단이 벌이는 테러, 그 테러를 없애겠다는 더 잘 조직된 대폭력을 동원하고 행사합니다. 이것을 우리는 전쟁이라고 부릅니다. 그러면서 사람들은 그러한 것에 이른바 거룩하고 정의로운 전쟁이라는 이름을 붙이기도 합니다.

　역사는 한 편의 연극입니다. 그 연극에 우리는 단역 배우로 등장합니다. 짧은 순간 지독히 악한 역할을 맡거나 맑고 깨끗한 놀음을 놀도록 되어 있습니다. 여기에서 어느 누가 아주 못된 짓을 하고 가도록 되어 있을 때, 그 인생은 참으로 불쌍한 것으로 보입니다. 그도 그러고 싶어서 그렇게 하겠습니까? 악령이 그에게 씌어서 그 꼭두각시 노릇을 하는 것이겠지요. 그러니 얼마나 불쌍한 인생입니까? 차라리 주인으로서 그렇게 한다면 할 말이라도 있겠지만, 그렇지 못하고 종으로 그렇게 한다면 그것이 비극이란 말입니다. 개인이 해야 할 일은 다만 그 악령에 내가 사로잡히지 않게 기도하는 일이 중요할 것입니다. 그러나 집단으로는 달라야 할 것입니다. 물론 집단기도 역시 필요합니다. 집단기도의 모습은 또 달라야 하겠지요. 그것은 개개인들의 착한 영에 불을 댕기고, 당긴 그 불을 한 곳에 모으는 일입니다. 마치 촛불시위가 그러하듯이, 작은 일촉광짜리 촛불이 모이고 모아져서 거대한 불꽃이 되고, 그것이 힘이 되어 어두운 밤을 밝히듯이 평화는 평화스럽게 모아져야 할 것입니다. 이래서는 안 되는데 하는 한숨이 모아지면 거대한 폭풍이 될 것입니다. 이것이 살아있는 양심이고 그 양심이 살아서 움직이는 것이 됩니다. 누구나 다 살아있는 양심을 가지고 있습니다. 다만 그것을 어떻게 움직이게 하는가 하는 문제와 움직이되 혼자서가 아니라 함께 모아서 움직이는 것입니다. 물론 여기에서 우리가 조심할 것은 전체주의식 강제동원에 따라서 하는 것이 아니라, 속에서 명령하는 깊은 양심의 소리에 따라서 되어야 하는 것이지요. 이렇게 될 때 악령에 씌어서 못된 짓을 하는 자도 그 무대에서 내려오게 되고, 되돌아보면서 그 너울을 벗고 해방될 가능성이 있습니다.

그러려면 역시 작은 것들, 깨어있는 개인(씨올), 평화로 훈련되고 생활습관을 가진 민중(씨올), 의식 있는 집단과 민족들이 각자 자기 몫을 해내야 합니다. 지금은 글로벌시대라고 말하지만, 이것을 크게 나누면 두 가지의 양상을 가집니다. 하나는 크고 강한 것들이 자신들의 지배와 착취구조를 전세계에 펴기 위한 수단으로 사용합니다. 그런데 지금의 흐름은 그것에서 벗어날 수가 없게 되었습니다. 그래서 작은 것들은 반강제, 반자발행위로 글로벌체계에 얽혀 들어갑니다. 물론 거기에서 얻는 것도 많지만 동시에 펴지 못하고 잃는 것도 많습니다. 이 때 역시 작은 것들이 할 것은 글로벌민주주의를 주장하고 확보하는 일입니다. 작은 것들의 권리를 확보하는 일입니다. 작은 것들의 연대, 작은 것들의 깨우침, 작은 것들이 뭉친 힘에 의한 대항입니다. 여기에는 물론 작은 것들만 모은다고 되는 것은 아닙니다. 크고 작은 것, 중간 것들을 함께 아울러야 할 것입니다. 이러한 것들은 정부나 비정부단체가 국제사회에서 해 낼 일입니다만, 그것을 뒷받침하는 것은 역시 우리 깨어있는 씨올들의 몫입니다. 그러기 위해서 생활에서 평화를 실천하는 것이 중요합니다. 그것이 우리 시대가 요구하는 가장 귀한 혁명의 흐름이라고 봅니다.

여기에서 중요한 것은 세계의 양심세력의 연대입니다. 정부는 어쩔 수 없이 자기이익을 취할 수밖에 없습니다. 그렇게 하기 위하여 '악의 축'을 이루는데 연대할 수도 있습니다. 지금 이라크를 공격하려는 미국에 마음으로는 동조하지 않으면서도, 그 대열에서 빠지게 되면 국가경제에 손실이 올 것을 우려하여 마지못하여 참여하는 나라들이 많은 것처럼, 국가경제와 국제사회에서 고립되지 않기 위하여 그렇게 하지 않을 수 없을 것입니다. 여기에 대항하여 비정부단체들의 양심운동이 필요합니다. 이것은 국제간 양심세력을 동원할 수 있는 매우 귀한 길이 되기도 합니다. 우리는 그래서 하나하나가 모두 비정부단체에 참여하여 사회운동에 뛰어들 필요가 있다고 봅니다.

지금 북한은 에너지와 식량이 매우 부족하다고 하지 않습니까? 이러한 때 우리 씨올들이 참여한다면 매우 아름다울 것입니다. 우리 사회는 너무 에너지를 낭비합니다. 일상생활에서 크게 절약하여 그것을 북으로 보낸다면, 핵문제를 푸는데 한 점 공헌하는 것이 되지 않겠습니까? 그렇게 되면 미국도 북한에 에너지문제를 부드럽게 할 것이고, 북한 역시 부드러워질 것이 분명합니다. 21세기는 부드러움이 행세하는 시대가 되어야 할 것입니다.

무거워졌습니다.

새로 맞이하는 봄(새해)에 건강과 평화를 빕니다.

- 2003. 1. 28. 표주박통신 72호

보존하여야 할 씨앗

사랑하는 벗에게

벗이여, 당신은 시원한 삶을 보냅니까, 아니면 답답한 하루를 보냅니까? 때에 따라서, 상황에 따라서 다르겠지요. 저도 그렇습니다. 오늘은 답답한 얘기 하나 하고 가야겠습니다. 시원한 소식 들리기를 희망하면서.

세상 살아가는 데 답답한 것이 한두 가지일까마는 이 일은 참 안타깝고 답답합니다. 고등학교를 막 졸업하고 대학에 들어온 일학년생들에게 '함석헌'이란 사람이 누구인지 물어보면 한결같이 모른다는 대답입니다. 그의 이름도 듣지를 못하였고, 그가 쓴 글을 읽은 적도 없다고 하였습니다. 몇년 전까지만 해도 좀 달랐지만, 그를 아는 사람의 수는 많이 줄어듭니다. 지난 3월과 4월에는 서울과 부산에 있는 어느 대학교에서 각각 근 2000명에 가까운 학생들 앞에서 무엇인가를 말할 기회가 있었습니다. 원래 나는 그렇게 많은 사람들 앞에서 말하는 것은 맞지 않는 사람이지만, 요청이 있어서 갔었습니다. 그들에게도 '함석헌'이란 이름을 들어 본 사람 손을 들어 보라고 하였습니다. 서울에서는 몇 명이 들었고, 부산에서는 한 사람도 없었습니다. 서울의 어느 대학에서는 2학년들까지 같이 듣는 것이었고, 부산에서는 1학년 학생들만 듣는 시간이었습니다. 내가 가르치는 학생들 40여 명의 1학년 학생들도 그 이름을 들은 바가 없다는 것입니다. 이러한 것을 경험한 뒤 참으로 답답하고 안타까움을 느꼈습니다. 몇 해 전부터 나는 매 학기 적어도 한 번 이상 함석헌 선생에 대하여 강의를 하거나 책을 읽히는 숙제를 학생들에게 내줍니다. 그것을 통하여 그의 생각을 널리 펼치고 싶어서지요. 그런데 한결같은 말은 그의 생각과 글이 어렵다는 것이었습니다. 그것도 답답한 일이었습니다. 시를 많이 써서 커다란 시집을 냈는데도 그는 한국문학사나 한국문학가 인명록에 시인으로 적혀 있지가 않습니다. 그의 수상은 남다른 문체에 아주 감동스러운 것이 많습니다. 그런데 그가 수필가라거나 수상가라는 사람들의 인명록에도 기록되지 않았습니다. 상당히 많은 사람들이 그를 금세가 낳은 우리 민족의 위대한 사상가라고 합니다. 그런데도 강단철학계에서 그의 철학을 정식철학으로 취급하지 않습니다. 실증자료에 충실하지는 않았지만 우리 역사를 뚜렷한 역사관을 가지고 쓴 최초요 최고의 책이라는 '뜻으로 본 한국역사' 를 써서 아직까지도 계속 읽히고 있는데도 강단역사가들은 그를 역사학자로 취급하지 않습니다. 그만큼 많은 분량의 글에서 생활종교를 강조한 사람도 드물 것이지만, 신학대학의 정식 커리큘럼에 함석헌 신학이라거나 함석헌 종교학이란 과목이 들어가 있는지 모르겠습니다. 가끔 민족종교를 말할 때나 민중신학을 말하는 사람들에게서 한 두 줄로 처리할 뿐이지 않던가요? 참으로 섭섭하고 안타까운 일입니다. 그만큼 교육에 대하여 말을 많이 하고 깊은 관심을 가지고 글을 쓴 이도 드물 것입니다. 그러나 교육계에서 그의 교육관이나 철학을 깊이 연구하고 가르치는지도 의문입니다. 이제는 우리가 정신을 차리고 정말로 좋은 정신, 좋은 삶, 좋은 생각, 좋은 글을 초등, 중등, 고등, 대학생들이 읽을 수 있도록 해야 합니다. 무수히 많은 쓰잘데 없는 글들은 각종 학교의 교과서를 장식하는데, 그의 글은 실리지 않습니다. 가끔 대학 교재에 실리다가 금방 사라집니다. 교과서를 편찬하는데 종사하는 사람들은 좀 더 올바로 보는 눈으로 제대로 정신을 살리는 사람들의 아름다운 글들을 찾아 실어야 할 것입니다. 그가 쓴 글들을 가려 뽑아서 초등학교로부터 대학교의 교과서에 실릴 수 있게 하여야 할 것입니다. 사랑하는 벗이여, 혹시 당신이 그런 사람들 중 하나라면, 아니 그런 사람들을 알고 있다면 그 일에 적극 나서기 바랍니다. 그럴만한 시간이 없다면 각자 자기가 서 있는 곳에서, 하고 있는 일을 통하여 그런 좋은 생각과 일을 널리 알리기에 힘써주기 바랍니다. 좋은 생각의 씨, 삶의 씨는 우리가 잘 가꾸고 보존하여 전달하지 않으면 곧 사라집니다. 농부가 농사짓는 심정으로 그렇게 하지 않으면 안될 것입니다. 그러면 분명히 선한 씨가 이 땅을 덮어 아름답게 만들 것입니다.

계절의 여왕이라는 오월이 다 지나갔습니다. 아주 좋았던 계절이었는데. 그러나 또 오는 다른 계절도 좋겠지요.

당신과 나에게 평화가 있기를 빌면서...

- 2003. 5. 31. 표주박통신 74호

끊임없는 자기변혁

사랑하는 벗에게

껍질을 벗고 알짬을 살기 위하여

변혁을 요구하는 시대에 한두 가지를 생각하여 봅니다. 120년 전 갑신년에 우리 한반도는 매우 커다란 변혁의 소용돌이 속에 휩싸였었습니다. 낡고 딱딱한 옛껍질을 벗고 생기발랄한 생명을 살리기 위한 변혁의 흐름이 매우 세게 흘렀었습니다. 그러나 성숙되지 못한 여러 가지 여건들이 스스로 몸부림치며 찾으려던 변혁을 공중으로 날려 버리고 말았습니다. 변혁은 허물을 벗고, 껍질을 벗어 성숙되고 산뜻한 새 생명으로 사는 것, 알짬을 사는 것입니다. 그것은 어느 일정한 때만 그러한 것은 아닙니다. 우리가 사는 지금 오늘이 바로 이런 변혁을 요청하는, 껍질을 벗어버리려는 몸부림을 치고 있는 때입니다.

변혁은 자기변혁과 시대변혁, 즉 사회, 문화변혁이라 할 수 있는 생활변혁이 함께 일어나야 합니다. 그러기 위해서는 우선 자기와 시대를 우거 싸고 있는 껍질, 과거에는 자신의 생명을 보호하는 구실을 하였지만 지금은 생명이 자유롭게 폭발하는 것을 억제하는 껍질이 무엇인지 따져 물어야 합니다. 온갖 문화들, 관습과 제도와 생각과 행동들이 진정 나를 우겨 싸는 딱딱한 껍질들이 되어 있는 것을 보아야 하지요. 지나치게 강한 집단이기주의에 터를 잡은 천박한 패거리주의, 찰나를 귀하게 보는 한탕주의, 다른 것을 경멸하는 자기황홀주의가 우리를 지배합니다. 이것은 우리의 속알이 다 빠져나가 텅 빈 상태에서 오는 자기패배의식에 사로잡혀 있기 때문이라고 봅니다. 그러므로 껍질을 벗어 새 생명을 틔우려면 속을 꽉 채워야 합니다.

속알이 채워지려면 일단 자기긍정, 자기존중 없이는 불가능합니다. 자기의 껍질을 자랑하는 자만스러움이 아니라, 자기 속알을 사랑하고 존중하는 자기긍정이 있어야 합니다. 지금 내 속에는 생명, 신성, 신, 빛이 살아서 움직입니다. 지금 내 속에 그러한 것이 살아 움직인다는 것을 알고 깨달으면서 바로 그것을 지극한 맘으로 존중하는 것입니다. 결국 자기긍정이나 자기존중이란 자기 속에 들어 있는 생명, 빛, 신을 인정하고 존중하는 것이 됩니다. 이렇게 될 때 우리는 거룩하여 질 수 있습니다. 그러나 잊지 말아야 할 것은 내 속에 있는 이러한 생명, 빛, 신성이 바로 내 곁에 있는 이웃, 나를 둘러싸고 있는 만물들 속에 똑같이 함께 들어 있다는 사실입니다. 이렇게 되면 자연스럽게 이웃이나 모든 만물 속에 들어 있는 바로 그것을 존중하게 되는 것입니다. 겉을 깨고 속을 들여다보아 사랑하는 이것이 변혁의 시작이 되는 것이지요. 이러한 변혁은 서로가 지배하고 착취하고 억누르던 퀘퀘묵은 사이비 자기중심주의에서 벗어나서 공동의 거룩한 생명중심으로 옮겨가는 일이 됩니다. 싸움과 반목과 질시와 상호천대를 청산하고 서로 존중하는 공존의 세계로 가는 일입니다. 그것을 위하여 우리 사회 곳곳에서 사랑하고 존중하는 기운이 불일듯이 일어나야 합니다. 적어도 다음과 같은 몇 가지에서 깊은 사랑과 존중감이 나타나는 것이 중요할 것입니다. 존중과 사랑에서 평화와 화해가 싹트고 자라날 것이기 때문입니다.

우선 맨몸뚱이로서의 나, 어떠한 겉치장이 없는 나, 조직과 관례와 사회가 만들어 준 틀 속에 있는 것이 아니라 그냥 그렇게 맨몸으로 서 있는 맨사람 내 속에서 신을 발견하고, 그것을 사랑하고 존중하는 일이 중요합니다. 나 자신과 화해하고 나 자신과 하나가 되어 하루하루, 순간순간을 아주 기쁘고 즐겁게 사는 것이 중요하단 말입니다. 그렇게 되면 자연스럽게 내 이웃 속에 있는 맨사람, 신을 가진 맨사람을 보게 될 것입니다. 이렇게 되면 아주 허물없이 이웃과 내가 하나가 되고 사랑하며 존중하게 됩니다. 사람 이웃뿐만 아니라, 내 주변을 감싸고 있는 환경, 자연 속에서 거룩한 속성, 즉 생명과 신을 보게 됩니다. 사람과 자연 사이에 어떤 위계체계나 지배질서가 잡히는 것이 아니라, 지극히 동등한 평등과 공존질서가 잡힙니다. 나와 자연은 자연스럽게 하나가 되고 화해하게 됩니다. 파괴와 변조와 착취의 대상이 되었던 자연은 아주 스스럼없이 포근한 생명의 근원으로 남습니다. 이 때 비로소 사람은 신을 알게 되고 모시며 생활하게 됩니다. 이렇게 사람(나)과 이웃과 자연과 하나님이 하나가 될 때 진짜 알짬을 살아가는 것이 되고 변혁된 세계를 맛보게 됩니다. 누가 고쳐서가 아니라 이미 새롭게 달라진 세계를 맛봅니다. 사람과 사회가 함께 거듭나는 것을 이렇게 경험합니다. 나를 포함한 모든 것을 하나님 자신의 나타남으로 받아서 모실 때 진정한 혁명이 일어나고 새사람과 새세계를 맞이하게 될 것입니다. 그래서 우리는 일상생활에서, 매일매일 새롭게 되는 변혁을 스스로 경험하는 훈련, 수련을 아주 체계 있게, 지극한 정성으로 쌓아가야 할 것입니다. 이것이 우리가 이 시대를 사는 의미일 것입니다. 지금 시대가 바로 그것을 우리에게 요청하고 있다고 나는 믿습니다.

올해는 변혁과 현상유지를 희망하는 세력들이 선거를 통하여 자신들을 나타내려고 할 것입니다. 생명의 속성은 끊임없이 자기변혁을 꾀하는 것입니다. 벗이여, 당신이 살아있다면 변혁의 물결에 자신을 던질 각오를 실현해야 할 것입니다.

언제나처럼 평화와 사랑을 보내면서...

- 2004. 1. 31. 표주박통신 78호

가신 윤중호 님을 기리며

사랑하는 벗에게

추석도 지났고, 완연히 가을입니다. 조금 지나면 온 누리가 붉고 아름다운 단풍으로 가득할 것입니다. 오곡백과가 잘 익고, 풍성하고 고마운 추수가 될 것입니다. 이 때 우리는 우리 자신의 농사, 내 자신이 어떻게 진행되는가 하는 문제에 깊이 생각을 모아 볼 시기입니다. 내 자신을 갈무리하는 농사의 결과가 어떠한지 보아야 한다는 것이지요.

지난 9월 2일 밤늦게 일산병원으로 윤중호 님을 문상하고 왔습니다. 그는 채 50도 되기 전에 이 세상 삶을 마감하였습니다. 그가 나를 어떻게 보았는지 모르지만, 나는 그를 사랑하였습니다. 나는 그를 좋게 보았습니다. 그러나 그가 세상을 떠났다는 소식을 듣는 순간 몇 가지를 생각해 보았습니다. 그가 내 아들이라면 지금 그를 보듯이 보았을까? 그가 내 강의를 듣는 학생이라면 지금 그를 보듯이 그렇게 보았을까? 그를 징계하고 나쁘게 평가하지는 않았을까? 그는 탁월한 재주꾼이었습니다. 발닿지 않는 곳이 없을 만큼 많이 돌아다녔습니다. 그래서 이곳저곳 이상한 사람들을 참으로 많이 알고 있었습니다. 또 그런 사람들을 서로 얽어매 주었습니다. 그런데도 그는 몹시 외로웠던 사람 같았습니다. 그를 깊은 곳에서 이해하고 알아주는 사람이 그렇게 흔한 것 같지가 않았습니다. 그는 매우 귀한 탁월한 사람이었다고 봅니다.

내가 그를 처음 본 것은 80년대 중반 무크지 '삶의 문학' 출판기념회에서였습니다. 대전 가톨릭농민회 강당에서 농민과 시인들이 공동으로 만든 생활시로서 매우 탁월한 시를 '삶의 문학' 동인들이 창작했던 것을 축하하는 모임이었습니다. 나는 그들의 단순한 선배의 한 사람으로 그 자리에 갔었습니다. 매우 부러운 맘을 가지고 참석할 때였습니다. 그들의 하는 행태가 나에게는 몹시 낯이 설었습니다. 술판이 벌어지고 노래판이 벌어졌을 때, 봉두난발을 한, 달마상에서나 볼 수 있는 듯한 인상의 사나이가 마이크를 잡았습니다. 어떤 육자배기조의 노래인데, 장내를 그의 소리가 가득 메웠습니다. 아니, 내 가슴과 귀를 가득 메웠는지 모릅니다. 그 때 나는 완전히 그에게 매료되었습니다. 그 때 나는 그를 아주 탁월한 물건으로 봤습니다. 그 뒤 기회가 있을 때 마다 만날 수 있었습니다. 그러나 깊은 이야기를 나눌 기회는 없었습니다. 말하지 않아도 그냥 서로 통하리라 믿고 있었습니다. 그러다가 대전의 어느 사회운동단체 수련회에서 그의 파란만장한 인생행로를 듣게 되었습니다.

원래 타고난 방랑끼에 파란만장한 삶과 대학시절 만난 김종철 선생 그리고 뜻을 같이 하던 가까운 친구들 덕분에 그는 깊은 사람으로 성장했던 것 같습니다. 그는 이리저리 쳐 받치고 부딪쳤습니다. 세상을 보는 눈과 사람을 느끼는 감각이 뛰어났습니다. 그는 글을 재치 있게 썼으면서도 무섭게 사람을 질타했습니다. 그러면서도 그가 만나는 사람들의 핵심(알짬)을 찾아내서 잘 드러내 주었습니다. 가난하고 외롭고 힘들고 폭폭한 가슴을 안고 사는 사람들에게 그의 눈길과 맘 씀이 가 있었습니다. 그가 훌쩍 그렇게 떠나버리니, 그와 큰 교분이 없던 나도 몹시 허전함을 느낍니다. 있어야 할 사람이 가버렸구나 하는 맘에, 그가 있던 그 자리를 누가 채워줄까 하는 맘에. 그러면서 그 많이 피워대던 담배와 사정없이 마셔대던 술이 원망스러웠습니다. 그를 잘 아는 친구와 전화하면서 그렇게 말했더니, "이눔의 사회가 술마시게 했쥬!" 합니다. 그래서 나는 "지눔에게만 술마시게 했다냐, 이 사회가?" 하면서 소리를 높였습니다. 분명한 성격 때문에 그를 좋아하고 싫어하는 사람들이 아주 뚜렷했습니다. 그러나 그를 미워했던 사람들도 그가 그렇게 갈 줄 알았더라면 맘을 달리 먹었을 것입니다. 무어라고 마무리할까? 할 수만 있다면 맨사람으로 살고자 하였던 이, 이 초가을 이렇게 떠나보내는 아픔을 적어 봅니다. 그는 시대의 물건으로 오래 기억될 것 같습니다.

사랑하는 벗이여!
익었습니까? 잘 영글었습니까?
고마워하면서, 평화를 빕니다.
한가위가 지난 초가을에...

- 2004. 9. 30. 표주박통신 82호

오늘 피우는 꽃

사랑하는 벗에게

저는 요사이 많이 반성합니다. 생각은 그러한데, 잘 반성이 되지 않아서 맘에 부담이 또 많습니다. 다시 한 해를 마감하는 때가 되어 더욱 그러합니다. 하루하루를 꽃처럼, 꽃을 피우듯이 아름답게 살자고 하면서도 그렇게 되지가 않습니다. 누구는 내일 좋은 열매를 맺을 약속만 할 수 있다면 오늘 꽃을 피우지 않아도 좋다고 읊었습니다만, 그래서 처음에는 괜찮은 말이다 생각하였습니다만, 사실 오늘 꽃을 피우지 않고는 내일 어떤 열매도 맺지 않는다는 것을 알았습니다. 그래서 오늘 꽃을 피워야 한다고 생각합니다. 사실 우리는 매일 꽃을 피웁니다. 웃음꽃, 노래꽃, 이야기꽃, 기쁨꽃, 사랑꽃, 기도꽃, 희망꽃, 칭찬꽃, 절망꽃, 원망꽃, 저주꽃, 근심꽃, 걱정꽃, 비웃음꽃, 멸시꽃.... 그 꽃따라 열매를 맺게 되겠지요. 그래서 빠른 시간 안에 절망, 근심, 거짓, 저주, 원망의 꽃이 내 삶에서 아름다운 꽃으로 바뀌어 늘 피어나기를 희망하고 있습니다. 그것은 상당한 부분 노력으로 가능할 것이라 믿습니다.

요사이 제가 반성하고 깊이 생각하는 것 중 하나는 이렇습니다. 얼마 전에 우연히 제가 그 동안에 쓴 '표주박통신'의 글들을 대강대강 넘겨보았습니다. 글이 너무 깊이가 없고 가볍구나 하는 생각을 했습니다. '내 글에는 깊이 드리운 그늘, 어두움이나 까만 그늘이 없구나' 하는 자기 판단이 서는 것입니다. 가볍고 수박겉핥기식의 겉치레가 많구나 하는 느낌이 드는 것이지요. 거기에는 어떤 지극정성이 부족하여 그런 것이 아닐까 하는 생각, 깊은 몰입이 없어서 그런 것이 아닐까 하는 생각이 들더군요. 노동을 말하고, 농업을 말하고, 사회를 말하고, 교육을 말하며, 환경과 생명을 말하지만 아주 깊은 고뇌와 절박함과 긴박함에서 나오는 것이 아니라, 슬쩍 겉만 보고 썩은 것에 회칠하여 내어 놓는 것 같은 인상이 들더란 말입니다. 그래서 그런지 요사이 제 입에서는 종종 제 자신을 가리킬 때 '반거충이'란 말이 나옵니다. 이것 집적, 저것 집적하면서 깊이 들어가지 못하고 넓게 알고 관여하는 듯 하나 실속은 없고 텅 빈 깡통과 같은 허함이 있단 말입니다.

그래서 깊이 파고 정진하고 묵직해져야 하겠구나 하는 생각이 듭니다. 이제 좀 지나면 저도 자연스럽게 이순(耳順)에 접어듭니다. 정말 이순하려면 많은 정진이 있어야 하겠구나 느끼고 있습니다. 사랑하는 벗이여, 해마무리 잘 하십시오. 어떤 거둠이 될 수 있을까?

평화와 사랑을 빌고 보내면서...

- 2004. 11. 30. 표주박통신 83호

성자의 소망

사랑하는 벗에게

지난 번 편지에 내가 간절히 바라는 두 가지 소원이 있다고 했었습니다. 그 중 한 가지는 지난 86호에 말하였지요. 오늘은 그 두 번째 소원을 이야기하여 보겠습니다. 굉장히 턱없이 큰 욕심이라는 생각이 들어 부끄럽기 그지없습니다.

언젠가 드 멜로의 책에서 읽은 감동스런 대목이 있습니다. 어느 때 어느 곳에 성자가 살았답니다. 하나님은 천사를 시켜 그에게 큰 상을 내려 칭찬하고 싶었습니다. 그런데 그 성자는 아무 것도 바라지 않았습니다. 천사는 아무 것도 하지 않고 돌아가면 되지 않을 것 같아서 자꾸 한 가지만 이야기하여 보라고 하였습니다. 성자는 한참 생각하더니 이렇게 말했습니다. '내가 만나는 사람들이 가장 중요하게 바라는 것이, 그도 모르고 나도 모르는 사이에 이루어지게 했으면 좋겠습니다.' 천사는 그렇게 되도록 하겠다고 말하고 돌아갔습니다. 그 뒤로 성자는 옛날과 똑같이 살았습니다. 그런데 그가 만나거나 지나가는 마을에 사는 사람들이 마음속으로 간절히 바라는 것들이 이루어지기 시작하였습니다. 그러나 성자는 그것을 모르고 있었으며, 그 마을 사람들이나 그를 만난 사람들도 그 성자 때문에 그 일이 이루어 졌다는 사실을 모르고 있었습니다. 그 성자 때문에 그렇게 이루어지는 일은 많았지만, 그도 또는 그 혜택을 받은 사람도 그 사실이 왜 그렇게 된 줄을 모르고 지내게 되었습니다. 나중에 그 성자는 죽었습니다. 그러나 아무도 그가 그렇게 살다가 죽었다는 것도 모르게 되었습니다. 물론 그 때문에 이루어진 아름다운 일들도 그에게 내려 준 하나님의 선물 때문에 그렇게 되었다는 것도 사람들은 모르고 있었지요. 하나님과 천사만이 아는 일이었습니다. 결국에는 그 성자가 살았었다는 사실까지도 사람들은 모르고 지냈 답니다.

아름다운 이야기지 않습니까? 그런데 그렇게 살 수 있겠습니까? 자주 들에 나온 풀처럼 살다가 갔으면 좋겠다고 생각합니다만, 그것은 생각일 뿐, 그것을 생각하는 그 순간에도 어떤 공명심이나 명예심이 속에서부터 아주 강하게 나타나는 것을 봅니다. 심지어는 끝없는 사랑을 아낌없이 바람없이 주겠다고 하면서도 딸과 아들이 내가 그들에게 쏟은 정성을 몰라주거나 아는 척하지 않으면 매우 섭섭한 맘을 가지기도 합니다. 제 자식에게 한 것도 그런데 하물며 다른 사람에게 한 것을 어떻게 생각하겠습니까? 눈 곱만큼이라도 무엇인가를 했으면 그에 대한 대가나 어떤 반응이 있기를 바라는 것이 제 맘이지 않습니까? 칭찬을 받거나, 고맙다는 말을 듣거나, 어떤 상을 받거나 인정해 주는 느낌이라도 받아야 절망하거나 실망하지 않고, 깊은 우울에 빠지지 않는 것이 나 자신임을 봅니다. 그런데 아무도 알아주지 않는, 잎이 솟아났는지, 꽃이 피었는지, 열매를 맺었는지, 가뭄에 말라 비틀어 죽었는지도 모르고 관심을 가지지 않는 아주 지극히 평범한 풀처럼 살다가 가겠다는 것은 정말로 거짓말이지 않습니까? 그렇지만 맘 한 구석에는 또 그렇지 않은 면도 있는 것이 사실입니다.

위에서 말한 성자처럼 살 수는 없지만, 많은 문제가 풀리는 데 도움을 주고 싶습니다. 우리가 사는 이 세상에, 우리가 사는 기간에 얼마나 많고 복잡한 일들이 있습니까? 그것 때문에 서로 원수가 되고, 원망하며, 죽이고 상처를 주며, 자신도 기쁨을 누리지 못하고 행복하지 못하며 불행하다고 느끼는 일이 얼마나 많습니까? 그것을 해결하여 줄 수는 없는 것이지만, 그것이 잘 풀어지면 좋겠다는 맘은 아주 간절한 것이 사실이기도 합니다. 아주 큰 바램이야 그 문제가 풀어지기를 바랍니다 하고 기도하면 언젠가 그것이 그렇게 풀어지는 것이지만, 그렇지 않더라도 누구인가가 자기의 복잡한 문제나 소망을 아주 속 시원하게 말할 수 있는 대상이라도 됐으면 좋겠습니다. 우리가 사는 동안에, 만나는 사람들에게서 얼마나 많은 답답하고 안타까운 일들을 만나는지요. 그에 대한 깊은 사랑의 맘으로 그것이 풀어지기를 바라면, 언젠가 그도 모르고 나도 모르는 날에 그 문제가 풀어져서 행복하고 평화롭게 그러면서 건강하게 의미를 찾으며 살아가는 일이 이루어졌으면 좋겠습니다.

이제 내가 그렇게 바라면 이루어졌으면 좋겠다는 바람은 욕심이지요. 사실 이러한 것을 이렇게 공개하는 것도 무모한 짓입니다. 그러나 이것은 내 자신에게 하는 약속이지만, 공개하므로 더욱 그러한 속으로 들어가기를 바라는 맘을 단단히 하는 것이 될 것이라 믿습니다. 그래서 나는 그냥 간절한 맘으로 비는 생활이 내 일상이 되면 좋겠군요. 모든 것을 미워하는 맘 없이, 측은하고 자비로우며 사랑하는 맘이 가득한 상태로 간절히 비는 생활이 이루어지기를 빕니다. 욕심이 크지요? 그것이 이루어졌는지 모르는 상태로 말입니다. 그러려면 앞에서 말한 것처럼 내 삶이 성스럽고 거룩하여야 하겠지요. 그렇게 사는 것은 아주 평범하면서도 간절한 맘으로 살되, 평범 속에 들어 있는 비범한 삶, 즉 열려 있으면서 그릇되지 않는 삶을 사는 것이겠지요. 그렇게 살다 보면 안타까운 일을 볼 때 간절한 맘으로 해결되기를 빌고. 설령 내 자신이 그렇게 살지 못하더라도 사심 없이 간절히 비는 맘을 항상 가지기를 바라고, 그런 생활이 됐으면 좋겠습니다.

욕심 없이 사는 법을 서로 나눌 수 있을까요?

건강과 평화가 벗과 나에게 있기를 빌면서...

- 2005. 7. 31. 표주박통신 87호

참다운 해방의 자리

사랑하는 벗에게

평화롭게 잘 지내십니까? 어느 덧 겨울로 접어들어 날씨가 싸늘해지기 시작하였습니다. 가을걷이도 다 끝났을 것이고, 겨울준비도 상당히 됐겠지요. 그 걷이와 준비라는 것이 무슨 의미인지 모르지만, 우리는 그러한 것들을 찾아서 매우 분주히 다닐 수밖에 없습니다. 요사이 저는 아주 좋은 책, "씨올 함석헌 평전"을 읽었습니다. 원래 책을 빨리 읽지 못하는데, 이번 것은 모든 것을 제쳐놓고 읽기 시작하여 아주 잘 읽었습니다. 읽고 나니 마치 긴 굴을 빠져나와 밝은 빛을 맞은 듯, 높은 산을 기어올라 시원히 터진 들판을 보는 듯, 어느 바닷가 바위에 올라 출렁이는 파도너머 먼 수평선을 보는 듯한 느낌이 듭니다. 그래서 책을 쓴 이치석 님에게 이런 편지를 보냈습니다.

"선생님께서 특급 빠른우편으로 보내주신 책을 받던 그날부터 읽기 시작하여 어제까지 평전을 다 읽었습니다. 이제까지 절절한 연해편지를 써본 적도 받아본 적도 없었지만, 그런 것이 있다면 마치 이렇게 읽지 않았을까 하듯이 그것을 그런 설레임으로 읽었습니다. 읽으면서 여러 대목에서 많이 눈물을 흘렸습니다. 읽는 제가 그렇게 눈물을 흘렸다면, 쓰는 선생님이야 몇 번, 얼마나 깊은 눈물을 흘렸겠습니까? 아름다운 우정에 눈물을 흘리고, 그 친구를 읽고 공허한 모습에 울고, 사람이 인격과 존엄을 가진 사람이 아니라 그냥 하나의 썩은 막대기 같은 '것'으로 취급되는 것에 울고, 가장 믿고 신뢰한다는 사람들에게 전혀 이해되지 않아 왕따를 당하는 상황에서 울고, 오직 바라볼 것은 하늘밖에 없는 그 허허로운 모습에 울고, 이루려다 그냥 스쳐지나가 사라져버리는 '뜻'의 결정에 울고, 그 뜻을 멀거니 바라보는 안타까운 모습을 그리면서 울고, 그래도 하나 믿는 구석이 있다는 듯 조용히 눈감는 모습에서 울음이 나오더군요. 그래도 마지막 믿고 넘길 바통을 던지는 그 모습에서, 저 멀리 아련하기는 하지만, 그 바통을 받으려고 애 쓰는 군상들이 비치는 듯하여 울음이 나왔습니다. 울었다는 말을 표현하려는 이 때 다시 눈물이 나옵니다. 사실 그렇게 울 수 있다는 지금 제가 또 고맙기도 하고, 그런 계기를 준 이치석 선생님이 고맙게 느껴집니다."

　어두웠던 우리시대에 함석헌 선생을 우리에게 허락하셨던 것을 매우 고맙게 생각합니다. 또 제 자신 그의 먼발치에서 조금이라고 얼쩡거리면서 이슬방울 하나 받아 마셨던 것을 다행스럽게 생각하고 있습니다. 그는 불의와 무섭게 싸우는 이였지만 평화롭게 서로 인격과 인격의 부딪침을 바랬고, 인권과 평화와 민주운동 임시조직의 책임 있는 위치에 있었지만 보이는 조직보다는 성숙된 씨올들이 스스로 꾸리는 보이지 않는 조직이 단단히 이루어지기를 간절히 바랬고, 이 세상의 순간의 삶들이 영원한 그 님과 일치하는 것이기를 무척 힘썼습니다. 몸과 정신이 분리되지 않고, 몸과 맘이 뫔으로[2] 하나

---

　2) 이러한 글자로 표시하는 개념은 없다. 그러나 분명히 몸과 맘을 하나로 보고, 물질과 정신을 하나로 통합하여 보는 개념이 있었을 것이다. 그것을 이렇게 표시하여 본다. 즉 몸+맘=뫔

가 되며, 일상생활과 영성이 하나가 되는 실제생활을 꿈꿨습니다. 정치와 경제생활의 영성과 거룩함이 이루어지기를 바랬습니다. 움직임과 고요가 그에게는 따로 떨어져 놓지 않았습니다. 누구는 그가 시대의 흐름에 너무 깊이 관여하여 깊은 명상과 영성을 성숙시키는데 도달할 기회를 놓쳤다고 말하기도 하지만, 저는 그 반대라도 봅니다. 엄밀히 따지면 성과 속이 갈라지지 않고, 세상의 복잡한 일들과 거룩한 수도의 생활이 따로 있는 것이 아닌 것과 같은 것이지요. 누구든지 맑은 공기를 숨 쉬고 싶고, 깨끗한 물을 마시고 싶으며, 더럽지 않은 음식을 먹고 싶어 하지만, 더럽고 오염된 것을 함께 먹고 마시고 숨 쉬지 않는 한 맑은 것은 나올 수가 없을 것입니다. 그러한 더러움이 있기에 맑음에 대한 간절한 갈망이 깊어지고 실제로 만들어지는 것이겠지요. 문제는 눈가림으로, 앞에 있는 무수히 많은 부당한 것들을 옳다고 보려는 속된 맘이 있다는 점입니다. 다만 그것을 벗어나는 것은 훈련뿐일 것입니다. 다시 말하면, 진흙 속에 뿌리를 박은 연이 탁한 물을 뚫고 솟아올라 아름다운 꽃을 피우는 그 비결을 우리 생활로 익히는 것이 필요할 것입니다. 누구나 그런 생명을 다 가지고 있습니다. 성자만이 아니라 생명을 받고 태어난 사람이라면 그런 속성을 다 가지고 있다고 봅니다. 다만 갈고 닦는 훈련이 없을 뿐입니다. 그런데 그 훈련은 한 가지 생각에서 시작된다고 봅니다. 내 속에 그런 썩지 않고 죽지 않는 영원한 생명의 씨가 뿌려져 있다는 인식입니다. 그것이 관습과 교리와 조직과 역사와 사회와 학습된 생활과 관념으로 눌리고 가려져 있을 뿐입니다. 이런 것들은 어쩌면 우리가 그런 본질적인 생각을 하지 못하게 하는 걸림돌인지 모릅니다. 우리가 살아가는 중요한 과제는 바로 그러한 것들로부터 벗어나서 참다운 해방의 자리에 도달하는 것일 것입니다. 그것은 자유하는 혼, 누르고 욱여쌈에 저항하는 생명의 속성에서 올 것입니다. 우리가 조금만 정신을 차린다면, 그 속성은 약간의 틈새만 있어도 빠져나올 것입니다. 마치 어느 바늘귀만큼 작은 틈새나 구멍으로도 거대한 밝은 빛이 비치어 나오듯이 말입니다. 그 생명의 씨는 빛과 같다고 봅니다. 어떤 어둠이나 틀이나 그릇도 그 빛을 가리고 숨길 수가 없습니다. 빛은 숨겨지지 않는 속성을 가지기 때문입니다. 다만 그것이 우리 속에, 가장 중요한 자리에 정중히 모셔져 있다는 인식이 필요한 것입니다. 그러면 평화로운 삶과 세상이 되지 않을까요?

　　건강과 평화를 빌면서...

- 2005. 11. 30. 표주박통신 89호

느림과 비움

사랑하는 벗에게

1

어느 모임에서 한 해 동안 나를 이끌어 줄 천사를 제비 뽑았습니다. 내게 '느림의 천사'가 뽑혔습니다. 정말로 이 천사를 내가 모시고 다녀야 할까? 정말로 내게 '느림의 천사'가 필요한 것일까? 원래 나는 매우 느린 사람이기 때문에 더 이상 느려서는 안 된다고 생각할 때가 많습니다. 그런데 '느림의 천사'와 함께 한 해를 가라니. 그렇다고 다른 사람이 뽑은, 내가 바라는 천사를 빼앗을 수 있는 것도 아닙니다. 그래서 그냥 '느림의 천사'를 내 수호천사로 모시기로 했습니다. 이 때 '느림'이 무엇인가를 생각하지 않을 수가 없었습니다. 워낙 느려서 빨리 변하는 세계를 따라가지 못하는데, 여기에 더 느리면 어쩌란 말인가? 분명히 내가 느리면 세상은 더욱 빨리 변할 것입니다. 그러나 내가 느리고 또 느리면, 수학에서 마이너스(-)에 마이너스(-)를 곱하면 플러스(+)가 되는 원리와 느림과는 어떤 관계가 있는 것일까?

옛날 시골초등학교에서 열리는 가을 운동회에서 1500미터 달리기를 구경할 때입니다. 같이 떠났지만 시간이 지나면서 빠르고 느린 사람들이 판이하게 갈라집니다. 맨 앞장 선 사람이 워낙 빠르니 맨 뒤에 달리는 사람을 다시 따라냅니다. 그러기 전에는 맨 뒤에 가는 꼴찌가 마치 맨 앞에서 뛰는 것 같이 보일 때도 있습니다. 그러나 그는 또 떨어집니다. 분명히 꼴찌는 상을 받지 못합니다. 사람들의 관심도 받지 못합니다. 안타깝고 불쌍한 동정을 받거나 웃음꺼리가 되는 수는 많습니다. 그에 반하여 일등은 달리는 동안이나 달리고 난 뒤에 계속하여 칭찬을 받고 상과 박수를 받으며 사람들의 관심을 받습니다. 선망의 대상이 됩니다. 그래서 사람들은 그이처럼 되려고 애를 쓰는 수도 있습니다. 그러나 꼴찌처럼 되려고 애쓰는 사람은 세상 어디에서도 찾아 볼 수 없습니다. 그런데 중요한 것은, 관심, 박수, 선망이라는 것은 바로 노예라는 낚시에 걸리게 하는 미끼라는 사실을 아는 일입니다.

우리가 외국을 여행할 때 가끔 한국말을 한 두 마디 안다고 하는 사람들을 만납니다. 버스기사, 열차승무원, 식당이나 가게에서 일하는 사람들이 그들 중 일부입니다. 무엇을 아느냐고 하면, '안녕' 과 '빨리빨리' 라고 말합니다. 안녕을 들을 때는 별 것 아니지만, 빨리 빨리란 말을 들을 때는 얼굴이 화끈거리고 부끄럽기 짝이 없습니다. '안녕' 이란 말은 일부러 배웠을 것이고, '빨리빨리' 는 그냥 우리 사람들이 하는 소리나 모습을 보고 배웠을 것입니다. 이 빨리란 말은 우리 말 중에서 아주 더러운 말 중 하나로 분류되는 것이 되고 말았다는 생각이 듭니다. 누가 이 빌어먹을 저주스런 '빨리빨리' 란 말을 전 세계에 퍼뜨렸는가? 어느 특정한 사람은 아니겠지. 우리의 일상생활이 그저 '빨리빨리' 모든 것을 해치워야 하는 것이기에 어찌 보면 우리에게 새로 생긴 유전인자 속에 그것이 들어 있는 것인지 모르게 된 듯이 보입니다. 그래서 우리 모두가, 사회 전체가 '빨리빨리' 미친병에 걸려서 돌아갑니다. 개혁도, 연구도, 성장도, 승진도, 사귐도, 공부도 빨리빨리 해야 한다는 것입니다. 빨리빨리 하는 것은 꼼꼼히, 차근히, 성실하게 하는 것이 아니라, 후딱후딱 해치워버립니다. 얼렁뚱땅 끝만 맞추려 합니다. 그래서 결과를 조작하고 과정을 빼버리거나 조장합니다. 그 결과는 몹시 빠르게 소멸하고 파멸하는 것뿐입니다. 배아줄기세포 연구가 얼마나 중요한 지 난 모릅니다. 그러나 우리 삶에서 그렇게 온 나라가 들뜰 만큼 중요한 것은 결코 어디에도 없다는 것은 압니다. 그런데 그렇게 굉장히 많은 사람들이 좋아하고 오두방정을 떨더니, 이제는 왼통 서로 죽일 놈뿐이라고 비난합니다. 진실과 허위가 어디에 있는가를 떠나서, 이런 일은 결국 '빨리빨리' 얼렁뚱땅 결과만을 따먹으려는 집단히스테리의 결과입니다. 물론 밭에 뿌린 콩에서 두부가 나올 수 있습니다. 그러기 위해서는 빠르든 느리든 그것이 두부가 될 수 있는 어떤 과정을 다 거치지 않으면 안 됩니다. 그런데 그 과정을 생략하고 밭에 뿌린 콩은 곧 두부라고 말할 수는 없는 것입니다. 이것은 바로 빨리빨리의 원리에서 나옵니다. 빨리 가는 것은 빨리 끝나고, 경쟁에 이기는 것은 곧 경쟁에 쫓겨 뒤쳐지고 마는 때가 아주 속히 옵니다. 그렇다면 느림의 원리는 무엇인가?

느림은 뒤쳐짐이나 탈락을 의미하지 않습니다. 느림은 자연스런 순리의 과정, 한 발 한 발 꼭꼭 디디고 나감입니다. 그러는 중에 만나는 모든 것들을 하나하나 느끼고 만지고 경험하고 맛보고 살핍니다. 씨 속에서 열매를 보지만, 그것을 미리 짐작하여 얼렁뚱땅 답을 내는 것이 아니라, 씨가 싹을 내고 줄기를 키우다가 꽃을 피우고 열매를 맺어 익어가는 과정을 하나

하나 따라갑니다. 곧 삶의 진솔한 과정 그 자체입니다. 모든 생명체는 낳고 죽습니다. 빨리 무엇을 얻으려는 것은 마치 '출생은 죽음'이라는 처음과 끝을 도식화하는 것과 같습니다. 그러나 느림은 낳고 울고 먹고 싸고 자라고 왕성하고 기쁘고 약해지고 병들고 슬프고 죽어가는 그 걸음 하나하나를 함께 느끼고 따라가는 일입니다. 거기에는 어떤 결론이나 결과가 없습니다. 그냥 그렇게 그것을 따라감이 삶의 전체입니다. 이러할 때 온 정신과 몸으로 사람은 살아가게 될 것이며 사회도 그 모양이 될 것입니다.

여러 동물들이 사람들을 욕하고 원망하고 있었답니다. 돼지는 자기를 키워서 살을 다 빼먹는다고 욕하였고, 젖소는 끊임없이 젖을 빼간다고 원망하였으며, 닭들은 알을 다 빼앗아먹고 나중에는 자기 몸까지 다 가져다 먹어 버리는 인간세계를 욕하고 있었습니다. 모든 동물들이 자기들이 가지고 있는 것을 사람들이 속속들이 다 알아 빼앗아 간다는 원망이었습니다. 그런데 유독 집 없는 달팽이만이, 자기가 풍성히 가지고 있는 것을 사람들은 전혀 가져가지 않으려 한다고 원망이었습니다. 달팽이가 가지고 있는 것은 시간뿐인데, 왜 사람들은 자기에게서 그 풍성하고 많은 시간을 가져가지 않는지 모르겠다고 원망하였답니다. 느림, 그것은 바로 우리 인간이 풍성한 시간을 가지고 품위 있게 사는 유일한 길입니다. 아귀다툼하는 아비규환의 지옥이 아니라, 흐느적거리는 느림의 황홀한 세계로 내 '느림의 천사'는 나를 안내할 것인가? 내가 올 한 해 '느림의 천사'가 인도하는 대로 따라가기만 한다면 아름다운 삶을 살 수 있을까?

2

오래간만에 이삿짐을 뻑적지근하게 싸보았습니다. 하는 일이 그래서인지 책이 가장 많았습니다. 짐을 싸기도 힘들었지만, 그것을 나르기는 더욱 힘이 들었습니다. 그러나 짐을 싸면서 어느 것이 앞으로 더 필요할 것인가를 곰곰이 그러나 빠르게 생각하여 결정하여야 했습니다. 버릴 것과 챙길 것을 결정하는 것이지요. 어떤 것은 몇 십 년 동안 한 번도 거들떠 볼 수 없는 깊은 곳에 간직되어 있었으며, 아! 이런 것이 있었구나 할 만큼 까마득히 기억에서 사라진 것들도 있었습니다. 어떤 것은 전번에 이사할 때 쌌던 짐 속에서 아직 풀리지 않은 채로 들어 있기도 했습니다. 그 때는 필요할 것 같아서 모아두었던 자료들이 한 번도 활용되지 않은 채 이제는 더 필요가 없을 것이라는, 아니 그것을 활용할 어떤 가능성이 없을 것이라는 판단에 버려야 할 것들로 분류되어 나갔습니다. 그러면서 내가 그냥 쓰레기 속에서 살았구나 하는 생각을 깊이 하였습니다. 그러면서 쓰레기라고 생각되는 것들을 과감하게 버렸습니다. 과감하다는 말을 했지만, 실제로는 소심한 맘 속에서 과감한 척 하면서 버린 것이지요. 말은 쓰레기라고 하면서 사실은 쓰레기가 아니었던 것이에요. 다만 '내가 쓰레기' 라고 처리한 것이었을 뿐이에요. 그러면서도 내 맘 속에서는 다른 소리가 자꾸 들리는 것이에요. '버려라! 비워라! 맑게 해라!' 라는 소리가. 쓰레기를 이렇게 버리는데 무엇을 버리라는 것인지?

그 때 정작 버릴 쓰레기는 내 자신인데, 그것은 꽁꽁 묶어서 두고 자꾸 엉뚱한 것만을 버리는 것이에요. 속에서는 자꾸 내 자신을 버리라는 말이 들려오는 것이에요. 참으로 많이 힘이 들었던 시간이었어요. 이러한 심정을 젊은 친우에게 편지로 알렸습니다. 그는 아주 짧은 문장으로 간명하게 핵심을 찌르는 말을 보내왔어요. 그는 지금 미국 펜들힐에 있는 퀘이커 교육센터에서 일 년 교육을 받고 있는데, 그곳에는 쓰레기를 버릴 것이 없을 만큼 아주 아름답고 탁월하게 다시 쓴다는 것이에요. 쓰레기의 예술같이 아름다운 다시 활용의 실례를 보았다는 것이에요. 이러한 말들을 아름다운 가게 공동대표인 한 선생님께 드렸더니, '아름다운 가게'를 하여 보니 어떤 쓰레기도 버릴 것이 없더라는 것이에요. 사람들이 쓰고 버릴 수밖에 없는 것들을 모아서 다시 상중하로 분류하여 판매하는데, 그렇게 사용할 수 없는, 정말로 쓰레기라고 할 만한 것까지도 사용하기 위하여 가져가는 사람이 있다는 것이에요. 그러니 엄밀히 말하면 쓰레기는 없는 것이지요. 사실 쓰레기란 개념은 만들어낸 개념일 뿐, 실제로 버려야 할 쓰레기는 없는 것이지요. 맞습니다. 쓰레기는 없지요. 소비사회가 되다 보니 우리는 어쩔 수 없이 새로 나타나는 물건들이나 새롭게 꾸며진 체제에 맞추기 위하여 괜찮은 것들도 버려야 하는 순환 고리에 얽혀서 살지요. 그러니 정말로 쓰레기이기 때문에 버리는 것이 아니라, 그냥 흐름에 따라서 버리는 것이지요. 물건이 귀한 세상에서야 어디 한 쪼가리인들 버릴 쓰레기가 있겠습니까? 이른바 풍요로움에 겨워 사는 사람들의 교만스런 행위일 뿐이지요.

그렇다면 '정작 버려야 할 쓰레기는 나 자신'이란 말을 어떻게 풀이하여야 할까요? 사실 우리에게 제대로 된 삶의 길을 열어준 분들은 한결같이 자기 자신을 버리라고 가르쳐 주셨지요. 그런데 무엇이 버려야 할 자신인가는 스스로 찾으라는 것이에요. 그게 답답한 일이면서, 그만큼 우리 자신을 인정하여 주는 것이니 고맙기도 한 일입니다. 말로는, 남에게 듣기 좋은 말로는 '쓰레기 같은 나'라고 하면서도 어떤 보석보다도 더 귀하게 간직하고 싶은 것이 또 그 '나'이기도 합니다. 그러니 거짓 없이 '쓰레기 같은 나'를 찾고 잡고 버리기는 참으로 어려운 것이라고 느껴집니다. 관습과 전통과 교육과 종교나 교리나 국가의 이데올로기와 시대의 흐름에 따라 만들어진 나는 껍질에 불과할 것이에요. 그런데 그 '나'가 너무 오래 전부터 나와 밀착되어 있었기에 어느 것이 '참 나'요 어느 것이 '거짓 나'인지가 구별되지 않습니다. 구별하기가 너무 어려운 것이지요. 그래서 어른들은 우리에게 아주 예민한 감각으로 거짓과 참을 구별하는 길을 열어주기도 하였어요. 그것 중 하나가 생각하는 것, 성찰하는 것, 나 자신을 비우고 그냥 들리는 소리를 듣는 것, 내가 달라는 것이 아니라 그냥 무작정 주시기를 기다리는 것 따위를 말하였어요. 그러면 이미 내 속에 들어와 있는 참 나와 우주를 이끄는 그 나가 하나가 되는 순간이 있다는 것이지요. 바로 그 지점에서 참 나와 거짓 나를 구별할 수 있다는 것이지요. 참 나와 거짓 나를 구별할 수 있는 예민한 부드러운 날카로움이 있길 빕니다.

새봄입니다. 언제나처럼 건강과 평화로운 삶을 빌면서...

- 2006. 2. 12. 표주박통신 90호

삶의 꽃

사랑하는 벗에게

병술년에 나아서 다시 한 번 병술년을 맞이하였으니 회갑이 된 것입니다. 내 생일이 음력으로 정월 보름이니 양력으로 치면 2월 12일이었습니다. 내가 세상에 나온 것은 1946년 정월 보름 한 밤 1시나 2시 경이었답니다. 양력으로 따져보자면 알 수도 있겠지만, 보름밤이 좋고 달이 좋아서 그냥 음력으로 보름날을 생일로 삼고 지내옵니다. 그날부터 쳐서 세어보니 2만 1천 9백 서른 세 날을 살았습니다. 유영모 선생님과 함석헌 선생님 식으로 날수를 계산하여보니 그렇습니다. 참으로 장구한 세월이었습니다. 그날이 마침 일요일이기 때문에 하루 앞당겨서 어머님과 형제들과 식구들이 우리 집에 모여서 간단하지만 정성스럽게 마련한 음식을 나누었습니다. 그 자리에는 고모님과 고모부님, 숙부님들이 오셨지요. 그분들은 제가 어려서 어떻게 자랐고 살았는가를 잘 아시는 분들이었습니다. 반백이 되고 주름이 깊어진 조카를 보시고는 새롭게 감회가 깊으셨을 것입니다. 물론 나를 낳고 길러주신 어머니의 감회는 말할 것이 없었겠지요. 머릿결이 희끗하지만, 자식을 생각할 때는 언제나 제일 먼저, 초등학교 일학년에 입학하고 집에 올 때, 동네 앞 논둑길을 꺼득꺼득 걸어오는 모습만이 그림으로 잡힌다는 것입니다. 저 녀석이 저렇게 커서 학교에 들어갔구나 하는 그 어떤 뿌듯함과 믿음과 기쁨이 있었겠지요. 그러니 아무리 나이가 들어도 부모 앞의 자식은 어느 한 순간 부모에게 잊지 못할 점을 남기는 때를 기억하게 하는 어린 존재지요. 어찌 되었든 회갑은 옛날부터 귀한 날로 쳤지만, 크게 무엇인가를 하는 것은 쑥스러운 일이었기에 그렇게 조용히 보냈습니다. 그냥 고마운 맘을 담아 둘 수가 없었을 뿐 밖으로 내놓고 알릴 것은 아니었습니다.

가만히 고마운 분들을 세어보았습니다. 그 중에 크게 두 여인이 머리를 가득히 메웠습니다. 어머니와 아내였습니다. 그 두 부인에게는 고마움을 표시할 적절한 말이 없습니다. 그만큼 고맙다는 맘이 크게 나를 감싸 안는 것입니다. 그리고 사랑하는 딸과 아들이 저만큼 자라서 살아가는 모습이 대견스럽고 고맙습니다. 어려서부터 나와 함께 다투면서 자라면서 온갖 풍상을 같이 겪은 동생들, 이제는 혼인하여 가정을 이룰 때 새 식구가 된 이들, 조카들. 아, 그리고 내 생의 굽이굽이에서 만났던 남녀 선생님들과 벗들. 그리고 많이 나이가 들어서 만나기 시작한 학생들, 이러저러한 사회활동을 하면서 만났던 동지들. 이런 사람들이 아니었다면 오늘 나는 존재하지 않을 것입니다. 그것이 내게는 밭이요 거름이며 내 자신이라고 할 수 있습니다.

올 해 들어서 몇 가지 생각들이 많이 떠올랐습니다. 별로 의식하지 말자고 하면서도 생일이 가까워질수록 그런 생각이 떠오릅디다. 그래서 이렇게 적어 보았습니다.

정월대보름날에: 나이 예순/ 이만 일천 구백 서른 세 날에/ 소리 듣는다/ 조년아,/ 네가 지금 어디 있느냐?/ 네가 지금 무엇하고 있느냐?/ 네가 지금 누구하고 있느냐?/ 그리고 다시/ 한 말/ 조년아/ 너는 나를 누구라 하느냐?// 아, 막힌다/ 가슴/ 아, 막힌다/ 말문/ 답답// 묻는 당신은 누구십니까?/ 되물을 용기 없다/ 나 어디 있는지 찾아/ 길 떠난 지 여럿 해/ 길 위에서 만난 당신/ 따라 가던 길에/ 당신 속에 나를 숨기고/ 내 속에 당신 품고 싶습니다// 그래도 들리는 소리/ 그래 알았다/ 너 지금 어디 있느냐?/ 당신 속에 있습니다/ 말하고 싶은 심정/ 말문을 닫는다/ 나이 예순에/ 너는 나를 누구라 하느냐/ 들리는 물음에/ 당신은 바로 나로군요/ 말하고 싶은 심정/ 맘 문 닫힌다/ 다시

예순에: 되돌아볼 길 없이/ 천천히 걸어온 예순 길/ 자죽 없이/ 흔적 없이/ 깃털같이 가볍게 살자던/ 마음 무겁게 내려/ 쌓인 티끌 속에/ 깊은 점 까맣게 박혀있다// 바람 따라/ 물결처럼/ 흐르는 길 위에서/ 만난 사람 사람들/ 없었다면 나도 없었겠지/ 내가 있다는 것은/ 그가 있다는 것이요/ 그를 만났다는 것이겠지/ 그래서 하나하나/ 고마움이 이슬로 맺혀/ 예순 개 굽이굽이/ 마디로 남아/ 인생을 일군다

나이 예순에: 만져본 손목/ 재어본 허리/ 바라본 손가락마디/ 가냘프다/ 손바닥/ 발바닥/ 부드럽고 희어/ 가늘고 긴 목/ 잔주름 사이/ 부끄럼으로/ 붉어지는 얼굴// 가볍게 살았구나

정월 초하루, 이랬으면: 이른 아침에 창문을 여니/ 부드러운 기운 코끝을 스친다/ 얼굴 감싸주는 바람 순하다/ 한 해가 이랬으면// 자동차 달리는 소리/ 폭죽 터뜨리는 소리/ 사람들 오가는 소리도 없이/ 간간이 새소리만

들리는/ 고요한 아침이다/ 한 해가 이랬으면// 자연스럽게 눈 떠/ 풀어진 몸 추스르고/ 가만히 앉아 눈 감을 때/ 잔잔한 미소 입가에 펴오른다/ 고맙다는 맘 때문이다/ 한 해가 이랬으면// 그립다 그 님이/ 멀리 있나 가까이 있나/ 살펴 본 마음 끝/ 그리는 맘 속에 그 님이 산다/ 님 그리는 맘 사랑스럽다/ 한 해가 이랬으면

이렇게 오락가락하는 맘이 많이 있습니다. 그것은 바로 제가 일관성 있고 뚜렷하고 제대로 된 정체성을 세우고 살지 못하였다는 것을 뜻하기도 합니다. 때때로 평화의 다리가 되었으면 좋겠다는 맘, 인권이 유린되는 곳에 가서 무엇인가를 낫게 하려는 노력을 하여야 하겠다는 맘, 환경이 파괴되고 생명이 무의미한 것으로 무차별 유린되고 무시당하는 현대문명에 대한 저항과 비판을 철저히 하면 좋겠다는 맘, 겉이 아니라 속으로부터 진정으로 달라지는 근본혁명에 몸을 던져보자는 맘, 작은 공동체를 만들어서 역사와 사회와 문명의 모순을 극복할 대안의 삶을 살아보면 좋겠다는 맘, 그렇게 하여 오고 오는 세대의 사람들이 무엇인가 대안이 있구나 하는 희망을 가지게 할 모델을 만들어보자는 맘, 아니 한 쪽 맘 깊은 곳에서는 세상이 나를 알아주지 않는 것을 원망하지도 않고, 나 자신도 세상을 찾지 않고도 부드럽고 평화롭고 행복하게 살 수 있는 길을 따라 나서고 싶은 맘, 맘, 맘 그런 맘들이 많았습니다. 그러나 어느 것 하나도 그러한 맘을 실제로 옮겨보기 위하여 철저하게 생각한 바도 없고, 고민한 바도 없으며, 잠과 먹는 것을 끊으면서 궁리한 바도 없습니다. 할라면 하고 말라면 말지 엉거주춤하는 것은 때때로 죄악이라고 생각하면서, 무엇인가 하려면 목숨을 내댈 수 있도록 철저하라는 말을 가끔 하면서도 정작 제 자신은 전혀 그럴 염두

를 가지지도 못하였었습니다. 그러한 흐리멍덩한 자신을 감추기 위하여 말로는 물이 흐르는 대로 바람이 부는 대로 몸을 맡기자고 하면서도 그 물가나 바람 부는 언덕에 올라 맡겨보지도 못하고 되돌아서곤 하였습니다. 그렇게 엉거주춤하게 살아온 삶입니다. 그런 사람을 아들로 남편으로 아버지로 언니나 오빠로 벗으로 그리고 선생으로 두고 있는 사람들에게는 한없이 미안하고 죄송할 뿐이지요. 부끄럽다고 감히 말하기도 어렵지요. 부끄럽다면 사실은 부끄럽지 않을 수 있는 어떤 건덕지를 가질 때나 가능한 일이거든요.

그렇게 생각하고 반성하여 보면서도 어떤 결심을 하지도 못합니다. 결심하여 보았자 작심삼일도 되지 못하는 것을 잘 알기 때문이지요. 언젠가 한 사람이 자신이 결심하고 오래 끌고 가지 못하는 것을 스스로 탓하면서, '작심삼일' 이란 말을 썼더라구요. 그래서 옛날 교과서에서 읽었던 삼년고개 이야기를 하였습니다. 한 번 넘어지면 삼년 살고, 두 번 넘어지면 6년 살고 등등 하여 길게 살 수 있다는 묘안을 생각하였어요. 그래서 답장에 삼일마다 새롭게 맘을 정하라고, 그렇게 되면 작심삼일이 연결되어 작심영원이 될 가능성도 있지 않겠느냐고 하였지요. 그 말은 그에게 준 것이 아니라 나 자신에게 준 것이었습니다. 오늘도 그 말은 효력이 있는 것이지요. 그렇지만 감히 어떤 것을 결심하지 못합니다. 결심하기 보다는 하루하루를 고마움으로 살아야 하겠다는 간절한 바람은 있습니다. 작심하여도 되지 않는 것이니, 그냥 그날을 잘 살 수 있기를 바랄뿐입니다. 잘 살되 몇 가지에 맘을 모아야 하지 않나 생각이 됩니다. 결심보다는 바람이 있을 뿐입니다. 그 것을 꿈이라고 하여야 하겠지요. 그런데 꿈을 꾸자니 그것도 헛된 일일 수 있다는 맘이 또 꿈을 버려야 한다는 소리를 듣게 합니다. 실현할 수도 없을 꿈을 왜 꾸려하느냐는 책망이지요. 그래도 꾸어야 하지 않겠습니까? 꿈을 꾸는 시절이나 시기는 따로 있지 않다고 봐요. 아무 때나 꿈은 꾸는 것이겠지요. 낮에나 밤에나.

이런 옛일이 기억납니다. 어느 화창한 봄날이었을 것입니다. 좋은 날씨 따라서 기분이 좋았던 모양입니다. 항상 우중충한 옷만을 입다가 그날따라 좀 산뜻한 옷을 입고 나갔습니다. 그 때 잘 아는 사람이 그것을 보고 농을 걸었습니다. "어, 산뜻한 옷 입으셨네요. 그래 봤자 고목에 꽃핀 것이지요 뭐!" 그래서 이렇게 대답하였어요. '그래! 고목은 꽃피면 안 되냐?' 당연히 고목도 꽃이 피고 잎이 돋아나야 하지 않겠어요? 이 말을 옛 친구에게 편지로 보냈더니, 그도 나만큼 늙은 사람이니 동감하는 맘이 있었겠지요. 배꼽을 그러잡고 큰 소리로 웃었다는 것이에요. 대답을 적절하게 썩 잘하였다는 것이지요. 웃는 그 순간 그에게 기쁨을 주었을 것이에요. 이것도 꽃이더라구요. 맞습니다. 꽃은 피는 때가 따로 있는 것이 아니에요. 매 순간 있는 그 자체가 아름다운 꽃이에요. 그렇게 보면 꽃은 피고 지는 것이 아니라 그냥 피는 것이라고 하여야 할 것입니다. 모든 살아있는 것들은 뿌리로, 싹으로, 줄기로, 가지로, 잎과 꽃으로 그리고 열매로 꽃을 피웁니다. 그렇다면 삶이 곧 꽃이지요.

며칠 전에는 아주 놀라운 소식을 들었어요. 팔순이신 어머니가 계룡산에 가신다는 것이에요. 출석하는 교회의 교인들과 함께 가신다기에 그냥 언저리까지 가셨다가 오시겠지 하였습니다. 그날 아침에 잘 다녀오시라고 말씀을 드렸지요. 저녁때가 되어 전화로 여쭈니 동학사 가까이 내려오셨다는 것이에요. 삼불봉과 관음봉을 거쳐서 은선폭포를 거쳐 내려오셨다는 것이에요. 믿겨지지 않았어요. 교회에서 집으로 오고 가는 길도 배에 힘이 없어서 걷기 힘들다 하시면서 어떻게 그 힘든 산길을 갔다 오셨다는 것인지 이해가 되지 않았습니다. 하기는 나뿐이 아니라, 매일 만나는 교회의 목사께서도 송집사가 산에 오르면 계룡산 새들이 웃을 것이라 하더랍니다. 그래서 울기만하는 새들이니 웃으라고 가보렵니다 하셨다는 것이에요. 그런데 정말 계룡산 새들이 웃은 것이지요. 환하게 웃은 것이에요. 물론 혼자의 힘만으로 가신 것이 아니라, 조카와 조카손자들의 부축으로 갔다 오신 것이지만, 가시겠다는 맘이 없고, 서서 걸을 힘이 없었다면 불가능한 것이었지요. 그 말씀을 하시는 어머니가 매우 자랑스럽고 대견하였습니다. 그 영험스런 산을 꼭 가게 해달라고 많이 기도하고 사모하셨다는 것이에요. 그랬더니 배에 힘을 얻어서 가게 되었다는 것이지요. 그래서 그러면 남쪽 끝에 있는 한라산과 북쪽 끝에 있는 백두산을 함께 오르시지요 했더니, 그 산들에 가야할 어떤 간절한 당위성이 없어서 힘이 나지 않을 것이라 하셨어요. 아, 얼마나 아름다운 꽃입니까? 그 연세에, 모두가 웃고 아니라고 하는 그 연세에 산을 오르겠다는 그 맘을 가지는 것이 꽃입니다. 남들이야 두 시간이면 다녀오는 길이지만, 하루 종일 걸려서라도 다녀오겠다는 그 맘이 꽃입니다. 나 같으면 그분의 건강을 생각하여 그만두시라 하였을 것이지만, 그 말을 따라서 천천히 한발 한발 함께 걸은 조카와 손자들의 그 용기 돋우는 믿음과 행동이 아름다운 꽃이지요. 이것이야 말로 고목에 아름다운 꽃이 핀 것 아니겠어요? 어떤 시인들은 '내일 열매를 맺을 수만 있다면 오늘 꽃이 피지 않아도 좋다'고 읊거나, '내일 꽃이 필 수만 있다면 오늘 꽃이 아니라도 좋다'고 하지만 그것은 좀 짧은 것이지 않나 생각합니다. 얼핏 보기엔 매우 희망을 가지게 하는, 지금 힘들거나 아름답지 않은 것을 참고 이기게 하는 말이 되기도 하지만, 오늘 꽃이 아니고는 내일은 물론이지만 결코 영원히 열매를 맺을 수 없지요. 지금이 꽃이라야 언젠가 열매를 맺는 것이지요. 오늘 피지 않는 꽃이라면 내일은 결코 꽃이 필 수가 없는 것입니다. 그러니 지금이 꽃입니다. 낳고, 자라고, 늙고, 병들고, 죽으면서 꽃을 피웁니다. 삶이 꽃이지요. 그래서 삶꽃이라고 하지 않습니까? 삶 속에는 낳고 자라고 병들고 죽는 것이 다 포함됩니다. 그렇다면 삶꽃, 즉 남꽃(낳는 꽃), 자람꽃, 소년꽃, 청년꽃, 병꽃, 늙음꽃, 죽음꽃이 있다고 봐야 할 것입니다.

　말이 길어졌습니다. 아무튼 이제는 어떤 마디를 짓는 일을 할 때가 된 것입니다. 오래도록 생각만 하던 쉼의 공동체, 쉼터 즉 살아가는 쉼터를 마련하고 꾸리기 위하여 좀 더 자세하게 움직여야 하는 것이 아닌가 싶습니다. 올 해는 그래서 몇 가지 생각을 정리할 필요가 있을 것 같습니다. 그러한 일을 하기 위한 장소를 물색하여야 할 것입니다. 그 동안 많이 하여 오던 것을 묶을 수 있는 '올달샘배움터'를 체계 있게 갖추어야 할 것입니다. 그 안에는 표주박통신, 고전공부, 좋은 책 읽기, 보름달맞이, 산과 들에 가기, 강따라 물따라 걷기, 사람찾아가기, 명상과 거룩한 말씀 나누기, 격조 높은 강좌를 열기, 여러 학문을 종합하는 공부하기 따위, 부분으로 하던 것들을 한 울타리 속에 넣어서 구슬이 되게 하는 작업이 있어야 할 것입니다. 인간과 사회를 혁명하는 일이 틀을 갖추어 나가야 할 것입니다. 그러기 위하여 내 자신의 정체를 분명히 하여야 하겠지요. 우선은 생명과 평화에 내 자신을 투신하고, 그것을 살고 몸으로 익히는 일에 주력할 일입니다. 막연하던 것들 좀 뚜렷하게 드러나게 하여야 하겠지요. 물론 혼자서 하는 것이 아니라 함께 같이 하는 것이지요. 그 일을 위해 저 자신은 그냥 계기를 마련하여 보겠다는 뜻을 가집니다. 다시 소식 드리지요. 언제나 그랬던 것같이, 지금 아름다운 꽃이신 벗에게

건강과 평화를 빌면서...

- 2006. 4. 25. 표주박통신 91호

비움의 알짬

사랑하는 벗에게

　얼마 전 저에게 온 편지를 읽으면서 그가 자주 쓴 말이 "벌써"라는 것이었음을 알아차렸습니다. 그는 대학을 졸업하고 새로운 일을 시작한지 이제 반년이 채 안 되었지요. 그런데 어어 하는 동안 그렇게 '벌써' 세월이 갔다는 것이지요. 맞아요. 저도 학기가 시작되면서 이러저러한 것을 하는 것이 좋겠다고 맘먹었지만, 역시 어어 하는 동안에 쌓인 것 없이 그냥 세월만 지나가버린 느낌이지요. 이번뿐만 아니라 분명히 일생동안 그렇게 살고 말하고 느끼고 살아가지 않을까 싶네요. 제 어머니께서 금년에 팔순을 맞으시는데, 옛날 증조모께서도 팔순을 훨씬 넘어 오래 사셨을 때, 그 동네에서는 상노인으로 칭송이 많았던 것을 기억하면서, '세상에, 내가 팔순이라니 상상이 안 된다'고 하시더라고요. 그러면서 이룬 일없이 세월만 그렇게 많이 보냈다는 것이었어요. 우리 자식들이 위로하고 칭송하기로는 팔남매를 이렇게 길러 세상에 내어놓은 것만도 얼마나 위대한 일이냐고 하지만, 당신 자신은 그렇게 느끼고 생각하는 것이 아니지요. 물론 그렇게 위로하고 칭송하는 것은 우리 자식들은 어디에다 내어 놓아도 부끄럼이 없을 훌륭한 사람으로 되어 있는가 하는 문제와는 전혀 별개의 일이긴 하지만요. 설령 남들이 볼 때 대단한 사람이라고 여기더라도 자신이나 부모가 보기에는 하찮은 것에 지나지 않을 수도 있겠지요. 그러니 어떠한 일을 하였든 세월만 보낸 것이라고 느끼는 것이 될 수 있을지 모릅니다. 그래서 우리가 세월을 인식하든, 흐르는 흐름을 의식하든 그것들과는 상관없이 '벌써' 그렇게 세월이 갔다는 것을 말할 수밖에 없을 것입니다. 엄밀히 따지면 그렇게 가는 줄 모르게 가는 세월을 사는 것이 행복하고 좋은 것인지 모릅니다. 물론 당시에야 구차하고 힘이 무척 들어서 어떻게 하면 이 질곡으로부터 벗어날 수 있을까를 생각하고 오로지 그 한 일을 위하여 힘들게 살아가는 것이지만, 지나고 보면 역시 지루하게 사는 것이 아니라, 그렇게 열심히 사는 것이 될 수도 있는 것이지요.

돌아보거나 함께 하는 것을 살펴보면 왜 그리 복잡한 것들이 많은지 모릅니다. 어떤 것들은 풀릴 듯 맺히고, 녹을 듯 얼어붙어 버리는 것이 왜 그리도 많은 것인지. 우리가 세월을 지나놓고 보면 참으로 우스운 것들 때문에 피묻은 원수끼리 싸우듯이 앙앙거리며 이를 갈고 눈을 부라리던 때가 얼마나 많은지. 세상에서 그것 하나가 없으면 마치 세상 전체가 없어지는 듯이 생각하고 몸부림치던 때가 얼마나 많았던지? 그리고 시간이 지나고 나면 참으로 어리석었구나 하는 생각이 자꾸 드는 것은 무엇을 말하는 것인지? 이 모든 것을 종합하여 한 마디로 말할 수는 없는 것이지만, 그래도 몇 가지로 정리하여 생각할 수는 있을 것입니다. 모든 것을 자기중심으로 보고 해석하고 듣고 느끼고 말하고 판단하고 짧은 순간에 해결하려고 하기 때문이라는 생각이 듭니다. 사람이 사는 동안에 일어나는 모든 것들은 다

관계에서 일어납니다. 얽히는 것 역시 관계에서 일어납니다. 삶은 관계요 얽힘이기 때문입니다. 그런데도 해결은 관계 안에서가 아니라 '나'라고 하는 독립자의 손에서 끝을 보려고 하는 듯이 보입니다. 욕심이요 교만이요 편견이며 무지라고 하여야 할 것입니다. 대개 이러한 때 나 자신은 진리의 편에, 옳은 것 편에, 절대자의 명령을 제대로 따르는 자의 편에 서있다고 판단하거나 착각합니다. 물론 사람이라는 것이 그러한 제 잘난 멋에 산다고 하지만, 그것처럼 참으로 어리석고 헛된 것은 없다고 보여집니다. 그렇다고 아무런 주장이나 생각 없이 사는 것이 좋다는 것은 아닙니다. 생각을 깊이 하고 파고 또 파며 제대로 일머리를 찾아야 하는 것이지만, 그러는 과정에서 자기라는 옹졸하고 좁은 것을 떠나서 객관진리라는 것이 어느 것인지를 따르려는 빈마음이 있어야 할 것입니다. 빈마음은 맨사람만이 가지는 맘일 것입니다. 맨사람이란 정말 맨으로 있는 사람을 말하겠지요.

어떤 군더더기가 붙어 있지 않은, 즉 교수라거나 목사라거나 대통령이라거나 장관이라거나 장군이라거나 사장이라거나 하는, 사회가 임시로 주는 상징위계체계의 그림자를 진짜 알짬으로 알아 달고 다니지 않는 사람을 말할 것입니다. 아니, 그런 것을 편의상 달고 다니더라도 그것이 진짜가 아니라 그림자거나 껍질과 같은 헛것이라는 인식을 단단히 하면서 사는 것일 것입니다. 사람이 사회생활을 하다보면 그런 상징으로 나타나는 헛그림자를 모자에 달거나 어깨에 달고 또는 몸에 걸치는 옷으로 삼지 않을 수 없습니다. 그러나 그것을 임시로 잠깐 달고 있는 헛것으로 여기는 것이지, 영원불변하는 진리를 받은 모양으로 달고 다니지는 않는단 말입니다. 그런데 이 세상에는 너무나 많이 이러한 헛그림자, 허깨비를 진짜 알짬으로 여기고 확신하고 그에 따라 행동하는 근본주의자들이 있음은 참으로 슬프고 안타까운 일입니다. 거기에는 오로지 자기논리만이 존재할 뿐, 다른 논리를 인정하지 않습니다. 이것이야 말로 참으로 슬픈 일이요 커다란 비극이라고 할 것입니다. 자기의, 자기는 옳다는 허위의식에 빠져서 구제가 되지 않는 자라고 하여야 할 것입니다. 시간이 가면서 바로 남을 보고 내 자신을 보며 사회 안에 있는 자신을 볼 때 이런 생각이 자꾸 듭니다. 즉 내 자신이 바로 그렇게 우매한 짓을 하면서 살아왔구나 하는 반성입니다. 그래서 이제는 그런 껍질을 진짜 껍질로 아는 지혜를 얻어야 하겠구나 하는 생각이 간절합니다. 진짜 가짜를 가짜로 아는 것이 매우 귀한 것이듯이. 그 껍질 속에 알짬, 알맹이를 제대로 채우는 애씀이 바로 그런 일이 될지도 모르겠습니다.

오래 전에 '진짜 가짜 전시회'에 간 적이 있었습니다. 진짜처럼 잘 흉내내어 그린 가짜그림들이, 진짜그림 이상으로 진짜처럼 보이는 아름다움과 화려함과 진지함을 가지고 있었습니다. 제목이 '진짜 가짜 전시회'이니 모든 작품이 진품이 아니고 가짜라고 여기고 보니, 진짜와 어디가 다른 것인가를 찾으려고 노력하는 것이지만, 그런 표시가 없다면 '진짜 가짜'를 진짜 진짜로 여기고 볼 것은 뻔한 일이지요. 우리 삶에도 이렇게 진짜 가짜들을 진짜 진짜로 알고 보고 느끼고 생각하고 여기는 것이 얼마나 많은 것인지 모릅니다. 그러니까 내가 하는 일이나 생각이나 느낌들이 가짜가 아니고 진짜이려면 어떻게 하여야 하는 것일까를 생각하여 보는 것이지요. 물론 이러한 생각 자체도 정말로 진짜인지 진지하게 따져 보아야 하는 것이지만, 때때로 자기를 아는 것은 자기라고 하지만, 다시 말하면 자기와 하나님은 속일 수 없다고 하지만, 자기라는 것은 가면에 가려진 것을 진짜 자기로 하는 헛것일 때가 많다는 것을 알고 나면 역시 자신을 잘 아는 것은 자신만이라는 것 역시 위험한 주장이라는 것을 알게 되지요. 내가 나라고 알고 있는 것은 때때로 온갖 때로 찌들린, 덮개가 두껍게 덮힌 껍질일 때가 너무 많거든요. 대개 그 껍질은 스스로 어떻게 하기 힘든 욕심 때문에 생기는 수가 너무 많더라구요. 그래서 욕심을 버리는 것이 아주 중요하고 알짬을 살아가는 근본이라고 생각합니다. 많은 선생님들이 그렇게 말씀하셨듯이.

그런데 그 욕심을 버린다는 것이 무엇인지 분명하지 않은 것이 문제지요. 세상에 욕심 없는 사람이 없는 것이지만, 욕심을 가진 사람마다 모두 한결같이 욕심을 버려야겠다거나 욕심을 버렸다고 말하거든요. 그런데 그것이 진짜가 아니고 가짜라는 것이 금방 드러난단 말입니다. 어쩌보면 욕심을 버린다는 것 자체가 지나친 욕심이요, 거짓의 근원을 헤매는 것이 아닌지 모르겠습니다. 한 욕심을 버리면 다른 욕심이 그 자리에 차고 들어앉아 버리는 것을 봅니다. 그러니 다만 적절히 욕심을 조절한다거나 좀 누그러뜨린다거나 할 수는 있겠지요. 비온 뒤 죽순 솟아나듯이 계속하여 욕심이 하늘 높은 줄 모르고 치솟는 것을 막아야 되겠다는 것은 한 번 애써볼 만한 것인지 모르지요. 그러니까, 포도를 따려다가 제 키보다 높기에 포기하고 가면서, 겸연쩍어서 저 포도는 시어서 먹을 수가 없을 꺼야 하면서 스스로 자신을 속이고 위로하면서 가는 여우처럼, 맥없이 포기하는 것이 아니라, 정말로 적절히 욕심을 조절하는 능력을 훈련할 필요가 있지 않나 싶단 말입니다. 이렇게 말하는 내 자신을 돌아보면, 역시 욕심을 줄인다거나 버린다는 것이 참으로 욕심 사나운 욕심이요 거짓이 아닌가 돌아볼 때가 참으로 많습니다. 욕심은 사회생활을 하면서 생기고 쌓인 것들이니 닦고 깎고 버리는 것도 역시 그 안에서 이루어져야 할 것입니다.

　나이가 좀 들면서 앞으로 학교를 떠난 뒤에 할 일을 좀 체계 있게 생각할 때가 많아졌습니다. 건강이 허락되고 활동할 수 있는 것이 허락된다면, 이러저러한 일을 하면 좋겠다는 생각을 많이 합니다. 조금 하는 것이 아니라 많이 합니다. 이 '많이'라는 것이 적절한 것이라고 하기는 어려운 만큼 많이 하는 듯이 느껴집니다. 예를 들면, '옹달샘배움터'를 체계 있게 꾸며서, 그 우산 아래 이제까지 하여왔던 것들을 정리하여 넣는 것을 생각합니다. 가령, 표주박통신, 보름달맞이, 고전강좌, 좋은 책읽기, 물따라 강따라 걷기, 야산이나 들판 걷기, 소외계층을 위한 격조 높은 강좌, 사회복지사를 비롯한 직업전선에서 일하는 사람들에게 새 힘을 넣어주는 일, 이 모든 것들을 아울러서 할 수 있는 쉼터 따위를 만들어보아야 하겠다는 '소박한 맘'을 가집니다. 여기 말로는 '소박한' 것이라 하였지만, 얼마나 야무지고 허황되다 할 만큼 큰 꿈입니까? 욕심이지요. 그러면서 맘 한 구석에 앞으로 소박한 삶을 살기 위한 준비로 이렇게 하면 좋겠다고 생각을 가진단 말입니다. 다만 그 일을 담당할 사람의 생활비 정도만 나오는 수입이 되면, 그것으로 족하다는 규모로 생각하니 '소박하다'고 스스로 위안하면서 속이는 거대한 욕심인지 모릅니다. 다시 말하면, 내가 살아갈 생활비는 이제까지 일하여 나오는 연금으로 충당하고, 그 일을 할 수 있는 곳이 마련되면 그것으로 족하고, 다만 그 일을 함께 이끌어갈 한 두 사람의 생활비가 적당히 나오면 만족스럽다는 욕심이지요. 여기에서 소박하다는 것은 바로 그 일을 통하여 제 자신의 생활비를 벌지 않겠다는 것을 뜻하는 것인지도 모릅니다. 일종의 속임수지요. 그러면서도 그 속임수에 제 스스로 속아 넘어가서 그 일을 잘 꾸미고 밀고 나가면 좋겠다는 생각을 많이 합니다. 다만 한 가지 속깊이에서 나오는 맘이 있다면, 그것은 재 자신의 영달을 위하여서가 아니라 함께 사는 사람들에게 조금 보탬이 되면 좋겠다는 간절한 바람이 있다는 것뿐입니다. 물론 제 자신의 자기실현의 한 방편일 수도 있겠지요. 이것도 따지고 보면 욕심이요 거짓인지 모릅니다. 사실 육십 평생을 살면서 크나 작으나 사람들과 관계를 맺으면서 살아오는 동안에 이러저러한 허명을 내고 살게 됐습니다. 그것이 허명이라는 것을 느껴 알아차리면서도 정말 이름이라고 생각하고 싶은 은근한 맘이 있는 것도 사실입니다. 그러면서도 한 편으로는, 배워서 그런 것인지 아니면 진정한 맘에서 그런 것인지 분간하기 힘들지만, 허명은 정말로 버리고 오로지 진정으로 사는, 그래서 이름 없이도 잘 사는 그런 삶의 자리에 서기를 바라는 것이지요. 이것이 또 굉장한 욕심이지 않겠습니까? 세상에 태어나서 자라고 살아오는 동안에 익힌 욕심 채우기는 역시 욕심비우기의 훈련과 학습을 통하여, 이것을 수행이라는 말로 모아서 쓸 수도 있을 것인데, 바로 그러한 것을 통하여 욕심 버리기나 마음 비우기를 배워나갈 수 있을 것입니다. 우리가 어머니 뱃속에서 나오면서 이미 사람의 모습을 가진 것이지만, 사람노릇을 평생을 하여도 부족한 것처럼, 역시 수행도 어떤 목적달성이 아니라 삶의 그냥 과정이라고 보는 것입니다. 살면서 얻은 것을 역시 살면서 버리거나 고치는 것이겠지요. 그래서 삶은 매우 크고 깊은 역동성을 가지는 것이라고 할 수 있겠습니다. 일어나서 걷고 달리다가 걸려서 넘어지고, 넘어져 깨지면 다시 털고 일어나서 아픈 상처를 어루만지면서 걷고, 욕심을 잔뜩 부려보았다가도 버려보고, 버리니 마치 손해 보는듯하여 억울하니 다시 욕심을 차려보고,

그래도 유치하게 생각이 되어 다시 욕심을 버려보고, 이렇게 반복되는 동안에 차차 버려야 할 욕심이 줄어드는 것인지 모릅니다. 그래서 맘과 몸에 붙어있는 종합된 맘의 욕심을 씻어보는 것이지요. 실제는 어떠할른지 모르지만, 말은 모순으로 가득합니다. 욕심을 버리겠다는 욕심으로 가득한 비움의 맘. 빔으로 가득하고, 비워서 텅 빈 그곳에 욕심 없음으로 가득히 채우겠다는 소박하지 않은 욕심. 바람이라고 하지만, 다른 말로 하면 욕심이지요. 이러한 것들은 머물러 있는 시간 속에서 흐름과 시간을 넘는 영원을 찾고, 어느 한 지점에 머물면서 그 공간을 뛰어넘는 흐름을 잡는 모순의 삶을 조화롭게 할 수 있는 수행이 필요하겠지요. 말은 모순이지만, 실제는 현실로 존재하는 '비움의 알짬으로 가득한 삶'을 희망하는 것이지요.

맘의 온갖 욕심을 버리면서 알짬을 채우는 훈련을 바라면서, 언제나처럼 건강과 평화가 벗과 저에게 있기를 빕니다.

또 늦은 편지를 보냅니다.

- 2006. 7. 10. 표주박통신 92호

껍질과 알맹이

사랑하는 벗에게

안녕하셨습니까? 평안하신가요? 정말 오래 간만에 문안을 드립니다. 어제는 차가운 바람에 눈발이 풀풀 날립디다. 맘이 좀 설레던걸요. 그렇게 세월이 또 흐르는구나 하는 맘이 불현듯 미간을 지나 정수리에 꽂히는 것 같은 느낌이 서늘하게 들었습니다. 그래서 또 한 해를 보낸다거나 새로운 해를 맞이한다고 호들갑을 떨 때가 되었구나 하고 생각하였습니다. 부질없는 것인 줄 알면서도 또 그것에 사로잡히는 맘입니다.

원래 하고싶고 하던대로 하였다면 이 편지는 7월 31일자로 나갔어야 합니다. 그런데 이상스럽게도 이번 해에 들어서 자꾸 밀린다는 느낌이 들었고, 실제로 일이 그렇게 됐습니다. 물론 하는 일이 좀 많아서 차분히 앉아서 글을 쓰거나 생각할 여유가 적었다고 할 수도 있었겠으나, 전 같으면 그런 상황이라도 그렇게 밀린다는 느낌은 없이 해냈었거든요. 그런데 정말로 밀리고 말았습니다. 그러다 보니 7월과 9월에 보내야 할 것을 보내지 못하고, 이제 11월도 다 보내고 12월에 접어들면서 다시 맘을 다잡아 보는 늦부지런을 피웁니다. 욕심이 많았던 모양입니다.

몇 년 전부터 기세춘 선생님을 모시고 몇 사람이 동양 고전을 공부합니다. 이번 학기에는 장자를 통하여 읽는 노자를 공부합니다. 다음 학기에도 그것이 계속될 것이지만, 새롭고 명쾌한 해석을 듣고 배우면서 많은 것을 생각하게 됩니다. 들을 때마다 그곳에 나오는 말씀들과 현대사회의 문제들, 지금 우리가 맞이하는 온갖 복잡한 것들을 비교하면서 생각을 모아보곤 하였습니다. 물론 정리하여 글로 남긴 것은 없습니다만, 머리와 가슴 속에는 깊이 각인되어 있는 것을 느낍니다. 아직 스스로 문장을 해석할 만큼 되지는 않았지만, 느낌은 있습니다. 오늘은 그 중 한 가지 이야기를 하여 보겠습니다. 노자 13장 처음에 나오는 문장입니다. 총욕약경(寵辱若驚), 귀대환약신(貴大患若身). 그 뜻은 총애(상)나 치욕(벌)은 마치 지배자들의 무력시위와 같고, 귀인이 크게 해를 당하는 것은 출신하였기 때문이라는 것입니다. 상을 받거나 칭찬을 받는 것은 기쁘고 즐거운 일입니다만, 그것을 주는 사람의 입장에서 보면 그 의도가 어디에 있는지 깊이 생각하여 보아야 할 일입니다.

　나는 초등학교 일학년을 마칠 때 이른바 통신표라는 것을 받았고, 상장을 처음으로 받아 보았고, 상품으로 공책과 연필을 받아 본 적이 있었습니다. 처음에 그것을 나에게 줄 때는 왜 내가 그것을 받아야 하는 것인지 몰랐습니다. 그것을 가지고 집에 갔더니 어머니와 삼촌과 고모가 무척 기뻐하고 좋아하였습니다. 놀러 오는 사람들에게 그것을 꺼내어 자랑하고 또 보이고 하시더라고요. 그래서 그것이 좋은 것인 줄 알았습니다. 물론 받은 공책과 연필을 계속하여 쓰게 되니 그것을 별도로 사서 쓸 필요가 없으니 아주 좋았던 것을 기억합니다. 그 뒤로 각종 상들이 있었고, 많은 사람들이 그것을 받고는 기뻐하고 때로는 새 힘을 얻어 활발하게 사는 계기를 잡기도 하였습니다. 또 어떤 사람들은 그 상을 받으려고 온갖 정성과 힘을 따 쏟는 듯이 보이기도 하였고요. 물론 그러할 때는 무엇인가를 잘했거나 어떤 결과로 자연스럽게 상을 받는 것이 아니라, 오로지 상을 목적으로 일을 하고 공부를 하고 또 무엇인가를 하는 수도 참으로 많아졌습니다. 심지어는 온갖 전략과 전술을 다 하여 작전을 짜서 상을 받으려고 모든 것을 다 바치는 듯이 보일 때도 있습니다. 상이 때때로 좋은 것이기도 하지만, 많은 경우 웃기는 것이요 독인 것을 느낄 때가 많습니다. 상은 사람을 주인으로 살지 못하고 노예로 떨어져 살게 하는 약밥이 돼 버렸습니다. 그래서 언젠가부터 나는 상에 대하여 별로 관심을 가지지 않게 되었고, 심할 때는 매스꺼움을 느낄 때도 많았습니다. 그런데도 세월이 지나 무엇인가를 잘 하였다는 것을 알려주고 남는 것은 상뿐이라고, 그것에 정성을 쏟는 일이 더욱 많아진 것도 사실입니다. 상이 흔해지면서 가치가 사라지고 그것이 던져 주던 의미도 없어졌습니다. 그래서 나는 언젠가부터 상을 없애는 것이 좋겠다는 생각을 많이 하였습니다. 지금 소개하는 노자의 말은 바로 상과 벌이 무엇인가를 아주 잘 알려 주는 대목입니다.

원래 상을 내리고 벌을 주는 사람은 항상 상을 받고 벌을 받는 사람의 위에 군림한다고 여깁니다. 그런데 위에 있는 이가 왜 아래에 있는 이에게 상을 주며 벌을 내리겠습니까? 위에 있는 이가 낮게 있는 이를 다스리는 방편이 바로 상과 벌입니다. 요사이 말로 당근과 채찍이라고 할 수 있겠지요. 우리는 흔히 벌을 받을 때는 지배자의 지배논리로 그렇게 한다고 느끼는 수가 많습니다. 또 잘 못하였기에 당연히 벌을 받아야 한다고 생각하기도 합니다. 그러나 상을 받을 때는 대개 지배도구서의 상이라는 것을 잘 생각하지 않습니다. 자신이 잘하였으니 당연히 받아야 할 어떤 권리 비슷한 것으로 생각하는 수가 많습니다. 이것은 잘한 것에 대한 칭찬이나 인정은 잘한 사람이 받아야 할 당연한 권리라고 생각하도록 하는 문화가 그렇게 오래도록 전해 내려오기 때문입니다. 누구인가가 시작한 그것, 아주 지극한 인위와 작위로서 이루어진 그것이 오래 지속되는 동안에 마치 원래부터 그렇게 된 것처럼, 마치 자연처럼 사람들 속에 각인되고 인식되게 되었다는 것입니다. 상과 벌은 우리가 흔히 말하는 상을 주고 벌을 주는 것과 같은 겉으로 드러나는 것만이 아닙니다. (프랑스의 학자 미셸 푸코가 쓴 '감시와 처벌' 이란 책은 바로 그런 점을 잘 말해 줍니다.) 어떤 직책이나 보직이나 임무를 맡기는 것이나, 그러한 것을 다시 돌려받거나 아니면 멀리 아주 가치 없다고 하는 자리로 내밀치는 것 따위가 그런 것입니다. 가령 장관이나 차관이나 어떤 직책을 준다거나, 좀 미우면 그 자리에서 나가게 한다거나 아니면 멀찌감치 귀양 보내듯이 모욕감을 느낄 만큼 하찮은 자리로 발령을 냅니다. 나는 우리나라에서 장관을 그렇게 쉽게 바꾸고 많이 바꾸는 것은 참으로 잘못된 정치관행이라고 봅니다. 물론 나라 일을 장관들이 도맡아 하는 것은 아니지만, 그렇게 가볍고 쉽게 책임을 맡기고 빼앗고 하는 것은 장난도 아닐 만큼 우스운 일입니다. 물론 그러한 자리에 울고 웃는 것 또한 그 만큼 만화 같은 우스운 일이라고 하여야 할 것이지만.

그런데 지배자나 권력자들이 가장 두려워하고 껄끄러워 하는 사람이 있습니다. 그는 바로 그 상벌에 즉 총욕(寵辱)에 아무런 관심이 없는 사람입니다. 우리가 너무나 잘 아는 에피소드들이 있습니다. 마케도니아 출신 알렉산더가 그리스의 많은 섬과 그 주변 발칸지역을 통일하였습니다. 그 권위에 모두가 떨었고 충성하였으며 심지어는 날아가는 새도 벌벌 떨고 땅에 떨어질 정도의 위엄을 가지고 있었습니다. 모두가 그를 경배하였습니다. 그러나 어떤 거지 하나만이 전혀 그런 소식에 무관심하였다는 것입니다. 이 소식을 들은 알렉산더는 참으로 기분이 나빴습니다. 자기 권위를 인정하지 않는 그에 대하여 일종의 모욕감을 느끼기도 하였습니다. 그래서 참다 참다 더 참지 못하고 직접 나서서 그 거지를 찾아갔습니다. 그는 커다란 나무 통속에서 살고 있었습니다. 햇빛이 들면 그 쪽으로 통을 굴리고, 지면 이쪽으로 돌리고 하면서 사는 사람이었습니다. 알렉산더가 그 앞에 서서 '너는 위대한 알렉산더가 누구인지 모르느냐' 고 물었습니다. 그 거지는 쳐다보지도 않고 '나는 그 따위 것이 무엇인지 상관이 없으니 옆으로 조금만 자리를 옮겨 달라' 고 하였습니다. '너에게 모든 소원을 들어줄 위대한 권세를 가진 알렉산더인데 무엇을 원하느냐' 고 다시 말합니다. 그러니까 그 거지는 '옆으로 조금만 옮겨 달라고 말하지 않았느냐' 고 대답합니다. 알렉산더가 거지가 들어 있는 통을 가려 햇볕이 쪼이지 못하게 하였기 때문이라는 것입니다. 천하를 호령하던 알렉산더 역시 그 거지 앞에서는 서리맞은 병아리처럼 아무런 힘을 쓸 수가 없었습니다. 그를 사람들은 디오게네스라고 하였습니다.

이와 같은 이야기는 동양에도 있습니다. 옛날 모든 사람들이 성왕이라고 칭송하는 요(堯)임금이 있었습니다. 그는 자기가 가지고 있는 왕자리를 자신보다 더 훌륭하다고 생각한 친구 허유(許由)에게 넘겨주려고 하였습니다. 마침 허유가 영천(潁川)이라는 냇가에서 농사를 짓고 살았던 모양입니다. 그 자리에 요가 가서 자기 대신 왕자리를 가지고 일을 하면 좋겠다고 하였답니다. 그 말을 듣고 허유는 '어, 더러운 얘기 들었네. 안 들은 것만 못해' 하고는 그 냇물에 귀를 씻었답니다. 그 때 그 친구 소부(巢父)가 그 아래에서 소에게 물을 먹이고 있었습니다. 그러다가 허유가 귀 씻은 물로 자기 소를 물 먹일 수 없다고, 그렇게 하면 자기 소가 더러워진다고 하여 끌고는 위로 올라가더라는 것입니다. 장자(莊子)가 초나라에 갔었답니다. 그 말을 듣고 초나라 왕이 장자의 지혜를 빌어 나라를 위해 무엇인가를 하고자 하였답니다. 신하를 보냈겠지요. 장자는 이런 비유로 거절합니다. '내일 제사상에 오르기 위하여 잘 씻겨지고 살이 벗겨진 돼지가 낫겠냐, 아니면 살아서 구정물 통 속에 다리박고 왕겨 먹는 돼지가 낫겠느냐?' 고 물으면서 나는 이렇게 구정물 먹고 사는 돼지로 살겠다고 하더라고 전하라 하였다는 것입니다. 얼마나 멋진 기개입니까? 우리나라에도 그런 기개 있는 이들이 여럿 있었겠지요. 매월당 김시습이나 남명 조식, 화담 서경덕이나 김삿갓 같은 이들이 그런 당찬 기개를 가지고 있던 이들이 아닐까 싶습니다. 그들은 타고난 바탈을 버리거나 구기고 싶지 않아서 곳곳하게 생긴 모습 그대로 살고자 하였던 것이라 하겠지요. 아니, 인생의 참 모습이 무엇인지를 알고 그 모습 그대로 살고자 하였던 것이라 하겠지요.

나는 그래서 온갖 학교에서 학생들에게 주는 상을 없애는 것이 좋겠다고 주장합니다. 상이 너무 흔하고 흔하다 보니, 상을 분배합니다. 상을 받지 못하여 상처받는 사람이 생길까 싶어서 그렇게 합니다. 그러나 상 받는 사람들은 다 압니다. 그 상이 어떤 것인지? 그러니 아예 상을 없이해서 노예근성을 가지지 않게 하는 것이 좋겠다고 봅니다. 그런 의미에서 각종 장학금도, 특히 각종 학교의 교비로 주는 장학금도 폐쇄하자는 주장을 합니다. 그것은 모든 이에게 등록금을 받아서 일부 선발된 사람들에게 주는 것이 됩니다. 그런 교비장학금은 모든 학생에게 고루 돌아가게 하는 것이 마땅하다고 봅니다. 즉 교비장학금에 지급되는 만큼 등록금에서 내려 받는 것이 마땅할 것입니다. 물론 지금 그렇게 하는 것은 법에 어긋나는 것인지 모릅니다. 교비의 몇 할을 장학금으로 지급하라는 지침이 있기 때문입니다. 그것은 고쳐져야 하겠고, 모든 혜택이 모두에게 고루 가게 할 필요가 있다는 것이지요. 그리고 정말 잘하여 기르고 권장하고 싶은 학생들이나 사람들에게는 그들이 나갈 길을 터주고, 그 길에서 할 일을 할 수 있게 하는 것이 타당할 것입니다. 그래야 사람이 신선한 맛을 잃지 않고 당당하게 사는 법을 익히면서 기개 있게 살지 않을까 싶습니다.

우리는 흔히 껍질과 알맹이를 뒤바꾸거나 혼돈합니다. 엄격히 말하면 속알 또는 알맹이라거나 알짬은 잘 보이지 않습니다. 그러나 어딜 가나 겉은 아주 번드름하게 잘 보입니다. 때로는 속이 꽉 차면 겉으로 드러나는 수가 많습니다. 많은 경우 속과 겉이 완전히 다르다고 할 수는 없습니다. 그래서 겉을 보고 속도 그러려니 하고 판단하거나 믿어버리는 수가 너무도 많습니다. 그러나 사람과 사물이나 물건과는 다릅니다. 사람은 정말로 겉과 속이 너무 다른 경우가 참으로 많습니다. 그래서 겉만 보고 속까지 그러려니 하고 판단하는 것은 정말로 금물입니다. 그래서 성경에서도 사람을 겉으로 판단하지 말라고 하였습니다. 그것뿐이 아니라 동서양의 고전들은 모두 겉을 보고 속사람을 판단하는 기준으로 삼지 말라고 수없이 강조하여 말합니다. 그런데도 우리는 겉을 보고 간단히 속사람이나 사람 그 자체를 온전히 판단하고 싶은 유혹에 빠지기도 합니다. 우리가 흔히 말하는 겉사람이란 그가 입은 옷이나 차림뿐만 아니라, 생김새와 자리나 하는 일이나 지식이나 능력이나 교양 따위를 다 말합니다. 그러나 그것이야 말로 정말로 사람의 겉껍질입니다. 인간의 존엄성은 그것에서 나오는 것이 아니며, 우리가 사람이 존엄한 존재라고 말할 때 역시 그것들 때문에 그렇다고 말하는 것이 아님은 너무도 분명합니다. 어떻게 생겼든지 간에 사람으로 태어났다는 것 그 자체로서 존엄함은 충분합니다.

서양에서 종교개혁을 주도한 마르틴 루터는 직업(Beruf)을 매우 탁월하게 정의하였습니다. 하나님으로부터 부여한 매우 거룩한 청지기와 같은 사명감을 가지고 지켜야 할 것이라는 것입니다. 어떤 직업을 가지든 그것은 거룩한 것으로 매우 성실히 그 직을 수행할 필요가 있는 것입니다. 그것은 맞습니다. 그러나 그것을 혼돈해서는 안 됩니다. 즉 성경에는 눈이나 귀나 손이 각각 할 일이 따로 있음을 말합니다. 그런데 눈이 입이 하는 일을 상관하거나 손이 발이 하는 일을 상관하거나 자기 자신이 왜 발이 아니고 손이냐고 따지는 것은 옳지 않다는 것과 인간사회에서 각각 때에 따라서 맡겨진 직책과 일치하는 것으로 혼동하는 경우가 있다는 말입니다. 하나의 비유이기는 하지만, 사람이 맡은 직책은 기능상의 문제이며, 시간과 장소상의 문제입니다. 그것이 영원히 불변하는 직책으로서, 그 자리에 움직이지 않고 붙박이로 있어야 하는 것을 말하는 것은 아닙니다. 루터가 원래 말하고자 하는 소명으로서의 직업은 바로 기능이 불변한다는 것을 말하는 것이 아니라, 그 직책을 통하여 수행하여야 할 본질로서의 의미를 뜻합니다. 예를 들어 어느 사람이 대통령이거나 장관이거나 교수라 한다면 그 직책이 곧 소명이라는 뜻이 아닙니다. 도구가 되는 그 직책을 통하여 그가 성실히 수행하여야 할 뜻의 수행이 소명이란 말입니다. 사람이라면 어느 직책을 임시로 맡고 있던 간에, 그것을 도구로 하여 그가 성실히 수행하여야 할 뜻이 그 속에 있다는 것을 알고 느껴야 합니다. 그런데 많은 사람들은 마치 겉껍질의 그 직책이 곧 소명으로서의 직업인 것처럼 착각합니다. 다시 말하지만 그 직책은 직업이 아니라 소명을 성실히 지켜야 할 도구요 껍질입니다. 그 껍질 속에 뜻의 내용을 제대로 담아야 그 사명을 다하는 것이 될 것입니다. 누가 되었든 그 껍질에 울고 웃는 것은 노예됨을 스스로 온 천하에 천명하는 것과 같습니다. 다시 말하면 교수라는 것은 가르치고 연구하는 것이지만, 그것이 직업은 아닙니다. 그것을 통하여 무엇인가를 이루라고 준 어떤 뜻을 깨닫고 밝히고 펼치는 것이 바로 소명이 되는 직업입니다. 그래서 나에게 맡겨진 소명, 그것은 나와 하나님의 관계에서 밝혀지는 것이지, 나와 어떤 사람과의 관계에서 수행되어야 할 것은 아닙니다. 또 어떤 직책을 통하여 무엇을 수행한다고 할 때, 이제 갓 태어난 아이를 떠받들듯이, 정말로 수도자가 수행하듯이 하여야 할 일이지 어떤 천혜의 권리를 행사하듯이 하는 것은 참으로 어리석은 일이요 무모한 짓이 될 것입니다. 우리 인류 역사 상에는 그런 사람들과 사례들이 너무 많았습니다. 안타깝고 슬픈 일입니다.

그러나 이 말은 완전히 껍질을 다 부정하는 것은 아닙니다. 껍질 없는 알맹이는 존재하기가 불가능합니다. 껍질이 너무 강하면 생명은 말라비틀어져 죽고 맙니다. 원래 껍질은 속생명을 보호하기 위하여 적절히 덧입혀졌을 것입니다. 그런데 세월이 가면서 껍질이 굳어져 생명을 우겨쌉니다.

생명은 그것을 벗어나려고 애를 씁니다. 그것은 껍질과 생명의 싸움으로 진전됩니다. 이것이 성장의 변증법입니다. 적절히 균형을 맞출 때 그렇다는 것입니다. 피차 부드러울 때 균형은 맞추어 집디다. 그러나 어떤 껍질도 알맹이인 생명을 죽일만큼 견고하다면 깨져야 합니다. 이것을 일컬어 우리는 혁명이라고 하는 것이지요. 우리는 매일 매순간 껍질로부터 벗어나려는 생명의 몸부림을 경험합니다. 매순간 혁명을 경험한다고 하여야 할 것입니다. 자기부정의 참혁명, 그것만이 참 살길이라는 생각이 자꾸 깊어집니다.

날씨가 추워집니다. 특별히 건강하시고 평화로운 삶을 우리 모두가 누릴 수 있기를 빕니다.

- 2006. 12. 14. 표주박통신 93호

2부

크느 돌에물 주던 아이

크는 돌에 물 주던 아이

옛날 내가 살던 시골집은 터가 좀 넓었다. 안채와 사랑채가 있었고, 담배 건조실(우리는 그것을 담배집이라고 불렀다)이 있고, 방과 멀리 떨어져 뒷간과 잿간이 있었다. 사랑채 옆에는 대나무밭이 있었고 그 너머에는 남새밭이 있었다. 사랑채 울타리는 황매화꽃나무로 되어 있었고, 그 사이사이에 백매화 몇 그루, 가죽나무 몇 그루, 청년들 팔뚝만큼 굵은 재래종 포도 덩쿨이 하나, 그리고 커다란 벽오동이 아주 의젓하게 자리하고 있었다. 사랑채 마당에는 골단초꽃나무(버선꽃나무)가 소담스럽게 자라고 있었으며, 하늘 높이 솟아오른 자두나무가 한 그루 있었다. 바로 이 사랑채 마당 한 구석에 조그마한 화단이 있었다. 이 화단에는 매년 여름이 되면 옥잠화가 우윳빛 꽃을 아름답게 피웠고, 그 때만 되면 나는 그 꽃에 취해 있었다. 아직 잎이 터지지 않은, 살짝 손만 대어도 곧 터질 듯이 부풀어 오른 꽃망울이 매우 신기하게 보였고, 그 꽃을 따서 속을 열어 보기도 하고, 잘라 보기도 하였다. 그러나 그 꽃이 입을 열었을 때 은은하게 퍼지는 향기는 참으로 그 자리를 떠나지 못하게 만들었다. 그런데 그 꽃이 그렇게 아름답게 피는 바로 그 화단에 선인장처럼 생긴 4~50센티미터 정도 높은 돌이 하나 서 있었다. 예쁘게 생겼기에 어떤 어른이 산이나 냇가에서 주어다 놓았을 것이다. 마치 조개 여러 개를 포개어 놓은 듯한 돌이었다. 그 돌을 사람들은 '크는(자라나는) 돌'이라고 하였다.

나는 남새밭에 물주는 일을 많이 하였다. 호박구덩이에 샘에서 두레박으로 물을 퍼 올려 흠씬 주고 또 주고 하였다. 가뭄에 물을 약간만 주면 오히려 더 가뭄을 탄다는 어른들의 말씀을 듣고, 시간이 많이 가고 지루하지만 남새밭에 물을 줄 때는 항상 흠씬 주었다. 뜨거운 한낮에 주면 수증기가 증발하면서 그 열기로 싹이 시들어지고, 땅에 있는 물기가 더 말라버린다고 하여 항상 이른 아침이나 해지는 저녁에 물을 주어야 한다고 하였다. 지금처럼 스프링클러 같은 뙤약볕이 내리쬐는 한낮에도 계속 물을 뿌리는 도구가 없었기 때문이다. 그 때 나는 고구마밭이나 열무밭에 수대(조로)로 물을 줄 때, 수대꼭지에서 물이 퍼져 나와 그것들에 쏟아지는 것을 여러 각도에서 즐기면서 열심히 주었다. 물이 넓은 잎에 떨어져 내는 소리가 듣기에 아주 좋았다. 지금도 화분이나 화단에 물을 뿌리고 주는 것을 몹시 즐겨 하는 것은 바로 그 때 배운 경험에서 온 것인지 모른다. 어렸을 때 가물게 되면 남새밭 뿐만 아니라 다른 꽃들에게도 물을 주었다. 그 때 꼭 빠지지 않고 나는 그 '크는 돌'에도 물을 주었다. 많은 식물들은 물을 주면 항상 싱싱하고 쑥쑥 자라 올랐지만, '크는 돌'은 여름 내내 물을 주었어도 얼마를 자랐는지 알 수가 없었다. 밤새 자랐다면 얼마를 자랐는지도 알 수가 없었다. 또 돌이 자란다면, 그 돌은 도대체 몇 년을 자랐는지도 알 수가 없었다. 지금 생각하면 우습기 짝이 없다. 어른들이 그냥 하는 소리로, 아름다운 것이니까 그 돌에 이름을 붙여 주기 위하여 '크는 돌'이라고 한 것을, 마치 매년 자라서 마디를 만들어 놓은 것처럼 보였기에, 정말 자라나는 줄로만 알고 물을 열심히 주었던 그 어렸던 시절이 아주 우습다.

지금 우리 집 발코니에는 작년 스승의 날에 어떤 학생이 준 소나무 분재가 있다. 정성스럽게 키운 분재다. 그 분재 소나무는 바위를 휘감고 자랐었다. 그러나 웬일인지 내 집에 와서는 영 자라지 못하고 죽고 말았다. 뒤틀린 인간의 못된 심사를 보는 듯하여 원래 나는 분재를 싫어한다. 그렇다 하더라도 사랑으로 받은 선물이니 열심히 물을 주었고, 정성을 쏟았지만 살려내지 못했다. 그래도 나는 매일 이 죽은 소나무와 돌 위에 물을 주었다. 나에게 선물한 사람의 정성과 사랑의 마음에 물을 주듯이. 아니, 내 정성이 부족하여 살리지 못한 소나무가 너무 부끄럽고 미안하여, 죽은 나무와 돌 위에 물을 주었다. 그랬더니 돌에 파란 이끼가 끼었다. 이끼가 점점 더 널리 퍼졌다. 그러다가 그 메마른 화분에 석류 싹을 하나 옮겨 심었다. 척박한 그 땅에 소나무처럼 억세게 자라기를 희망하면서. 그런데 어디에서 날아왔는지 풀씨 하나 떨어져 싹을 틔웠다. 이제 그 돌 주변에, 죽은 소나무 주변에 이끼, 석류나무 그리고 이름 모를 풀이 자란다. 열심히 물을 주면 혹시 돌이 자라든지, 모래에서 싹이 나든지, 죽은 나무에서 움이 돋아 날 것인지.

지금은 내 맘도 많이 더러워지고, 약아지고, 의심이 많아지고, 희망을 잃어버린 것이 많지만, 옛날 어렸을 때 '크는 돌'에 물을 주던 순수한, 멍청한 맘을 생각하면 내 가슴 어디에선가 훈훈한 바람이 올라오는 것을 느낀다. 그러면서 서당에서 명심보감을 읽는 사람들이 맨 마지막에 다다라 온달과 평강공주 이야기를 음송하던 것을 기억한다. 그 때 나는 바보 온달이 마음에 많이 들었다. 물론 나중에 잘 되어, 아니 그가 계몽되어 장군이 되어 위풍이 당당하던 때는 별로였지만.

지금도 '크는 돌'에 물 주던 때의 어수룩한 아이가 그립다. 이제는 그 때 그 정성으로 나를 키우고, 나를 선생으로 바라보고 따르는 학생들에게 물을 주고, 내 주변에 있는 사람들에게 물을 주어야 하겠다는 생각이다. 오늘은 내 앞에 누가 '크는 돌'로 나타나는가?

- 2001. 5. 30

나 혼자만을 위한 해금 연주

내 나이가 얼마였을 때인지 기억이 없다. 학교에 다니기 전이니, 아마 5 ~6세 때가 아닌가 생각한다. 거의 기억하지 않고, 까마득하게 잊고 살았던 사건이 있었다. 상당히 오래 전에 피아니스트 루빈슈타인이 자기 집에 몇 명의 친구들을 초청하여 피아노를 연주하는 영화를 본 적이 있다. 그 때 나는 어떤 친구나 아는 사람이 자기 연주에, 아주 지극히 작은 연주에 나를 초청하여 그이의 음악을 들려주면 좋겠다는 바램이 있었다. 노래를 한다든지, 악기를 연주하는 사람이 특별히 나만을 위하여 한 두 시간 연주하여 준다면 얼마나 좋을까? 그러나 이제까지 그렇게 할 기회가 주어지지 않았다. 그러다가 내 할아버지에 대한 기억을 더듬었던 때가 있었다. 그분이 도대체 나에게 무엇이었는가를 따져 물어 보았다. 엄하고 무섭기만 하던 할아버지가 도대체 나에게 무엇을 끼쳤는가를 생각하여 보았다. 그러다가 나는 아주 깜짝 놀랠 사실 하나를 기억하게 되었다. 전혀 그런 맛이 없으리라는 할아버지를 통하여 나는 상당히 좋은 경험을 한 것이 기억에 떠올랐다.

옛날 시골에서는 손님이 오시면 어린아이들을 그 손님과 함께 지내게 배려하는 경우가 많았다. 특히 좋은 삶을 사는 분이 손님으로 오신다면 더욱 그러하였다. 공연스레 그분에게 물을 떠다 드리는 심부름을 시키거나, 그분의 세숫물을 보게 한다거나, 세수할 때 옆에서 양치소금을 가지고 있다가 드리게 한다거나, 그분이 주무실 방에 이부자리를 펴드리게 한다거나, 그분이 주무시는 곳에서 함께 자게 한다거나 하는 것들이 그것이다. 또 그분이 어디를 간다고 하면 그 자리를 안내하게 하는 것은 매우 훌륭한 배려였다. 그리고 그분과 함께 겸상하거나 그가 식사하는 밥상머리 어디에 앉게 하거나 하는 것도 그것이다. 그렇게 하여 옆에서 함께 있으면서 그분의 삶을 경험하게 하는 일상생활에서 얻은 탁월한 교육을 주었다. 매우 좋은 일이라고 생각한다. 그렇게 되면 어린아이는 낯설은 그분들의 하나하나를 알게 모르게 훔쳐본다. 감동이 컸던 분이라면 그분이 지나가고 난 얼마 동안은 그분을 흉내 내는 것이 지속되기도 한다. 그리고는 언젠가 시간이 지나면 그분의 어느 행동이 내 행동이 되어 있는 것을 발견할 때도 있다. 그리고는 깜짝 놀라기도 한다.

어느 날씨가 따듯했던 날일 것이다. 할아버지께서 나를 부르셨다. 조그마한 종그래기[3] 에 보리쌀을 좀 담아 오라고 하셨다. 대개 스님들이 시주를 오던지, 거지들이 동냥하러 오면 이렇게 작은 종그래기에 보리쌀을 조금씩 퍼서 주곤 하였다. 얼마를 주어야 하는 것인지 모르니 자기 요량껏 하여야 한다. 때로는 그 종그래기에 가득 보리쌀을 가지고 갔다가 그렇게 많이 주는 것이 아니라고 꾸중을 듣기도 하였다. 그러나 너무 적게, 어른들이

---

3) 조롱박이나 표주박을 우리 고향에서는 그렇게 불렀다. 종구래미라고 할 때도 있다.

'이렇게 하는 거여' 하면서 그 종그래기 바닥에 깔리게 보리쌀을 담아 주어 그것을 가져갈 때는 차마 그 앞에 내어놓기가 부끄럽고 미안할 때도 있었다. 줄려면 풍족하게 주어야 한다는 생각에서 일 것이다. 어린아이들은 자신들이 지독히 가난한 사람들이라고 생각하지 않는 모양이다. 얻어먹으러 오는 사람이 있으면 가능하면 풍족하게 주는 것이 좋은 것이라고 생각하였으니까. 아무튼 광에 들어가 큰 보리쌀독에 손을 넣어 보리쌀을 펐다. 그것을 푸는 데 아마 상당히 오랜 시간이 걸렸을 것이다. 이만큼이 적절한 것인지, 많은지 아니면 적은 것인지를 분명히 알 수 없기 때문이다. 이리저리 재어보고, 종그래기에 많이 넣었다가 다시 쏟아내고 또 생각하느라 분명히 긴 시간이 흘렀을 것이다. 그것을 사랑마루에 앉아 계신 할아버지께 갖다 드렸다. 그곳에는 어느 낯선 사람 한 분이 앉아 있었다. 할아버지는 그 보리쌀을 그분에게 드리라는 것이다. 종그래기에 들어 있던 보리쌀을 그분이 가지고 있는 자루에 쏟아 부었다.

"이 아이를 위하여 한 번 켜 보시오." 할아버지의 주문이었다. 그분은 보따리에서 무엇인가를 주섬주섬 꺼내어 챙기더니 소리를 내기 시작하였다. 깽깽거리는 듯 하기도 하고, 앵앵거리기도 한 소리였다. 밑바닥은 무엇인가 둥그런 것이 달려 있는 듯하였고, 거기에 위로 등잔대나 활처럼 나무가 꽂혀 있었는데, 활줄과 같은 것이 매어 있었다. 그것을 다른 활처럼 생긴 것을 그 줄에 대고 밀고 당기니 애애앵 애애애앵하는 소리가 났다. 참으로 묘한 소리였다. 그 소리에 맞추어 그 사람은 무엇인가 노래를 부르기도 하였고, 말을 하기도 하였다. "앵곰아! 예~, 이리 온. 싫어요." 뭐 이런 비슷한 것 같기도 하고. 그는 한창 사설을 늘어놓으면서 앵앵거리는 그 물건을 켰다. 그리고는 마쳤다. 나는 그 소리와 그가 하는 일이 하도 신기하여 그 곁에 가만히 앉아서 열심히 들었다. 그가 다 마치고 짐을 챙기려 하니, 할아버지께서 "이 아이를 위해서 다시 한 번만 더 켜 주시오" 했다. 그는 무엇이라고 말하더니 다시 그 물건을 잡아 소리를 내기 시작하였다. 분명히 자기가 받은 보리쌀값은 충분히 하였다는 말일 것이고, 다시 켜게 하려면 보리쌀을 더 주어야 한다고 하였을 것이다. 어찌 되었든 할아버지는 나를 위하여 다시 한번 더 켜줄 것을 요청하였고, 그는 그것을 정중하게 받아들였다. 보리쌀이 많아서가 아니라, 옆에 쪼그리고 앉아서 귀담아 듣는 아이가 갸륵해서 그랬을 것이다. 그런 아이를 위하여 돈을 받거나 더 많은 보리쌀을 받는 것은 무의미했을 것이다.

'호랑이' 같다는 소리를 듣는 할아버지, 동네 사람들이 농악놀이를 할 때 함께 따라다니면서 어깨를 들썩거리는 것을 몹시 싫어하여 우리 어린 손자들에게도 그런데 가서 놀지 말라던 할아버지, 시조를 읊거나 거문고나 대금 따위의 악기를 가지고 있지도 않았고 듣지도 않았던 분, 우리 집 뒤 청년이 퉁소를 불면 '젊은 놈이 청승맞게 퉁소를 불기는 왜 부냐'고 혀를 차시던 분, 바로 그 분이 나를 위하여 보리쌀을 주게 하고는 특별 해금연주를 부탁한 것이다. 오로지 한 아이를 위한 한 거리의 악사의 연주를. 이것이 내가 들은 최초의 단독 연주요, 단독 음악감상이었다. 지금쯤 그분은 어떻게 되어 있을까? 아니, 지금이야 계시지 않겠지만, 그분은 어떠한 삶을 꾸리면서 살았을까? 지금 내가 가끔 무슨 악기를 배우기 희망하고, 흥얼거리기를 좋아하는 것은 그 거리의 해금악사 때문일까? 그분이 나에게 어떤 음악의 기를 넣어 주었을까? 내가 단독으로 해금연주를, 그것도 나만을 위하여 특별히 보리쌀 관람료를 내고 들었다는 것은 참으로 훌륭한 일이라고 생각하고 있다. 그것을 생각하니 지금도 훈훈하다.

- 2001. 6. 19

아름다운 삶 : 끝없는 추구

아름답다고 하면 대개 미의 이상형을 말하는 것으로 본다. 모범이 된다거나 기준이 되는 아름다움을 생각한다. 그러나 그러한 아름다움은 없다. 심지어는 균형이 깨지고 추함을 나타내는 아름다움은 얼마나 많은가? 아름다움은 미에 대한 해석에 불과하다. 해석하되 본질을 극명하게 잘 표현한 것이 아닌가 한다. 추의 미학이라고 할 때 역시 더러움을 표현한 것이 더러움의 본질을 제대로 극명하게 나타낸 것이면 아름다운 것이라고 말할 수 있지 않을까? 어찌 되었든 모든 사람은 다 아름다움을 추구한다는 점이다. 아름다움을 볼 때 행복하게 생각하고, 자기가 볼 때 아름답다고 하는 것을 성취했을 때 행복을 느끼며, 다른 사람이 아름답다고 할 때 역시 행복을 느낀다. 그렇게 보면 아름다움과 행복은 직결되는 것이라고 할 수 있다.

다시 말하면 행복한 삶을 아름다운 삶이라고 느끼면서 산다. 행복이란 겉으로 보기에 풍요롭고, 좋은 집에서, 좋은 음식을 먹으면서, 건강하게, 오래, 병 없이, 많은 자녀를 두고, 높은 지위를 차지하면서, 화려하고 영광스럽게 사는 것이라고 얼핏 생각할 수도 있다. 그렇게 하는 것이 많은 사람들에게 부러움을 받으면서, 자신도 뻐기면서 사는 길이라고 느껴왔다. 인류는 공동으로 이와 같은 것을 추구하여 왔다. 900년을 살고, 800년을 살았다는 구약시대의 이야기나, 영원히 죽지 않고 산다는 말에 모두들 감동하고 놀랜다. 높은 지위에 있는 사람이나 천한 일을 하는 사람도 꼭같이 느끼는 아름다움을 가진 미인의 아름다움에 대하여 감탄한다. 추하고 못생긴 사람이 역사를 만들었다는 것을 별로 말하지 않는다. 이러한 일상의 이야기나 역사 사건 속에서 사람들은 아름답고, 멋지고, 건강하고, 훌륭한 것에 대한 그림을 이미 그리고 바라본다. 그리고는 그것에 도달한 사람이나 사건에 대하여 놀라워한다. 그 놀램 속에는 은연중에 그에 대한 강한 흠모가 들어 있는 것이라고 본다. 이러한 것을 추구하였기에 역사가 이어져 왔고 문명이 발전하였는지 모른다. 원래 인간은 나온 그대로, 생긴 그대로는 이와 같은 것을 성취할 수 있도록 되어 있지 않다. 부족한 존재이기 때문에 아무 것도 덧붙이지 않은 알몸으로는 위와 같은 것을 성취할 힘이 없다. 추위도, 배고픔도, 아픔도 그 자신이 극복할 능력이 없다. 그것을 극복하려는 노력이 온갖 궁리를 하게 하였고, 그 결과 오늘과 같은 문명을 만들어 냈던 것이다. 그러나 이것으로도 만족스럽지가 않다. 그래서 인간은 존재하는 한 항상 부족한 것을 인식하면서, 그것을 채우고 극복하기 위하여 더 나은 것을 찾아서 헤맬 것이다. 그래서 끝없는 추구와 시도를 매우 좋은 삶의 덕목으로 삼고 있었다. 열심히 일하고 부지런히 뛰어다니는 것을 아름답게 보았다. 사람들은 편리한 삶을 살고, 힘겨움에서 벗어나려고 문명의 이기를 만들고 사용하지만, 전혀 바쁘고 힘든 것에서 벗어날 수가 없게 된다. 스스로 만든 것들에 자기 자신을 얽어매는 것이 되고 만다. 결국 사람은 살면 살수록 더 얽히는 것을 볼 수 있다. 항상 부족하다는 느낌이 행복하지 못하게 한다. 그 모습이 아름답지가 않다. 아름다움을 찾으려는, 행복을 찾으려는 부단의 노력, 불안 불안하면서 끝없이 내닫는 욕심스러운 삶에서 우리는 아름다움을 발견하지 못한다. 결국 아름다움을 찾으려는 그 모습에서 아름다움을 찾기 어렵고, 행복을 찾으려는 그 몸부림에서 행복이 보이지 않는다. 그렇다면 아름다운 삶이란 무엇일까?

나는 이것이 아름답다고 본다.

앞에서 말했듯이 어느 누구도 이것이 아름다운 삶이라고 말하기는 어렵다. 그러나 누구나 자기가 보는 아름다운 삶은 있다. 아니 그가 찾고 추구하는 아름다운 삶이 막연하지만 있다. 여기에서 나는 내가 바라고 보는 아름다운 삶은 이런 것이 아닐까 하는 것들을 늘어놓아 보려고 한다.

어느 날 나는 괴테의 싯귀 하나를 이해했다고 기뻐했다. 어디에선가 그는 "휴식은 나무 끝에 있다"고 노래했다. 그 말이 무엇인지를 알 수가 없었다. 그런데 시골에 살 때 어느 날 안채 마루에 앉아서 앞산을 바라보고 있었다. 그런데 내가 어렸을 때 삼촌과 함께 꺾어다 냇가에 심은 수양버드나무가 잘 자라서 상당히 크게 되었다. 나무 그늘을 지어주어 빨래하는 아주머니들이 시원하게 일을 하게 하여 주었다. 그 나무가 안채에서 보아도 그 끝이 보일 만큼, 사랑채 지붕 위로 올라올 만큼 컸다. 바람이 살살 부는 날, 안채 마루에 앉아서 앞을 볼 때 사랑채 위로 올라온 수양버드나무 가지를 보았다. 연한 바람에 흔들리는 가지가 매우 평화스럽고 안온하게 느껴졌다. 갑자기 나는 지붕위로 살짝 올라와 흔들리는 나뭇가지에서 아주 편안한 휴식을 느꼈다. 그 때 불현듯 괴테의 어느 싯귀가 떠오르면서, 분명히 괴테가 이런 모습을 보면서 시를 썼을 것이라고 믿었다. 바람과 흔들리는 나뭇가지에서 편히 쉼이 있는 것을 느끼고 괴테가 그것을 보고 그렇게 노래했을 것이란 내 깨달음이 매우 아름답게 느껴졌었다.

여기에서 우리는 깊이 생각할 것이 있다. 어느 한 순간에 나는 숨겨져 있던 그 무엇과 만나게 된다. 그것을 우리는 깨달음이라고 할 수 있을 것이다. 그 순간 우리는 행복을 느낀다. 그 순간이 그렇게 아름답게 느껴질 수가 없다. 깨달음은 만남이고 만남은 아름답다. 사람과 만나고, 신과 만나고, 진리와 만나고, 찾아 헤매던 것과 만나는 것, 그것은 참으로 아름다움이다. 그래서 우리는 끝없이 만나기 위하여 길을 떠나고 가고 쉬고 또 찾는다. 만남을 찾는 그 방법 역시 무척 다양하다. 그 방법을 우리는 길가는 것이라고 할 수 있지 않을까?

나는 길가기를 매우 즐긴다. 어려서 나는 김삿갓을 참 많이 흠모하였다. 매인 것이나 막힌 것 없이 훨훨 자유롭게 주유천하하는 그 모습이 참으로 아름답게 보였다. 물론 그렇게 되기까지는 큰 아픔이 있었지만, 그 아픔이 그를 영원한 방랑자로 만들었지만, 인생이 끝없이 흘러가는 것이라면 그 사람처럼 그렇게 흐르는 것도 좋지 않을까 생각했다. 그러려면 그처럼 시도 잘 써야 하고, 글씨도 잘 쓰고, 넉살도 좋고, 후려치기도 잘하고, 시대를 보는 탁월한 식견도 가져야 하고, 건강하기도 하여야 한다는 생각을 하였다. 그러나 시간이 가면서 그것은 그가 가지고 살았던 방법이지 내 삶은 아니라는 것이 느껴졌다. 그러면서도 길가는 것은 아직까지도 지극히 아름다운 것으로 깊이 내 마음에 박혀 있다. 그래서 지금도 길을 가기를 계속한다. 어느 날이건 정처 없이 그냥 걷고 싶다. 그렇게 걷다 보면 분명히 만남이 있는 것을 느낀다. 그런데 길을 갈 때는 분명히 어렵고 힘든 길과 쉬운 길이 있다. 어느 길이든지 흐름 따라 가는 길이 가장 안정되고 분명한 길이다. 물도 흐름이 있듯이 길도 흐름이 있다. 길은 항상 그 흐름을 따라서 나 있다. 눈에 보이는 흐름이나 보이지 않는 흐름이나 흐름은 한 흐름이다. 흐름 따라 가는 삶, 그것이 가장 쉬운 길을 가는 삶이요 아름다운 삶이다. 물처럼 길 따라 가는 것이다. 물은 항상 길 따라 흐르고, 길은 흐르는 물 따라 나있다. 그래서 나는 길 따라 물처럼 흐르면서 살고 싶다. 이것은 분명히 끊임없는 떠남을 의미한다. 자기 자신으로부터 떠나고 자기가 이루어 놓은 일로부터 떠나(功成而弗居) 자유롭고 활짝 열리기 위하여 빈 것이 되는 것이다.

길을 따라 간다는 것은 무엇을 의미하는 것인가? 우리는 길을 갈 때 난 길을 간다. 그 때 다시 한 번 생각한다. 길이 나 있기에 그 길을 가는 것인가? 내가 가기에 길이 나는 것인가? 자동차나 기차를 타고 갈 때 우리는 분명히 난 길을 따라서 간다. 망망한 대해를 달리는 배 역시 뱃길을 따라서 간다. 모르는 사람의 눈으로 보면 보이지 않는 길이지만, 뱃사람들 눈으로 볼 때는 훤히 보이는 뱃길이다. 풍랑과 물 흐름과 암초가 없는 뱃길, 겉으로 보기에는 전혀 보이지 않는 순탄한 뱃길을 따라서 사람들은 간다. 또 산에, 사람들이 별로 다니지 않는 산에 가면 어디에나 길이 나 있다. 누가 만든 길인가? 우연히 사람들이 한 둘, 가끔가끔 그렇게 가기에 난 길이다. 그 길을 사람들은 어떻게 가는가? 나 있지도 않은 그 길을 사람들은 어떻게 첫 발자욱을 내면서 가는가? 여기에서 우리는 길은 보이지 않지만 이미 나 있는 길을 따라 만들어진다는 것, 그 길을 우리는 길 인줄 알고 간다는 것을 생각하게 된다. 바로 길인 이 길을 따라서 가는 것, 그것을 우리는 순리라고 한다. 이치, 도를 따른다는 말이다. 이치, 도라는 것은 몇 가지 연결되는 고리가 있다. 사람은 하늘을 따르고, 하늘은 진리(도)를 따르며, 진리는 자연을 따른다는 것이다. 이것을 따를 때 조화롭다는 것이다. 이 때 우리는 아름답다고 말한다.

결코 단일한 것으로 조화를 이룬다는 것은 불가능하다. 조화라는 것은 둘 이상 여러 가지가 서로 얽히고설키면서, 다투지만 소멸시키지 않고 북돋우는, 그래서 서로 살리는 것을 조화롭다고 한다. 누르는 듯 북돋우고, 잘라내는 듯 뻗어나게 하며, 뽑는 듯 심고, 마시는 듯 뱉어 내어 튼튼하게 살려내는 것이 조화다. 그래서 살림에서 조화는 나온다고 할 수 있다. 살림은 따뜻함과 부드러움으로 완성된다.

모든 것을 살려내는 조화의 힘, 그것의 근원은 사랑과 자비다. 내 자신, 식구나 친척과 친구에 대한 사랑, 내 민족 내 겨레에 대한 것만이 아니라, 온갖 경계를 넘는 사랑과 자비야말로 모든 힘 있고 맑은 삶의 근원이다. 사람에 대한 것뿐만 아니라, 다른 생명들, 또는 생명을 가지고 있지 않다고 말하는 무생물에 이르기까지 모든 만물에 대한 사랑과 자비를 펼치는 것이 필요하다. 이 단계에 이르면 사랑과 자비의 대상은 모든 것, 감각과 무감각, 의식과 무의식 중에 접촉하는 모든 것들에 대한 사랑과 자비를 일컫는다. 물과 흙과 바람과 바위와 별과 달과 해에 대한 사랑의 마음뿐만 아니라, 역사와 문화와 같은 것까지도, 심지어는 우리의 삶을 규정하는 제도와 틀까지도 사랑과 자비의 마음으로 보아야 할 것이다.

아름다움을 어떻게 실천하는가?

그러나 이러한 아름다움은 훈련하지 않으면 안 된다. 혼자서나 단체로 수련하면서 아름다움을 실천하여야 할 것이다. 그렇게 하는 것이 자기와 집단(사회)을 파멸로 몰아가지 않는 아름다운 삶이 될 것이다.

우리는 끊임없이 창조자와 만나는 삶, 만남이 있는 삶을 위해 만남의 장소로 가야 한다. 만남은 항상 비밀스러움을 경험하는 것이다. 비밀스러움은 비밀스런 장소에서 만난다. 그러므로 우리는 나 자신만이 간직할 아주 지극히 비밀스러운 곳, 성소를 가질 필요가 있다. 인디언들의 전통에서는 모든 사람들이 자기만이 가지는, 어느 누구에게도 공개하지 않는 비밀스러운 장소, 거룩하고 성스러운 곳을 가지고 있다고 한다. 그곳에서 그는 지극히 존귀한 존재를 만난다. 우리는 어디에서 건 바로 자기만이 가지는 비밀스러운 곳을 만들어야 한다. 그리고 그곳을 수시로 찾아야 한다.

만족하는 삶 : 풍요로운 삶 : 한계를 인정하는 삶을 훈련하여야 한다. 나이가 들었거나 힘이 빠졌을 때 자기의 한계를 인정하는 것이 아니라, 가장 팔팔하고 잘나갈 때 한계를 인식하는 것이 필요하다. 원래 인간은 제한존재, 한계를 가진 존재로 태어났기에 그것을 받아들이는 겸손과 현명이 필요하다. 한계를 인식할 때 만족할 줄 아는 지혜가 생기며, 거기에서 행복을 느낄 수 있다.

흔히 우리는 채우는 삶, 걷어 들이는 삶을 아름답고 행복을 가져다주는 것으로 인식할 때가 많다. 그러나 우리가 주력할 것은 비우는 것, 버리는 것에 더 많은 공력을 드려야 한다. 이것은 호흡의 원리, 소화의 원리와 같다. 긴 호흡이나 깊은 호흡은 속에 있는 것을 완전히 뱉아 낼 때 이루어진다. 속을 비울 때 언제나 모든 것을 받아들일 수 있는 능력과 공간이 생긴다. 이러한 공간이 확보된 다음에는 자연스럽게 들어오게 되어 있다. 원래 있는 상태에서 더 채우는 것은 과적상태를 유발한다. 덧채우는 것은 썩게 만드는 가장 빠르고 가까운 길이다. 거기에서 맑고 깨끗한 것이 나올 수는 없다. 항상 싱싱하려면 속시원히 비우는 일을 연습하는 일이다. 흘러나가는 곳이 없는 돌확에 채워둔 물은 속빠르게 썩지만, 남는 것 없이 쪽쪽 빨아내는 바위 틈새에서 나오는 물은 썩거나 쉴 사이가 없다. 가능하면 마음도, 사랑도, 물질도, 시간도 자꾸 주어 비워두는 것이 필요하다. 어쩌면 이렇게 모든 것을 비우는 것은 죽는 삶이 될지 모른다. 죽어서 사는 삶이 될 것이다. 이것이 가장 아름답게 사는 길이라는 것을 예수는 일찍이 우리에게 알려 주었다. 그와 같이 그렇게 철저하게 비울 수는 없다 하더라도 비우는 훈련은 결코 우리의 삶을 매우 알차고 풍요롭게 할 것이다.

사랑하고 조화로운 삶을 훈련할 필요가 있다. 그러기 위하여 일단 절대 긍정의 세계관을 가질 필요가 있다. 모든 삶은 다 아름다운 것이 아닐까? 아름답게 보면 모든 것이 아름답게 보인다. 우리가 흔히 추하다는 것, 혐오스럽다는 것 역시 아름답게 보이는 것이 있지 않은가? 이미 아름답다는 것은 느낌이면서 판단이기 때문에. 삶 자체를 아름답게 볼 필요가 있다. 현재 있는 그 상태를 그대로 아름답게 보는 것이 필요하다. 가끔 우리는 보다 더 나은 색채, 향기, 소리, 맛, 욕망을 채우기 위하여 살아간다. 그렇게 되면 엄밀히 따지면 자신을 잃고 만다. 왜냐하면 인간이 한계를 가진 존재임과 동시에 모든 것 역시 제한되어 있는 것이기 때문에 끝없는 욕망을 충족시킬 수 있는 길은 전혀 열리지 않기 때문이다. 끝도 없고 잡히지도 않는 그것을 따라가다 보면 결코 자기 길을 갈 수가 없다. 남의 길이 내 길인 줄 알고 그냥 비뚤배뚤한 길을 가는 것뿐이다. 있는 그대로를 인정하는 것이 상당한 부분 사랑하고 조화롭게 사는 길로 접어드는 열려 있는 문이라 할 수 있다.

이것은 동시에 먼 미래나 까마득하게 지나간 옛날이 아니라 지금, 내가 숨쉬고 있는 지금을 사랑하는 데서 이루어진다. 나는 항상 내 좌우명 비슷하게 여기고 있는 문귀가 있다. "살아 있는 지금을 마셔" 라는 것이 그것이다. 엄밀히 따지면 나에게 주어진 것은 지금-여기뿐이다. 지금은 과거가 기억으로 들어와 있고, 앞으로 오지 않은 미래가 미리 생각하는 것으로 경험되는 순간이다. 이것만이 내 시간이다. 바로 이러한 시간을 경험하는 것은 바로 여기에서다. 그러므로 가장 극명한 절대긍정의 삶은 바로 살아 있는 지금을 마시는 것에서 시작된다. 지금을 살게 하려면 모든 것을 예배하듯이 하는 것이라고 생각한다.

이러한 것을 우리 일상생활에서 실천할 것을 요청한다. 내 몸과 마음으로 실천할 것을 요청한다. 그래서 우리는 때때로 굶어 보고, 때때로 비워 보고, 때때로 단조롭고 소박하게 살 것이 요청된다. 노래를 부르고, 길을 걸어가고, 자연을 가까이 하고, 사람을 지극히 사랑하는 것을 연습할 필요가 있다. 그렇게 되면 감동하는 삶이 만들어질 것이다. 아름다운 몸은 마디마디가 풀리고 살이 풀려 지극히 부드러운 몸이라고 할 수 있다. 그렇게 되도록 훈련하면서, 동시에 우리 마음도 그렇게 맺힌 곳이 없게 하는 연습이 있어야 할 것이다. 그렇게 되면 몸과 맘이 확 풀리고 열려서 사통오달하는, 무불통지의 경지에 도달한다고 많은 선생들이 말씀하고 있다. 이렇게 되면 분명히 내 몸이 아름다워지고, 마음이, 정신이, 영이 아름다워져 주변과 자신이 아름답게 보일 것이다. 그렇게 되면 분명히 아름다운 삶은 고립된 혼자만의 수도생활이 아니라 깊은 공동체나 동아리의 삶에서 이루어지는 것이라는 것을 알 수 있게 된다. 왜냐하면 가장 깊은 아름다운 삶을 살았다는 우리의 좋은 선생님들의 삶은 개인과 사회, 지금과 역사, 땅과 하늘을 넘나드는, 아니 그것을 통합하는 종합된 삶을 살았다. 그것이 바로 아름다운 삶의 모델이다. 그 모델을 익히는 것은 부단한 공부다. 마음공부; 고전공부, 사람공부, 자연공부, 님공부. 그것은 나에게 주어진 귀한 존재의 모습과 우주를 주관하는 존재가 순수하고 탁월한 입장에서 만나고, 그 만남이 주인이 되어 자기로 살아가는 공부가 중요하다. 공부는 훈련이고, 훈련 없이 아름다운 삶을 기대하는 것은 도적놈의 마음이다.

- 2002. 7. 4

아름다운 순간에 대한 따뜻한 기억

이것은 황홀한 축복이었다.

이 말을 하면 지금 대학생들은 모두 놀래거나 어이가 없어서 웃는다. 내가 바다를 처음 본 것이 대학 4학년 때 1969년에 수학여행을 가면서라고 하면. 이상하게 나는 여행을 참으로 좋아하면서도 별로 많은 곳을 다니지 못하였었다. 그 많은 사람들이 그렇게 많이 가고 즐기는 설악산도 1997년도인가에 그 언저리에 지나지 않는 곳을 가보았을 뿐이다. 가만히 생각하면 많이 걷고 이곳저곳 가는 것 같으면서도 가 본 곳이 그렇게 많지가 않다. 희한한 일이다. 더욱이나 바다를 본다는 것은 나에게는 참으로 어려운 일이요 큰 축복이었다. 그 때까지만 해도 누가 바다에 대하여 말하면 슬그머니 말머리를 돌리거나 쥐 죽은 듯이 가만히 듣고만 있어야 했다. 졸업여행을 제주도로 간다고 준비할 때, 마침 아르바이트로 얻은 돈으로 여행할 수 있어서 가게 되었다.

밤기차를 타고 목포로 갔다. 어느 역에서 출발하였는지는 모르지만, 어쩌면 대전 발 0시 50분 목포행 완행열차였는지 모른다. 4월 말이었다. 날이 부옇게 밝아올 때 창밖을 보니 무엇인가 시커먼 것이 보였다. 큰 물 같기도 하고, 무엇인가가 출렁거리는 것 같았다. 옆에 앉은 친구에게 물어 보았더니 그게 바다란다. '아니, 무슨 바다가 저래. 항상 내 머릿속에 있는 바다는 푸른 물결이 출렁거리는 것이었는데.' 그림이나, 영화에서나, 시에서나, 어느 글에서 본 바다색은 항상 파랗거나 푸른 것이었다. 그런데 여기 보이는 바다는 시커멓게 보였다. 나중에 항구에서 본 바닷물은 크게 실망을 주었다. 절대로 그 물 색은 파랗지도 않고 푸르지도 않았다. 맑지도 않았다. 거무튀튀하면서 여러 가지 것들이 섞여서 더럽게 보였다. 다만 망망한 넓음, 끝을 볼 수 없는 까마득함이 크게 감동을 줄 뿐이었다.

제주도 여행을 마치고 제주에서 배를 타고 부산으로 돌아오게 되었다. 저녁 때 배가 제주항을 떠났다. 목포에서 떠나 타고 왔던 배보다 컸지만, 많이 낡은 것이었다. 사람이 적지 않았다. 우리는 약간 좋은 등급을 잡았는지, 그 칸에는 사람들이 그렇게 많지는 않았다. 아직 해가 지지 않은 때에 출발하였기에 바다는 햇빛으로 빛나고 있었다. 배가 흰 물결을 남기며 한참을 달렸을 것이다. 서쪽 바다에 아름다운 노을을 만들면서 해가 빠지고 있었다. 이제까지 산 너머로 꼴깍 숨던 해만 보던 나는 참으로 신기하여 갑판에서 밑으로 내려갈 수가 없었다. 장관으로 보이는 지는 해는 너무 짧다. 그 광경을 길게 잡아 둘 수가 없다. 해가 서편 바다로 졌다. 조금 지나니, 햐! 둥근 보름달이 동편 바다에서 솟아오르고 있었다. 지금은 너무 오래 지나서 기억이 가물가물하지만, 그냥 아름답고 감동스러웠다. 그리고 깜깜한 밤이다. 바다는 몹시 잔잔했다. 호수처럼 잔잔했다. 잔물결을 일으키는 넓

디넓은 바다를 가르며 달리는 배, 그 배에 부서지는 물결들에 비치는 달빛. 오색찬란이라고 하지만, 이루 말로는 설명할 수 없는 굉장히 깊은 아름다움이 거기에 있었다. 바람은 차가웠지만, 갑판에서 안으로 들어가기가 싫었다. 교교하게 비치는 달빛, 부서지는 바다물결에 비치는 찬란한 달빛, 그 아름다움과 감동을 더 말할 수 없다. 배 뒤꽁무니의 스크루가 돌기 때문에 부서지는 바닷물에 비치는 달빛의 찬란함을 보다가 어떤 감정이 일어나면 그냥 풍덩 그 물 속으로 몸을 던질 수도 있겠다는 느낌을 가졌다. 춥기에 잠깐 객실로 들어갔다가 또 밖으로 나가고는 하는 사이에 배는 어느 덧 거제도 앞바다를 지나고 있었다. 그쯤 달은 서편바다에 가까이 갔고, 동편 하늘이 약간씩 검은 때를 벗고 붉어지기 시작하였다. 점점 동편 하늘이 붉어질 무렵, 서편 바다로 달이 빠져버렸다. 잠시 모든 곳이 어둑한 기분이더니 차차 밝아지기 시작하였다. 특별히 동편 하늘이 붉게 물들고, 검은 바다가 약간씩 보이기 시작하였다. 떠오르는 해는 우리를 긴장시키고 가슴이 울렁거리게 할만한 충분한 마력과 매력을 가지고 있었다. 모두가 갑판 위로 나왔다. 사진기를 들고, 그것이 없는 사람들은 그냥 동쪽을 바라보고 서서 해가 떠오르는 것을 기다리고 있었다. 내 마음 속에서 무엇을 빌었는지 모른다. 핏빛 이상으로 온통 동쪽바다가 물들었다. 긴장이 계속되었다. 그러다가 햇님이 민대머리를 바다 위로 살짝 내밀었다. 그러더니 거침없이 위로 솟아오른다. 얼마 지나니 마치 누에고치를 세워놓은 것처럼 바다와 해가 하나로 연결되었다 싶더니, 갑자기 해가 바다에서 똑 떨어져 올라붙었다. 그리고는 해는 미련없이 위로 솟아오른다. 바다는 다시 붉은 빛깔을 버리고 잔잔한 은물결을 우리에게 선사하였다.

지금도 나는 이 일을 생각하면 행복하다. 바다를 처음 보고 배를 처음 타보는 촌놈에게 하늘은 그렇게 큰 축복을 내린 것이다. 그것도 맑고 맑은 한 밤에, 둥근 해가 서쪽바다에 지고, 동편바다에 달이 떠오르며, 밤새도록 함께 거닐던 달님이 서편 바다로 꼴깍 빠져 들어갈 때 동편바다에 어제 저녁 서편으로 사라졌던 해가 솟아올랐다. 이것을 한 번에 다 맛본 사람이 몇이나 될까? 촌놈 출세한 셈이지. 출세하는 방법도 가지가지겠지만, 행복을 느끼는 것도 수만 가지다. 그래서 그저 고맙다.

- 2002. 9. 30

수도생활과 사회

　수녀들이 하는 것이 무엇이며, 신자들이 그들에게 요구하는 것이 무엇인지 몰라서 어느 가톨릭 신자에게 물어 보았다. 그런데 그는 별로 도움되는 말을 하여 주지 않았다. 다만 두 가지, 그들에게 기대하는 것이 없다는 말과 그들이 해야 할 일을 하기를 바란다는 말뿐이었다. 그러면서 오히려 그들이 해야 할 일은 수녀 자신들이 더 잘 알지 않겠느냐는 것이며, 그들이 해야 할 일이 무엇인지 직접 물어 보는 것이 낫지 않겠느냐는 것이었다.

　농담처럼 던진 한 마디는 나에게 겁을 주었다. '수녀님들이 좋은 강의를 많이 들어서 귀가 높다'는 것이었다. 귀높은 분들 앞에서 무슨 귀한 말을 할 수 있을까? 내 입에서 높고 귀한 말이 나올 리 없으니 낮은 말을 할 수밖에 없다. 결국 낮고 천한 말을 들을 수 있는 귀를 가지는 것이 더욱 바람직한 것이 될지 모른다. 이미 수도생활을 하는 그들이니, 그 수녀회에 들어갈 때 그들이 해야 할 일을 수도 없이 많이 듣고 배우고 익혔을 것이니 그 일을 제대로 하면 더 이상 누구에게 새로 듣고 배울 필요도 없을 것이다.

그러니 오늘은 수도생활도 모르고, 가톨릭도 모르는 사람이 그냥 자기 말을 한다고 생각하면 좋을 것이다. 다만 한 가지 할 수만 있다면 깊은 신앙을 가지고 싶은 나로서는 신앙생활보다는 생활신앙을 강조하고, 수도생활보다는 생활수도를 좋게 본다는 사실이다. 나는 한 번도 신앙과 생활을 분리하여 생각하여 보지 못하였고, 수도와 사회를 따로 떨어뜨려 생각하여 본 적이 없다.

그러면서도 '수도생활'을 한 번도 하여보지 않은 사람이 수도생활에 대하여 말한다는 것은 모순일지 모른다. 그러므로 이것은 수도생활을 하는 사람들에 대하여 던지는 주문이면서 질문이라고 보는 것이 옳을 것이다. 이 말은 수도생활에 대한 오해나 그에 대하여 좁게 생각하고 있었기 때문인지도 모른다. 특히 수도생활과 사회란 것을 한 주제로 놓는 것은 사람들 생각 속에 수도생활과 사회는 따로 떨어져 있는 것은 아닐까 하는 마음이 은연중에 숨어 있는 것이 아닌가 생각된다.

다시 말하면 수도생활을 하는 사람은 사회를 멀리 하고, 사회 속에서 사는 사람들은 수도생활을 하는 것이 어렵지 않은가 하는 경향이 있다고 생각하는 것이 일반 경향이 아닐까? 물론 이러한 것은 오해일 수 있다. 거기에는 두 가지의 잘못이 있다고 본다. 수도생활을 직업으로, 전문으로 하는 사람은 사회를 떠나 있어도 되거나 떠나야 한다는 것이 그 하나이며, 사회 속에서는 도를 닦는 것은 지극히 불가능한 것이라는 관점이 그 둘이다. 엄밀히 따지면 깊은 사회 속에서 도를 닦는 생활을 하는 것이며, 도를 닦는 생활 그 자체는 자신과 사회를 위한 것이라는 점이다.

그리스도를 따른다는 사람들일수록 수도생활과 사회를 구별하는 것은 커다란 모순에 빠진다. 사회와 동떨어져 수도생활을 하려 한다면 예수가 이 땅에 온 것 그 자체를 부정하는 것이 되기 때문이다. 진리 자체인 그는 세상 깊은 곳으로, 세상의 핵심 속으로 뛰어 들어왔기 때문이다.

여기에서 나는 몇 사람, 수도생활과 사회를 잘 조화하였거나 하나로 통합하여 생활한 사람들을 기억한다. 인도의 마하트마 간디, 가톨릭 신부 토마스 머튼, 프랑스에 살고 있는 망명 베트남 승려 틱낫한, 인도의 한 귀퉁이 달람살라를 빌려 망명생활을 하는 티벳트의 승왕 달라이 라마, 여러분이 너무나도 잘 아는 테레사 수녀 그리고 우리 시대의 아름다운 분 함석헌을 생각한다. 바로 이분들은 예수가 권장한 삶, 진리를 실현하는 삶을 평생의 과업으로 알고 산 사람들이다. 그래서 사람들은 그들을 위대한 영혼이거나 훌륭한 사람이라고 한다.

그러나 우리가 알아차리지 못하는 매우 중대한 사실이 있다. 그들 모두는 한결같이 지극히 평범한 사람이었다는 사실이다. 아주 평범한 사람, 몸에 겉껍질을 걸치지 않은 맨사람 그것이었다. 일생동안 노력한 것이 있다면 그 맨사람을 그대로 맨사람으로 간직하고 다듬는 것이었다. 그들이 그냥 맨사람으로 있었기에 진흙 속에 파묻혀도 더러워지지 않는 차돌처럼 남아 있었고, 깨끗하다는 사람들 속에 있을 때는 똥과 하나가 된 매우 더러운 모습으로 나타나기도 하였다. 그들은 예수가 이 땅에 내려온 뜻을 누구보다도 잘 이해하였고, 그 뜻을 자신들의 삶에서 실현하여 보려고 노력하였다. 그러다 보니 그들의 삶은 수도와 생활과 사회를 분리하여 생각할 수 없었다.

이러한 생활은 결코 무엇인가를 꼭 실현하여 보겠다는 의지의 생활은 아니다. 꼭 그렇게 살아야 하겠다는 결심으로 사는 삶이 아니다. 숨을 내쉬면 생각 없이도 곧바로 들이마셔야 하고, 들이마시면 곧바로 내쉬어야 하듯이 수도와 삶과 사회라는 것은 그냥 삶 그 자체였다. 세상에 나왔기에 세상 속에 있었고, 진리를 따라야 하였기에 따랐을 뿐이다. 자기의 의지나 의도가 삶의 앞에 나서서 끌고 간 것이 아니라, 자기들이 살아가는 뒤에서 밀어 주었을 뿐이다.

그러다 보니 함석헌은 자신의 삶을 '하느님의 발길에 채여서' 사는 삶이라고 표현하였다. 내가 살되 내가 사는 것이 아니라 그렇게 살게 하는 힘이 내밀어서 사는 삶이다. 물론 내밀어서 사는 삶이지만 또한 내 의지가 전혀 사라진 삶도 아니다. 내 의지가 그의 뜻이 되었고, 그의 뜻이 내 의지가 된 삶이다.

간디는 이렇게 말하였단다. 성령을 따라 사는 삶, 하느님을 따라 사는 삶이란 이리저리 뛰어다니는 산토끼에 명주실로 비끄러매어져 끌려 다니며 춤추는 것과 같다는 것이다. 이 거대한 체구가 명주실 오라기에 매어 끄는 대로 끌려 다니며 사는 것, 천방지축 어디가 어디인지 모르고 뛰어가는 토끼에 매어진 명주실 오라기에 끌려 다니는 삶, 그것이 진리를 따라 사는 삶이라는 것이다. 그것은 마치 불에 탄 새끼줄에 매어 끌려가는 삶과 같다는 것이다. 불에 탄 새끼줄은 겉모양은 새끼줄처럼 보이지만, 전혀 끌거나 맬 수 있는 힘이 없는 줄이다. 그 줄로 매어 있는 것과 같은 삶이 진리를 실현하는 삶이란다. 이 지경이 되면 진리를 살아간다는 마음이 있는 것이 아니라, 그냥 사는 것 그것이 곧 진리의 실현이 되는 삶이다. 공자가 나이 많아 생각을 특별히 하지 않고 살아도 하늘의 뜻을 거스르지 않았다는 경지의 삶을 살았다는 것과 같다.

이렇게 보면 수도생활은 골방에 틀어박혀 막힌 벽을 쳐다보며 도가 깨달아지기를 기다리는 것이 아니라 그냥 그에게 주어진 삶을 살아가는 것이다. 그런데 흔히 삶을 산다는 것은 일을 하는 것과 동일한 것으로 인식한다. 일도 삶의 한 부분인데, 일을 하다보면, 특히 남을 위하거나 사회를 위하여, 특히 뜻을 위하여 좋은 일을 한다는 사람들은 자칫 잘못하면 자기 삶을 잃고 거짓된 삶을 살기 쉽다. 그러다 보면 자기는 잃어버리고 일만 보인다. 일에 일이 꼬리를 물고, 일을 하되 아름답게 하려는 욕망이 앞선다. 거기에서 일의 뜻이 보이지 않고, 일하는 사람이 보이지 않고, 일의 꼴만 보인다. 이렇게 되면 일의 본질과 일하는 자신의 본래 모습을 잃어버리기 쉽다. 일하는 사람이 주인이 아니라, 일이 주인이 되어 사람은 이리저리 일에 끌려 다니는 종으로 떨어진다. 이 때 필요한 것이 쉼이요, 수도다. 수도는 자기를 돌아봄이요, 숨을 깊이 쉬어 보는 것이요, 숨의 근원을 만져보는 삶이다. 여기에서 우리는 옛날 어렸을 때 열심히 놀던 진뺏기 놀이를 생각해볼 필요가 있다.

여러 사람이 한 조가 되어 두 진을 만든다. 진 한 가운데에 기둥을 세운다. 기둥 둘레로 기둥을 지키는 사람으로 진을 친다. 언제나 상대편은 바로 다른 편의 진 한 가운데 세워진 기둥을 손으로 만지려고 애를 쓴다. 진을 만지는 것이 곧 진을 점령한 것이 되기 때문이다. 그러나 기둥 주변에는 사람으로 진을 치고 있기에 쉽게 접근할 수가 없다. 그러기 위하여 기둥을 둘러 싼 진을 친 사람들을 멀리 유인하여 기둥을 둘러 싼 사람을 없게 하여야 한다. 그러나 진을 먼저 떠난 사람은 항상 상대방 측에서 늦게 나온 사람에게 쫓기게 된다. 그가 쫓기다 힘이 지치면 상대방에게 잡혀 죽게 된다. 잡히지 않으려면 자기 진으로 도로 돌아와야 한다. 그렇게 되면 기진맥진하였던 그가 다시 새 힘을 얻어 활기가 넘치게 된다. 그렇게 되면 자기를 추격하던 상대방을 다시 공격할 수 있다. 밖에 나가서 열심히 일을 하여 피곤하면 다시 진으로 돌아와 힘을 충전하여야 한다. 밖에 나가는 것을 사회에서 일하는 것이라고 한다면, 일하다가 힘이 빠지고 맥이 떨어져 진으로 돌아오는 것 그것을 우리는 수도, 도를 닦는 것이라고 할 수 있다. 그러므로 도를 닦는 것, 그것은 삶의 근원을 만지는 것이요, 생명수와 연결되는 것이다. 그러나 엄밀히 따지면 이것 역시 수도와 생활, 수도생활과 사회가 분리된 것이라 할 수 있다. 이것이 분리되지 않으려면, 일을 하면서 수도를 하고, 수도하면서 일을 하는 것이다. 달팽이가 제 등에 집을 지고 다니듯이 일하면서 도 닦음을 짊어지고 다니며, 도 닦음 속에 일이 폭 빠져야 한다. 그 한 예로 장자는 아주 재미있는 이야기를 한다.

장자는 도를 완성한 사람의 삶을 어느 고깃간 주인 백정을 예로 든다. 칼을 잘 쓰지 못하는 어떤 푸줏간 주인은 고기를 조금만 썰어도 칼을 숫돌에 갈아야 한다. 날카로운 칼날이 쉽게 상하여 자주 갈지 않으면 일을 할 수 없기 때문이다. 그런데 한 푸줏간 주인은 19년 동안을 한 번도 칼을 갈지 않고 고기를 썰었지만 칼날이 무뎌지지 않고 날카로운 상태를 그대로 유지하였단다. 얼마나 신기한 일인가? 하도 신기하여 그에게 물어보았단다. 어떻게 19년간이나 칼을 한 번도 갈지 않았는데도 그렇게 날카롭게 쓸 수 있느냐고 물었다. 그는 매우 간단하지만 감동스러운 대답을 주었다. 사람들은 고기를 썰지만, 자기는 고기 사이에 있는 틈새를 따라서 칼날을 움직인다는 것이다. 그가 보기에는 고기들 사이에는 빈틈이 있다는 것이다. 그 틈새를 따라서 고기를 써는 것 그것이 도를 닦은 사람의 삶이라는 것이 장자의 생각이다. 이것이 바로 일과 수도를 하나로 통합한 삶의 대표되는 것이라 본다. 우리가 보기에 굉장히 위대하다는 사람이 아니라, 푸줏간에서 일하는 백정의 칼놀림이 바로 도를 닦은 지극히 높은 경지의 세계라는 것이다. 이것이 바로 우리가 걸어갈 길이 아닐까?

엄밀히 따지면 수도를 생활로 하는 사람들은 그것이 일이다. 일이라면 모두 싫어한다. 지겹다. 힘들다. 그러나 그 생활을 놀이로 안다면 즐겁지 않을 수 없을 것이다. 그 길을 따라 흘러가고, 그 물위에서 떠 노는 것이다. 애써서 무엇인가를 하려는 것이 아니라, 내 정의에 맞추어 행동하고, 내 의에 따라 하는 것이 아니라, 정의와 의의 본원에 접촉하려는 빈 마음으로 나가는 것이 바람직한 것이 될 것이다.

예수를 따르는 사람이라면, '나를 따르라' 고 말하는 예수의 의미를 알아야 할 것이다. 분명히 그는 우리가 따라가지 못할 그 길을 따르라고 하지는 않을 것이다. 적절한 거리에서 따라오라고 부를 것이다. 그 부름을 찾는 것이 매우 귀할 것이다. 그래서 그가 분노하니 내가 분노하고, 그가 정의를 부르짖으니 정의를 외치고, 그가 안타까워하니 내가 안타까워하는 것이 필요할 것이다. 그러려면 우리가 할 일은 딱 한 가지, 나를 완전히 비우는 공부, 비우는 훈련, 비우는 연습이 있을 뿐이다. 내 평생 할 일이 있다면 내 자신을 비우고 또 비우는 것 그것뿐이지 않을까? 그렇게 되면 항상 귀하게 쓰이는 그릇이 될 것이 분명하다.

- 2002. 12. 5

일상생활과 평화실현

　우리는 지금 평화와 평화를 깨는 온갖 폭력들 사이에서 맘을 조리며 살고 있다. 많은 사람들은 이데올로기로 갈라져 싸우던 냉전체제가 끝나면 평화로운 세계가 올 수도 있을 것이라는 희망을 가지고 살았었다. 그러나 1990년대 냉전의 큰 흐름이 끝난 뒤에 찾아온 것은 아주 무서운 침략과 공격을 앞세운 대량 살상전쟁이었다. 온갖 무력이 세계질서를 힘의 논리로 지배하는 시대로 접어 들어버렸다. 서로 견주는 세력 없이 혼자서 독불장군처럼 노는 제국의 세력 아래 노예로 떨어지는 세계질서로 모양새가 꾸려지는 모습이다. 이번에 미국은 이라크를 무력으로 침공하여 무수히 많은 인명을 살상하고, 문화재를 파괴하고, 생태계를 더럽히며, 양심과 간절하고 소박한 시민들의 마음을 짓밟아버린 더럽고 부끄러운 역사를 기록했다. 서로 살리는 역사가 아니라 파괴하고 죽이는 논리를 앞세운 전쟁을 합리화하였다. 그러나 우리는 미국의 제국주의 행렬이 잘못되었다는 것을 똑바로 역사에 기록하여 두어야 할 것이다.

이것은 큰 이야기다. 눈을 앞으로 당겨 우리 일상생활에서 평화실현을 어떤 상태에 있는지 살펴볼 필요가 있다. 남들이 부시고 조져댈 때 나는 세우고 사랑하고 위안을 주었던가? 내 삶과 세계전쟁은 관계가 없는 것일까? 나는 그렇게 보지 않는다. 내 눈을 한 번 깜박이는 것과 세계가 평화를 얻거나 전쟁의 도가니 속에 빠지는 것은 관련이 없는 것일까? 내가 나와 다른 모습을 하는 사람을 미워하는 것은 다른 종교나 민족과 국가를 적으로 대하는 것과 같은 것이요, 나와 다른 옷을 입었거나 머리 모양을 하고 다니는 사람을 미워하는 것은, 내 맘에 들지 않는 정치체제나 국가형태를 말살하려는 침략전쟁의 근원이라고 할 수 없을까?

몇 주 전 나는 시골 중학교 학생들에게 평화사상을 일상생활에서 실천하는 문제로 이야기를 한 적이 있었다. 학생들을 보는 순간 내가 준비한 모든 것들을 다 버리고 아주 새롭게 정리하여 말하지 않으면 안되었다. 시끄럽게 떠들고 옆 친구와 장난하며 아무 것에도 관심을 가지지 않는 듯한 아이들 앞에서 무엇인가를 새롭게 구성하여 말하지 않으면 안되었다. 그래서 옆 친구의 얼굴을 자세히 바라보고, 그에게서 잘생긴 곳 한 곳을 골라보고 그곳을 아주 잘생겼다고 칭찬하여 보라고 하였다. 그리고 옆 친구의 손을 살짝 잡아보라고 하였다. 물론 아프게 잡아서 소리를 지르게 한 놈도 있었다. 그 아이의 손이 따뜻한가, 차가운가, 부드러운가, 억센가, 힘이 들어 있는가, 맥이 빠진 듯이 처져 있는가를 가만히 느껴보라고 하였다. 시시때때로 먹는 밥이나 반찬을 바라보면서, 그 중 어느 것 한 가지에 생각을 조금 모으고 지금 내 입으로 들어가는 그 음식을 있게 한 모든 것들, 즉 사람, 바람, 물, 땅, 햇볕, 비, 어떤 짐승이나 곤충들에게 아주 잠깐만이라도 '고맙다' 는 생각을 하여 보라고 하였다. 그리고 입으로 '고맙다'라고 하루에 한 번 씩 만이라도 뇌어 본다면 참으로 좋을 것이라고 하였다. 그리고 바람 따라 흘러가는 구름을 바라보고, 살랑 부는 바람에 흔들리는 나무꼭대기 잔가지에서 평안하고 아늑함을 느껴본다면, 다리가 아파서 절뚝거리는 친구나 눈이 안 보여 걷기가 불편한 친구의 옆에서 조용히 말을 걸어보고 그 사정을 들어본다면 분명히 세상에는 평화로운 기운이 가득해질 것이라고 하였다. 이렇게 쌓이는 것이 온 세상을 평화로운 기운으로 덮고도 남도록 하는 기운을 세워줄 것이다. 평화는 어려운 것도 대단한 것도 아닌, 그냥 평화롭게 살아가는 우리의 일상생활에서 낳고 자라고 열매를 맺는다.

- 2003. 4. 21

이혼 주례

최근에 우리 사회에는 이혼하는 사람들이 상당히 많이 늘어났다. 어떤 보도에 따르면 요사이 2년 동안 결혼한 사람들의 수와 이혼한 사람들을 비교하니 약 47% 정도가 이혼하였다는 것이다. 이 숫자는 물론 해석을 잘해야 한다. 최근 2년 동안에 결혼한 사람 중에서 그렇게 많이 이혼한 것이 아니라, 2년 동안 결혼한 숫자와 이혼한 숫자를 비교하여 보니 그렇다는 것이다. 황혼이혼이니 정년이혼이란 말이 나오듯이 서로가 맞지 않아서 결혼한 지 얼마 되지 않아 이혼하는 것이 아니라, 상당히 긴 기간 같이 살다가 말년이 되어 갈라지는 수가 많이 늘어났다는 뜻이다. 지금 40대 이상은 이혼이라는 것이 금기로 되어 있고, 별로 좋은 평판을 받지 못하는 시대에 결혼하여 사는 사람들이다. 그런데도 그들을 합하여 이렇게 많은 사람들이 이혼한다면, 앞으로 지금 20대나 10대처럼 이혼이라는 것을 사회에서 별로 이상하게 보지 않는 때 결혼한 사람들이 결혼생활을 할 때는 훨씬 더 많은 이혼이 발생할 수 있다는 것을 말해 주기도 한다. 결혼할 때는 누구나 오래도록 아름답고 행복하게 함께 살 것을 다짐하고 그렇게 맘먹는다. 그렇게 되기를 간절히 바라기도 한다. 어느 누구도 갈라서기를 희망하지 않고 기대하지도 않을 뿐만 아니라, 갈라설 것을 전제로 일을 꾸미지도 않는다. 사람이 정상으로 생겨먹었다면. 그러나 살다 보니 도저히 두 사람이 함께 살 수 없는 상황이 되었다거나, 아무리 맞추려 하여도 되지 않는다면 헤어질 수밖에 없을 것이다. 도저히 되지 않는데도 한 번 만났으니 영원히 함께 있어야 한다는 것도 무리이고 지옥에서 사는 것 같은 일이 될 수도 있다. 이럴때는 차라리 헤어져서 각자 새로운 아름다운 삶을 꾸미는 것이 낫다. 그런데 문제는 서로 갈라설 때 나타나는 일이요, 갈라서고 난 뒤에 남는 문제다. 이 두 가지 때문에 당사자들은 험하게 망가지고 깨질 뿐만 아니라, 우리 사회는 굉장히 깊고 넓은 저주와 원한의 기운으로 가득하게 된다. 이런 상황은 절대로 바람직한 것이 아니다. 그것을 극복할 길이 찾아져야 할 것이다. 그 길이 어디에 있을까?

그래서 나는 이혼주례를 깊이 생각한다. 한 4-5년 전부터 이에 대한 생각을 많이 하였다. 엄밀히 따지면 결혼이나 이혼은 기적이다. 그렇게 무수히 많은 사람 중에서 꼭 그 사람과 인연을 맺는다는 것은 우연인 듯 필연에 속한다. 그러던 사람들이 헤어진다는 것 역시 참 기적이다. 헤어지는 사람들이 많아졌지만 헤어지기까지 된 상황은 차마 말할 수 없는 어려움이 있었을 것이다. 가정에서는 대화가 있어야 한다고 하였지만 도저히 대화할 수 없는 상황으로 계속하여 밀려가기만 할 수도 있다. 아예 말을 하지 않고 조용히 갈라서려는 사람도 있겠지만, 대개는 상당히 심각한 위기상황까지 간다. 서로 폭력을 휘두르고 욕설을 퍼부으며 다시는 건너지 못할 강을 건너고 말 때가 많다. 상대방을 더 이상 용납하기 힘들 정도로 모욕감을 느끼는 상황에까지 간다. 그러다가 심지어는 상대방을 죽이는 수까지 있다. 간혹 오래 계획하여 이루어지는 수도 있지만, 대개는 계획된 것이라기보다는 갑자기 나타난 것일 수도 있다. 그러나 그 '갑자기'란 것이 결코 갑자기가 아닌 것은 누가 보아도 다 안다. 그 심각한 상황은 갑자기 일어난 것이라고 하겠지만, 그 상황이 일어나기까지 평상시에 있었던 것들은 결코 그렇지가 않다. 쌓이고 쌓인 것들이 갑자기 폭발하였을 것이 분명하다. 바로 이 부분을 말하는 것이다.

옛날에 비하여 이혼이 많아진 것을 어떤 사람들은 자유연애에서 나온 것이라고 보려는 경향도 있다. 옛날 서로 낯도 성품도 모르고 어른들의 결정으로 결혼할 때는 이혼이 없었는데, 요사이 제 맛에 맞는 사람을 골라 결혼하게 되니, 그 맛이 사라지거나 달라지면 쉽게 이혼하게 된다는 것이다. 그러나 사실은 그렇지가 않다. 옛날에야 이혼을 하면 특별히 여성에게 엄한 사회형벌이 가해졌기에, 죽으나 사나 그 모양으로 있었지만, 이미 맘으로는 몇 십 번씩 헤어진 것이 아니었던가? 그냥 몸만 그 안에 있었던 것이었다. 엄밀히 따지면 그러한 결혼은 형벌이요 고문이라고 할 수 있다. 그렇다고 고르고 골라서 자기 입맛이나 앞으로 나아갈 길에 도움이 될 것이라는 판단으로 결혼하는 것 역시 아름답지가 않다. 이 두 경우는 모두 정략결혼에 속한다고 할 수 있다. 그런데 아주 재미있고 자연스러운 결혼을 나는 홍명희의 작품 '임꺽정'에서 발견한다. 그 작품에는 많은 결혼이 있다. 상류층이나 양반들이 결혼하는 모습 몇 번을 제외하면, 일반 서민들의 결혼은 매우 자연스럽다. 어떤 계산이 없고, 전략과 작전이 없다. 그냥 우연히 만나서 서로가 맞을 것 같아서 주변 사람들의 축복을 받으면서 인연을 맺는다. 뻑적지근한 예식이 없다. 그냥 있는 그 모습에서 그들이 할 수 있는 만큼으로 만나고 부부의 연을 맺어 산다. 그래서 나는 가장 자연스럽고 원형에 가까운 결혼을 바로 홍명희의 소설 임꺽정에서 발견한단 말이다. 그렇게 본다면 지금처럼 상당히 많은 조건들, 형식들을 존중하는 지금의 결혼은 매우 타락된 것이라고 할 수 있다. 그 원형을 살릴 필요가 있다. 타락하고 소외되어 물화된 결혼은 뒤에 나타날 생활을 물화할 가능성이 높다. 가능하면 혼인의 과정부터 생생한 내용으로 가득 채울 필요가 있다.

이렇게 하다가 부부가 완전히 하나가 되어 부부라는 감정을 넘을 때가 되면 스스로 인연을 푸는 수도 있다. 예를 들면 유영모 선생 같은 경우 일정한 연령에 도달하였을 때 부인과 '해혼'을 하였다. 이혼이 아니라 부부의 연을 푸는 해혼을 하였단 말이다. 그렇게 하여 그분들은 나머지 생애를 오누이처럼 살았단다. 아주 괴이한 것으로 들리지만 세상을 상당히 많이 산 사람들에게는 그 뜻이 어디에 있는지 깊이 생각해 볼 필요가 있다. 이혼은 무서운 감정이 솟구치고 원한이 쌓이지만, 해혼은 부부를 넘어 새로운 남녀관계를 설정하는 고차원의 예식이라고 할 수 있다. 이것은 좀 더 논의할 필요가 있는 대목이라고 본다. 지금 문제는 이혼에 있다. 다시 말하지만 여기에서 이혼에 대하여 논의하는 것은 이혼이 좋다거나 나쁘다는 판단을 하자는 것이 아니고, 이혼해도 좋다거나 이혼은 절대로 안된다는 것을 주장하는 것도 아니다. 자꾸 늘어나는 이혼현실과 그 현실로 나타나는 갈등과 위기상황을 어떻게 하면 극복할 수 있는가에 관심이 있다.

몇 년 전 기독교 목사들이 모인 곳에서 무엇인가를 말할 기회가 있었다.

그 자리에서 앞으로 성직자들이 이혼주례를 하여야 할 것이라고 했다. 모두들 이상하게 생각하였을 것이고, 비웃었을지 모른다. 또 내가 신앙이나 도덕관이 희박하기 때문이라고 생각하였을 수도 있다. 물론 그럴 수도 있을 것이다. 그러나 나는 이혼이 좋다 나쁘다는 판단을 떠나서, 이혼율이 급격히 높아지는 현실, 이혼하기 때문에 나타나는 심각한 문제들을 볼 때 기왕에 나타나는 이혼을 좀 아름답고 평화롭고 낭만스럽게 진행시킬 필요가 있다고 느꼈기 때문이다. 앞에서도 지적하였듯이 47%에 달하는 이혼율이라면, 이제 이혼이란 것을 이상한 것으로 판단하거나 나쁜 것으로 볼 때가 지났다고 본다. 정상이라고 보기는 뭐하지만, 이상한 것으로 보기도 좀 이상스럽다는 말이다. 그러니 어떠한 일이 있어도 이혼을 통하여 사회 전체에 악한 기운이 가득하게 깔리고 채워지는 것을 막아야 할 필요는 있다. 우리의 위대한 스승들인 예수나 석가 같은 분들은 해방자와 평화실현자이지, 어떤 죄의 씨라는 것 때문에 사람을 꽁꽁 묶어두는 감금자가 아니며, 죄의 씨를 강조하므로 공포분위기를 조성하는 분들이 아니었다. 그분들이라면 이혼할 때 생기는 그 많은 저주와 원한과 갈등을 그대로 용납하였을까? 그렇지 않았을 것이다. 세상 사람들이 손가락질을 하는 몸을 팔아 살아가는 사람과 이사람저사람을 남편으로 맞아 살아갔던 사람들을 위로하고 해방한 분이 우리의 위대한 스승들이었다. 그렇다면 그를 따르고 믿는다는 사람들은 그 스승들의 전통을 이어받아 살 필요가 있다. 다시 말하면 성직자들은 어떤 교리나 도덕관에 의하여 만들어진 틀 때문에 오금을 펴지 못하고 살아가는 사람들, 그것 때문에 생긴 불평등으로 서러움을 겪는 사람들을 풀어주어야 한단 말이다. 나 같은 아무 것도 아닌 사람이 푸는 것보다는 교회나 사찰을 이끄는 목사, 신부, 스님이 그렇게 하고, 그것을 그 기관의 이름으로 공식 인정한다면 분명히 세상은 달라질 것이다. 그래서 그분들에게 요청한 것이었다. 그러나 아직까지 교회에서 이혼식을 하거나 어떤 목사나 신부께서 이혼주례를 하였다는 말을 듣지는 못하였다.

'이혼치료' 란 말이 나오기 시작하는 때다. 가정법률상담소를 통하여 이혼문제를 공공연하게 그리고 객관화하여 논의하기 시작한 것은 상당히 오래 되었다. 또 친척이나 친구 아니면 동료들과 이 문제에 대하여 이야기 하는 것은 더욱 흔히 있는 일이다. 이러한 과정을 지나는 동안에 이혼하는 사람들은 굉장히 큰 고통을 통과한다. 가슴에 굉장히 깊은 상처를 입는다. 인간성이 깨지고 망가진다. 사람의 품위를 잃어버린다. 고귀한 인품이 비천한 것처럼 보이고, 고상하였던 자태가 추잡스럽게 보이게도 된다.

이러한 일이 없도록 하기 위하여 우리는 이혼치료로서 이혼주례가 필요하다. 이것은 결혼주례처럼 형식으로 할 것이 아니다. 물론 결혼주례도 지극정성으로 하는 것이지만, 그것은 과정이 아니라 사랑의 결과를 맺는데 형식을 만들어 줄뿐이다. 그러나 이혼주례는 그것과는 너무 다르다. 어떤 식에 참석하여 무엇을 선언하고 몇 마디를 주는 것으로 끝나는 것이 아니라, 갈등과정을 어루만지고, 원한관계를 풀어주며, 퍼지고 싸이는 악한 기운을 묽히는 일이다. 분열에서 나타나는 쓸데없는 열과 폭풍을 막는 일이다. 사랑으로 맺은 혼인을 사랑으로 파혼하는 일을 돕는 것이다. 파혼을 조장하는 것이 아니라, 아름다운 두 사람이 새롭게 출발하게 하는 산파의 역할을 하는 일이다. 고귀한 품성이 망가지지 않고 그대로 고귀하고 고상하게 간직되게 하는 일이다.

그러기 위하여 우선 이혼에 대한 가치판단이 달라져야 한다. 한번 맺어진 것이 갈라지지 않고 그대로 이어져 있는 것이 좋다. 그러나 아무리 노력하여도 되지 않는 것을 그대로 붙어있으라는 명령은 잔인한 일이다. 어차피 안 되는 붙음이라면 평화롭고 소리 없이 사랑하고 축복하면서 갈라지게 할 필요가 있다는 말이다. 삶은 그 뒤에도 계속되어야 하며, 어떠한 경우가 되었든 사람은 행복해야 할 권리가 있고, 그 권리를 이행해야 할 의무가 사람들에게는 있기 때문이다. 이혼이 문제가 된다는 관례나 사회윤리, 종교 교리 때문에 이혼하는 당사자에 대한 판단뿐만 아니라 그들의 자녀들까지도 낙인찍힌 상태로 아파하면서 불평등 대접을 받으며 세상을 살아가야 한다. 이혼이 좋은 것이라거나 누구나 한 번 이상씩 이혼하여야 한다는 것을 주장할 필요는 없는 것이지만, 이혼이 나쁜 것이라고 하여 범죄로 보거나 부도덕한 것으로 보아서는 안 된단 말이다. 그것을 그냥 그런 사실로 보되, 그것이 일어날 때 어려움이 없도록 해야 한단 말이다. 그렇게 된다면 분명히 우리 사회에는 평화의 기운이 훨씬 더 많이 퍼질 것이 분명하다. 평화를 펼치기 위하여, 행복하고 아름다운 삶을 계속하기 위하여, 아무도 불평등 대접을 받지 않고 살기 위하여, 좋은 사람들이 망가져서 힘든 상태로 살아가는 것을 막기 위하여 우리는 이혼에 대한 생각을 새롭게 정립할 필요가 있다. 누군들 이혼이 좋아서 하겠는가? 어쩔 수 없어서 하는 그것에 낙인을 찍어 힘들게 살게 할 필요는 없다.

- 2003. 5. 24

시를 읽자는 건방진 생각을

　어렸을 때부터 내가 아주 부럽게 생각했던 사람은 김삿갓이었다. 시 한 수에 술 한 잔, 하룻밤 자고 사랑을 나눔에 시 한 수. 답답한 맘 시로 달래고, 세상을 뒤엎을 분노도 시 한 수로 처리하고, 하늘보고 껄껄 웃고, 궁궐 바라보고 오줌 내갈기듯 이런 저런 무서운 시를 싸대는 김삿갓. 그 방랑과 그 호방함과 그 섬세함과 그 재치와 그 슬픔과 그 해탈과 해학과 은유가 시 한 수로 응집될 때 그것이 참으로 부러웠다. 열두 대문 고대광실 부유함이 티끌처럼 보이고, 정승판서 높은 벼슬이 이슬처럼 시로 녹아 들 때, 그것 적어 허공에 날리고 흐르는 물에 띄워 보내는 그가 참으로 부러웠다. 그러면서 아직까지 밥값 대신에 시 한 수 적어 줄 용기 한 번 내보지 못했고, 치마폭을 물들여 성숙한 여인의 맘을 울리는 시 한 수로 유혹해 볼 맘도 먹어본 적이 없다. 시 앞에서는 공연히 내가 왕쪼다가 되어 주눅이 든다. 그러면서도 언젠가는 시를 써보겠다는 맘을 버리지도 못한다. 그러다가도 쓰지 못할 바에는 시원한 시를 읽기라도 했으면 좋겠다고 생각하기도 한다. 시원한 시와 내가 하나가 되는 황홀한 경험을 희망한다.

　고등학교 때는 흔히 소월시집이나 괴테시집을 한 권씩 책보 속에 넣어 다니곤 하였다. 그것이 유행인 듯이 보이기도 하였다. 읽을 때마다 이해가 되는 듯 어렵고, 어려운 듯 무엇이 가슴을 휘감는 느낌을 가질 때가 많았다. 이해 될 때는 내 속에 맺혀 있는 것이 풀리는 듯하기도 하다가, 막힐 때는 답답하여 숨이 헐떡거리는 듯이 느껴지기도 하였다. 어찌 되었든 시를 읽을 때는 깊은 어떤 못을 헤매는 듯, 높은 구름 위를 둥실 떠가는 듯, 지극히 큰 것을 만지거나 아주 작은 것을 느끼는 듯하였다. 이해되는 듯할 때 작가와 내가 하나가 되는 듯하고, 진리를 공동으로 소유하는 듯이 느껴지기도 하였다. 그럴 때는 기쁘기도 하다가 그가 너무 딱 들어맞는 해석을 하였다는 데 슬그머니 샘이 나기도 하였다. 그럴수록 점점 더 시를 가까이 두고 살면 좋겠다는 바램이 일기도 하였다.

　다행스럽게 내가 정기구독하는 잡지들이 심심찮게 시를 실어 보냈다. 옛날 '사상계', '씨올의 소리', '제삼일' 이 그랬고, 지금 읽는 '녹색평론', '풍경소리', '숫대문학', '창작과 비평', '작가마당' 따위에는 언제나 좋은 시라고 뽑힌 것들이 실린다. 그것을 조용히 읽어본다. 시마다 맛이 다르다. 어느 것은 도저히 무엇을 노래한 것인지를 알 수 없이 어렵다. 어떤 것은 그런 것을 읊었나보다 느끼게 쓴 것도 있다. 어떤 것은 이것도 시인가 할만큼 형식이나 내용이 낯설은 것도 있다. 또 어떤 것은 지나치게 시형식만을 갖추었을 뿐 시라고 인정하기에는 좀 어색하게 보이기도 한다. 그러나 시를 읽을 수 있는 기회를 그렇게 마련하여 주는 것은 참으로 다행스런 일이다.

　그러다가 시를 자주 읽을 기회가 있었다. 실천문학사에서 발행하는 어느 책에 글을 보냈다. 원고료를 주는 대신에 그 출판사에서 나오는 책을 보내면 어떻겠느냐는 질문이었다. 책으로 받기로 하였다. 그 뒤로 상당한 기간 책이 왔다. 그 중에 시집이 많았다. 내가 골라서 읽는 것이 아니라, 집으로 오는 시집을 읽으니 훨씬 폭이 넓어졌다. 참으로 고마운 일이었다. 전혀 이름을 들어보지 못하였던 시인의 시도 날아왔다. 정성이 부족하여 내가 찾아서 시집을 구하고 시인을 찾아서 글을 읽는 정도는 되지 못하였을 때 수시로 날아오는 시집을 통하여 끊임없이 시를 읽을 수 있는 기회를 나에게 주는 그 사건들은 내가 시를 가까이 하는데 큰 도움을 주었다.

그러던 중 요사이는 아주 특이한 시읽기를 충동하는 소식지가 날아온다. 두 주에 한 번 씩 우편으로 배달되는 최완택 목사가 만드는 '민들레교회이야기'와 홍승표 목사가 꾸미는 '회남교회' 주보가 그것들이다. 그것을 만들기 위하여 그분들은 얼마나 정성스럽게 시를 고르고 감상하는지 모른다. 특히 회남교회 주보에 실리는 시들과 간단한 소감은 맘을 차분하게 만들어 준다. 그가 시를 그곳에 싣기 위하여 얼마나 많은 시를 읽고 시집을 뒤지고 읽은 뒤에 그 때 그 때 오는 영감을 정리하는지 짐작하기 힘들만큼 정성을 쏟는 듯이 보인다. 그 일은 시를 쓰는 것만큼 깊은 정성을 드려야 하는 것이라고 느꼈다. 그것들을 읽으면서 아주 부러운 생각이 들기도 하였다. 그들이 가지는 시 감각이 얼마나 예민한 것인가를 짐작할 수 있기 때문이다. 나도 그런 시 감각을 가졌으면 좋겠다고 생각하기도 했다.

그래도 내가 시를 더 체계 있게 읽을 수 있다면 얼마나 좋을까 하는 생각을 버릴 수가 없었다. 나의 이런 맘을 젊은 청소년들과 함께 나누고 싶은 생각이 있었다. 어떻게 그것을 나눌 수 있을까를 생각하던 중에, 김명진 님이 아주 좋은 경험을 이야기하여 주었다. 그가 중학교에 다닐 때 어떤 선생님께서 아주 훌륭한 교육을 하신 것을 들려주었다. 특히 수업시간에, 매주 한 편의 시를 읽고 외우게 하였단다. 모든 학생들이 다 매주 시를 읽고 외워야 하였기에 힘들어하는 사람들도 있었겠지만, 그에게는 잊을 수 없는 선생님과 공부로 기억에 남는다는 것이었다. 그 선생님은 참으로 학생들에게 정성을 많이 쏟았던 모양이다. 생각이 출중하였고, 학생들에게 감동을 주는 행동도 많이 하셨던 모양이다. 바로 그 말을 듣는 순간 나도 내 강의를 듣는 학생들과 공동으로 시를 읽는 시간을 가져보자고 생각했다. 그 다음 주부터 즉각 실행하여 보았다.

내 모든 강의에 참석하는 학생들에게 자기가 좋아하는 시 한 편 씩을 다음 시간까지 적어오라고 하였다. 놀라웠다. 모두가 자기가 좋아하는 시를 가지고 있었다. 몇 사람은 외우기도 하였지만, 몇 몇은 그냥 좋아하기만 하는 수도 있었다. 몇 편의 시는 서로 좋아하는 사람이 중복되기도 하였지만, 그 폭이 매우 넓었다. 매 시간 강의가 시작될 때 한 사람이 한 편 씩 자기가 고른 시를 외우거나 읽게 했다. 그리고 나머지 사람들은 다른 사람이 고른 시를 외울 정도로 많이 읽고 오기로 하였다. 사람들 앞에서 시를 읽고 난 뒤 왜 그 시를 좋아하게 되었는지를 말하게 하였다. 일종의 시감상이라고 할까? 시를 읽은 소감이라고 할까? 역시 놀랐다. 탁월한 능력으로 자기가 좋아하는 시를 느끼고 있었다. 학기가 진행되는 동안 학생들은 시를 접촉하는 횟수가 늘어갔다. 그럴수록 기뻐하였다.

시를 더 많이 읽게 하고싶은 욕심이 생겼다. 아주 희한한 욕심이다. 학기가 끝나기까지 '김조년을 위한 시나, 그를 노래한 듯한 시'를 한 편 씩 골라오거나 직접 써오면 좋겠다고 주문하였다. 이것은 숙제는 아니지만, 숙제에 버금가는 아주 강한 주문이라고 하였다. 이 주문은 참으로 세고 어려운 것이다. 일단 나를 알아야 하고, 그에 맞는 시를 고르려면 상당히 많은 시를 읽되 골똘히 읽어야 한다. 설령 찾았다 하여도 꽉 들어맞는 것은 없을 것이다. 그냥 비슷한 것만을 고를 수밖에 없지 않을까? 나는 좀 긴장되었다. 내가 학생들에게 어떻게 비쳐졌는지를 알아볼 수 있는 좋은 기회가 되었기 때문이다. 생각한 것보다는 빨리, 그리고 많은 학생들이 그런 시를 골라왔다. 어떤 학생은 자신이 가지고 있는 나에 대한 맘을 다른 사람의 시를 빌어 표현하고 있었다. 일종의 선생에 대한 사랑의 표현이랄까? 그 시를 강의시간에 들을 때 나는 매우 감동하고 때로는 부끄럽고 고마웠다. 그 시를 통하여 나를 되돌아보는 시간을 가질 수 있었기 때문이다. 그 시들이 말하는 나를 살기를 힘쓰기로 맘을 먹어보기도 하였기 때문이다.

내가 읽고 듣는 시가 그냥 써진 것이 아니라는 느낌을 가진다. 읽는 이를 그렇게 감동스럽게 하는 그 힘은 그냥 써져서 나오는 것이 아닐 것이다. 많은 시인들의 시작노트나 시집을 낼 때 머리말이나 끄트머리말을 읽어보면, 시가 될 때도 있고 안 될 때도 있다는 것을 흔히 말하고 있었다. 시를 쓰는 것이라고 생각하고 있었는데, 시가 되고 안 되고 하는 말을 들으니 그것이 무엇인가 많은 의심이 들었다. 그런데 요사이 내가 쓰고자 하는 글, 무엇인가 써야 할 글이 있을 때 참으로 글이 안 되는 것을 여러 번 경험하였다. 도저히 한 줄도 써내릴 수 없을 때가 많았다. 써야 할 소재가 없어서가 아니다. 굉장히 많은데도 안 되는 것이었다. 나중에는 억지로 물을 짜듯이 고갈된 생각을 짜고 짜서 겨우 한 두 장 만들어 낸다. 그것은 별로 자신이 감동할 수 없는 글이 된다. 그럴 때는 다른 사람을 감동스럽게 할 수 있는 글이 되지도 않을 것이다. 나는 그렇게 쓰더라도 시인들은, 전문 시작을 하는 분들은 무엇 하나 사물을 보거나 사건을 보면 술술 시가 쏟아져 나올 것이라고 생각하고 있었다. 그런데 그것이 아니구나 하는 깨달음을 얻었다.

김지하 님의 회고록 '흰 그늘의 빛' 과 시집 '화개' 를 읽으면서 새롭게 알게 되었다. 그 많은 시를 써낸 그가 몇 년 동안 시가 전혀 써지지 않았다는 것, 그러다가 어느 때 폭포수 내려 쏟아지듯이 시가 쏟아져 내리든지 용솟음쳤다는 것, 그래서 그냥 받아 적기만 하면 곧 시가 되었다는 것이었다. 그 때 시는 쓰는 것이 아니라 받아 적는 것, 쏟아지는 것을 받아 내는 것, 용솟음치는 것을 그대로 흘러 넘치게 하는 것이라는 것을 알았다. 하기는 시뿐만 아니라, 어떤 칼럼이나 논문도 역시 자기가 쓰는 것이 아니라 받아 적는 것이라야 자신도 감동하고 다른 사람에게도 감흥을 주는 것은 사실이다. 그러므로 누구인가가 불러 줄 때까지 기다리고 기다렸다가, 푹 익을 대로 익을 때까지 기다렸다가 큰 소리나 아주 작은 소리로 불러 줄 때 받아 적는 감각이 필요하다. 그러기 위해서는 잡소리와 참소리를 구별하는 밝은 귀가 있어야 함은 물론이다. 시를 쓴다? 아니, 시를 받아 적는다는 것은 소리를 구별할 수 있는 예민한 감각이 없이는 불가능하다. 다시 말하면 귀와 맘이 맑고 밝아야 깊음으로부터 울려 나오는 소리를 들을 수 있을 것이다. 그러려면 역시 시를 쓰는 사람이나 어떤 형태의 글을 쓰는 사람은 아주 철저한 구도자의 자세로 살지 않으면 안 되는 것을 느낄 수가 있다.

그런데 이렇게 써진 시를 읽는 사람은 어떠하여야 할까? 시인의 맘으로 읽어야 할까? 그냥 내 맘으로 읽어야 할까? 아무리 내가 노력하여도 시인의 맘으로 읽을 수는 없을 것이다. 그렇다고 내 맘대로 읽는다면 그 시와 나는 동떨어진 것이 되고 말 것이다. 이럴 때 생각해 보는 것이 나와 시, 시인과 그 시의 관계를 곰곰이 따져보아야 하겠지. 일단 내가 시인이 되어, 시인의 맘이 되어 그 시를 읽어볼 필요가 있을 것이다. 그 때 그 시인은 그랬을 것이라는 상황으로 내가 들어가 보는 것이다. 물론 그 생각은 전혀 틀릴 수도 있다. 그러나 꼭 맞는 상황을 설정하고 그 속으로 들어갈 필요도 없다고 본다. 그렇게 되려고 노력하여도 되지 않는 것이기 때문이다. 그렇다면 시를 내 감각 속으로, 그 시인을 내 상황 속으로 데려올 수밖에 없다. 매우 편파스런 내 중심의 독서법이지만, 나로서는 그 방법 이외의 다른 것을 채택할 수가 없다. 그래서 나는 내 방식으로 시를 읽는다.

이번에 학생들과 매 시간 시를 읽으면서도 그러한 것을 느낀다. 생각 밖으로 학생들은 시를 좋아한다. 모든 학생이 다 자기가 좋아하는 시를 가지고 있었고, 그들 고유한 방법으로 그 시를 왜 좋아하게 됐는지가 분명하였다. 수첩이나 메모집에 좋아하는 시를 베껴 가지고 다니거나, 코팅을 하여 자주 읽는 사람도 있었다. 그들은 모두가 자기 방식으로 시를 읽고 이해하고 있었던 것이다. 그 방법과 기회가 듣는 사람들에게 감동을 주었다. 강의실에서 같은 강의를 듣는 비슷한 세대의 사람들이 공동으로 시를 읽다보니 자연스럽게 그들이 공통으로 좋아하는 시가 어떠한 흐름에 있는 것인가를 알 수 있다. 시를 읽는 행태를 통하여 세대를 이해하고 그 세대가 추구하는 맘의 흐름이 어떠할 것인가를 짐작할 수도 있을 것 같다.

우리나라 사람들이 시를 아주 좋아하고 아낀다고 흔히 말한다. 시집이 가장 많이 출판되고 가장 많이 읽히고 있다고 한다. 때때로 시집이 베스트

셀러 리스트에 오르는 나라는 그렇게 흔치 않다고 한다. 시와 함께 지내는 것이 우리들인 모양이다. 그런데도 우리의 삶은 시와 상관없이 매우 딱딱하고 껄끄럽고 거친 산문 같다. 왜 그럴까? 시의 세계, 시인의 마음, 시의 영혼을 잡지 않고 그냥 시만을 좋아하여서 그런 것일까? 그래서 그 시가 영혼 속으로 스며들지 못하고, 더러운 온갖 때로 코팅된 겉몸을 훑고 지나가기만 하기 때문일까? 시를 쓰는 사람도 읽는 사람도 맑은 영혼이 될 때 시는 그 힘을 나타낼 것이다. 시를 읽는다는 것, 그것은 단순한 독서가 아님을 안다. 영혼과 몸을 맑혀 샘솟는 근원을 만지자는 것, 영원을 지금 순간으로 끌어당기고, 지금을 영원으로 밀어 올리는 깊은 숨쉼이 아닐까? 엄밀히 따지면 시는 그 님과의 만남의 장소가 될 것이다. 시를 읽고 쓴다는 것은 그래서 님을 만나는 사건이라고 해야 옳을 것이다.

다시 말해보면 시, 그것은 영혼의 울림통을 통하여 나온 영혼의 소리다. 그 소리를 들을 때 잠자던 영혼이 잠을 깨고, 힘없어 맥을 추지 못하던 영혼이 새 힘을 얻는다. 한 동안 시를 체계 있게 읽는 것이 좋겠다고 느꼈다. 지난 한 해 동안 아침에 몇 사람이 모여서 공동으로 시를 읽었다. 그 시는 구약성서의 시편이었다. 물론 그것은 특정한 종교의 기도시 모음이지만, 필자와 그와 함께 살던 시대의 사람들의 공동의 기도시였지만 시대를 뛰어넘어 오늘까지 우리의 깊은 심령을 울린다. 한 해 그렇게 함께 읽고 묵상하면서 우리 영혼이 맑아지고 밝아지며 남모르는 은은함과 삶의 약동이 있음을 느꼈다. 복잡하고 힘든 일이 있을 때 맘 깊은 곳에서 솟아나는 든든함을 느낄 수가 있었다. 이상하게도 내 다리를, 내 뿌리를 견고한 대지에 깊이 박고 당당하게 서 있다는 것을 느낄 수가 있었다. 하늘을 날고 꿈을 꾸고 움을 틔우며 샘물을 솟구치게 하는 느낌을 가진다. 바다를 건너고 험산을 넘으며 태고의 원시를 헤매다가 다가오리라는 낙원의 미래를 그린다. 현실의 아픔과 괴로움을 또 다른 현실의 기쁨과 즐거움으로 바꾼다. 시를 읽을 때 이렇게 현실과 이상, 실상과 허상과 가상의 세계를 넘나들면서 나를 구성한다. 그렇다면 시 읽는 것을 생활로 하는 것이 필요하지 않을까? 하루에 시 한 편 읽자는 엉뚱한 제안은 그냥 엉뚱하기만 한 것일까? 시는 이런 것이다는 시, 시를 쓰려면 꼭 이렇게 써야 한다는 시, 시를 읽으려면 이렇게 읽어야 한다는 맘이 들 때까지 시를 읽는 것은 결코 헛짓은 아닐 것이라는 생각이 든다.

- 2004. 3. 26

달라이 라마 14세와 티베트

나는 한 사람을 생각하고 한 민족을 생각하면 생각할수록 슬프고 가슴이 아리게 아프다. 달라이 라마 14세와 티베트다. 특히 티베트 망명정부를 이끌고 있는 달라이 라마가 나이가 많아지면서 더욱 그런 생각이 든다. 그는 7월 6일로 70세가 되었다. 물론 이것은 내가 믿음이 부족한 탓이기도 하고, 특히 불교의 핵심교리인 윤회사상과 모든 것이 없음으로 돌아간다는 사상에 대한 확고한 믿음이 없거나 막연한 연민을 가지고 있기 때문인지도 모른다. 그렇다고 하더라도 슬픈 것을 어쩌랴!

인류가 지금까지 역사를 꾸려오는 동안 무수히 많은 권력이 나타났다가 사라지고, 사라졌다가 다시 살아나거나 새로운 모습으로 나타나서 번창하다가 햇빛이 난 뒤 사라지는 이슬처럼 없어지기도 하였다. 그러는 동안에 인류는 이렇게 지금까지 왔다. 물론 개인이나 어떤 권력체계뿐만 아니라 민족이나 나라도 마찬가지다. 나라라는 것이야 권력체계와 언제나 연결이 돼 있는 것이기 때문에, 권력이 바뀌면서 나라를 구별 짓는 경계선이 잔잔한 호수의 물결처럼 변하였지만, 그 나라들을 구성하는 민족, 종족이라는 것은 그렇게 쉽게 사라지지는 않았다. 물론 그것도 나라의 이름이나 종교의 이름으로 섬멸작전에 희생된 것들도 많았다. 그래서 상당히 많은 수의 종족들이 이 지구상의 인류사회에서 사라졌다. 사람들이 작정하여서든 아니면 자연스런 현상으로든 이러한 일은 앞으로도 계속하여 일어날 것이며, 그것은 전혀 새로운 현상이 아님도 분명하다. 어떤 특정한 종족이나 민족뿐만 아니라, 인류 자체의 종말도 언젠가는 있을 것이다. 한 번 생긴 것은 사라지는 것이 원칙이라면 인류라고 하여 영원히 이와 같은 영장으로 존속하리라고 장담할 수 있는 것은 아니기 때문이다. 어떤 학자들이 주장하는 바에 따르면, 인류의 출현이 가장 짧은 역사 속에서 이루어진 것이기에, 그 사라짐 역시 가장 먼저 이루어질 것이라고 한다. 다시 말하면 모든 생물들 중에서 가장 역사를 짧게 가지는 것이 될 것이란 주장이다. 그런데도 티베트를 생각하면 슬프다.

티베트의 달라이 라마 제도는 참으로 묘하다. 이해할 수 있을 듯 어렵고, 이치에 맞지 않는 듯하여 이해하기 아주 어려우면서도 매우 탁월한 제도 중의 하나라고 생각이 된다. 모든 제도는 다 사람이 만들어 낸 것으로, 그것을 만들어 낸 사회와 문화와 사람들을 반영한다. 몽고말로 "지식과 지혜의 거대한 바다"라거나 "넓고 넓은 세계바다의 선생"이라는 뜻을 가진 달라이 라마(Dalai Lama)가 티베트의 종교(정신)와 정치(생활)를 책임지는 핵심과 기둥과 지붕과 바탕의 구실을 한 것은 14세기 때부터다. 첫 달라이 라마 였던 겐뒨 드룹(1391-1475)부터 쳐서 지금 살아 있는 달라이 라마까지 모두 14명이 그 자리를 자치하고 있었다. 지금 그 자리에 있는 달라이 라마가 세상을 떠나면, 그가 다시 태어난다는 윤회사상에 따라서, 그가 죽은 무렵에 태어난 아이들 중에서 그의 뒤를 이을 달라이 라마를 찾는다. 꿈과 글과 예언과 무당의 점지와 학문상의 토론과 많은 징표를 통틀어서 달라이 라마 모시는 위원들은 온갖 정보를 다 동원하여 찾는다. 그렇게 찾아진 아이들을 중앙으로 데리고 와서 아주 복잡하고 다양한 시험방법을 통하여 그가 세상을 떠난 달라이 라마가 다시 태어난 사람임을 결정한다. 그렇게 결정되면 그 어린 아이는 특정한 절차를 거쳐서 달라이 라마로 즉위한다. 4-5세밖에 되지 않는 어린아이이기 때문에 아무 것도 모르는 철부지 아이에 불과하지만, 그는 티베트 사람들의 모든 정신(종교)생활과 정치와 경제와 일상생활을 규정하는 상징존재가 된다. 그러나 그가 승왕이 되었기 때문에 특별하게 대접을 받기는 하지만, 교육과 훈련과 수양을 게을리 해서는 되지 않는다. 아주 엄격하고 강한 훈련을 통하여 달라이 라마가 갖추어야 할 최고의 교육과 덕목을 쌓아야 한다. 그렇게 하여 성인이 되었을 때, 즉 스스로 결정하고 판단할 수 있을 때 모든 권력을 받아서 행사하게 된다. 그러기 이전까지는 그는 그냥 훈련과 교육과정에 있는 자라나는 어린 아이 달라이 라마에 불과하다. 그를 대신하여 정치와 행정과 생활은 원로위원회를 중심으로 이루어진다.

실제 상황을 자세히 보면 어떠할지 모르지만, 이러한 제도는 티베트가 어떤 유명한 가족이 혼자서 왕통을 받아 지배하는 전제주의도 아니고, 서로가 왕이 되려는 권력싸움으로 왕을 세우고 없애는 것도 아니면서, 상당히 긴 기간을 한 사람에게 권력과 영권을 집중시키는 묘한 것이었다. 이미 권력의 자리에 앉기 전에 상당한 부분 권력구조와 관계를 맺고, 자기 자신이 어떤 정치를 하여야 한다는 의지를 가진 뒤에 권좌를 가지는 것과는 너무 비교가 되는 제도다. 자기 의사와 상관없이 달라이 라마에 오르고, 오른 뒤에 어떤 인격과 덕망을 가지며 어떤 정치를 펼쳐야 하는 것인가를 배우는 제도. 그래서 그 배운 바에 따라서 일생을 움직이는 묘한 제도다. 그는 그렇게 살도록 다른 사람에 의하여, 제도에 의하여 결정된 것이다. 그는 모든 권력으로부터 자유로울 수 있는 가능성을 가지고 출발한다. 자기 의사와 상관없이 된 것이기에, 어느 편에 빚을 지고 있는 것이 아니기 때문이다. 물론 그가 후계를 결정하는 것도 아니기에, 그러니까 현존하는 달라이 라마가 다음 달라이 라마 선정에 어떤 영향을 주는 것이 아니기 때문에, 그 선정과정은 어느 제도에 뒤지지 않게 합리성을 띈다. 다만 교육과정에서 여러 가지로 그가 승왕으로 구실을 놀 방향이 만들어지는 것이긴 하지만, 제대로 교육을 받은 뒤라면 상당히 많은 부분을 독립된 입장에서 자기의 사상과 정책을 펼칠 수 있는 위치를 가지게 된다. 사람은 꼭두각시가 아닌 이상, 또 약간만 성찰하는 자세를 가지기만 한다면 어떠한 철저한 교육방법도 자유의지가 말살된 영혼 없는 막대기로 만드는 법은 없다. 교육은 상호교호작용이기 때문에, 어떠한 철저한 주입교육도 교육자의 의도와 다른 방향으로 학생이 성장하고 발전할 수가 있다. 의도하지 않은 결과가 나올 가능성은 얼마든지 있는 것이다. 그렇다면, 교육을 오래도록 담당한 사람들이라면 무모하게 꼭두각시를 만들려는 노력을 하지는 않을 것이다. 어린이가 가지고 있는 속성을 제대로 펼칠 수 있게 돕는 보조자의 구실로 끝날 것이다. 물론 승왕이 되어 달라이 라마의 최종 결정에 따라서 나라가 운영되기까지는, 그러니까 어린 달라이 라마가 교육을 받는 동안에는 원로들의 집단정치과정을 통하여 집행이 된다. 그러므로 티베트는 상당히 긴 기간을 절대권을 가진 한 사람과 협의를 하는 원로집단의 통치를 번갈아가면서 실행하여 왔던 나라다. 통치권을 가진 달라이 라마가 있는 동안은 그가 정치 결정의 책임자이지만, 그가 죽은 다음부터 새로운 달라이 라마가 책임을 질 수 있는 기간까지 약 근20년에 가까운 기간은 집단지도체제라고 보아야 한다. 그러니까 한 사람과 여러 사람으로 구성된 협의체가 번갈아가면서 통치하는 아주 묘한 제도라고 보아야 한다.

지금 달라이 라마 14세는 1935년 7월 6일 북부 티베트 암도라는 지역의 작은 마을에서 농부의 아들로 태어났다. 영리하다는 소문이 난 그에게 어느 날 수도 라사에서 특사들이 왔다. 달라이 라마 선정위원회에서 보낸 특사들이었다. 몇 가지 간단한 테스트를 한 뒤, 그들은 그를 라사로 데리고 간다. 그곳에서 몇 명 되는 달라이 라마 후보(대상자) 어린이들과 만나서 함께 놀고 시험을 치른다. 여러 가지 시험을 거쳐서 그가 바로 별세한 달라이 라마 13세가 다시 태어난 사람이라고 결정된다. 그 때부터 그는 어머니 아버지가 지어준 이름이 아니라 승려가 된 뒤에 가지는 이름 텐진 갸초가 된다. 그래서 그 라마승 텐진 갸초는 네 살이 조금 넘은 1940년 2월 22일에 티베트를 책임질 달라이 라마 14세로 즉위하게 된다. 그 이전에 있었던 달라이 라마들이 환생한, 인카네이션(incarnation)한 새로운 달라이 라마 14세는 개인으로 보면 농부의 아들이요 동승 텐진 갸초지만, 공인으로서의 그는 당시 티베트를 상징하고 티베트 역사를 이어나가는 상징존재, 상징기관이요 제도가 된다. 그 한 사람 안에 티베트의 정신과 삶, 역사와 현재와 미래가 응집되어 있다고 보아야 한다. 그러기에 그는 개인이면서 전체요, 지금 살아있는 존재이면서 과거와 지금과 미래를 연결하여 사는 실체다. 그것들이 지금 그 몸 속에 응집되어 있는 것이다. 다른 말로 하면 그는 그가 낳기 이전부터 있었고, 지금도 있고, 그가 사라진 다음에도 있을 그런 존재다. 그런 그가 15세가 된 1950년에 완전히 권력을 부여받는다. 그러기 바로 한 해 전에 중국은 공산주의 혁명이 성공한다. 그 힘으로 중국의 붉은 군대는 티베트를 점령한다. 티베트를 "외국세력으로부터 해방"한다는 명목이었다. 그 당시 티베트에는 외국인이라고는 모두 6명밖에 없었다. 그 중 2명은 잠시 왔다가 가는, 히말라야 산을 오르려는 오스트리아 출신 등산가였다. 티베트 사람들은 어떤 외국세력으로부터 티베트를 해방한다는 것인지 이해할 수가 없었다. 정식으로 권력을 받아서 티베트의 개혁을 선언한 달라이 라마 14세의 정책은 전혀 실현될 수가 없었다. 농민들이나 일반 시민들이 과거의 봉건 지역영주들로부터 해방이 되며, 정치체계는 민주주의로 할 것을 선언하였지만, 중국군의 점령으로 그 개혁정책은 실현 될 수가 없었다.

중국인들에게 억압을 받던 티베트인들은 독립운동을 벌였다. 시내에서 마을에서 산에서. 그렇게 할수록 중국정부의 압력은 강화되었고, 갈등은 심화되었다. 물론 처음 달라이 라마는 공산주의 이론에 매우 좋은 감정을 가졌다. 그러나 공산주의 중국정부의 실현과정에서 그는 많은 실망을 느낀다. 특히 1954년에 베이징을 방문하여 마오쩌둥과 만나 대화할 때, '종교는 아편이다' 는 마오쩌둥의 말을 마지막으로 달라이 라마는 중국정부와 함께 할 수 없음을 직감한다. 끊임없이 일어나는 독립투쟁으로 중국정부와 아주 심각한 갈등관계에 놓였던 1959년 중국정부는 티베트의 수도 라사에 많은 군대를 파견하였다. 티베트 시민들은 포탈라 궁전에 몰려들었다. 그것은 달라이 라마를 반대하기 위하여서가 아니라, 그를 중국군이 압송하지 못하게 하기 위하여서였다. 운집한 티베트인들 사이를 달라이 라마는 옷을 바꿔 입고 긴장 속에서 탈출한다. 국경을 넘어 인도령에 도착한다. 그 때 네루 수상은 달라이 라마가 있을 곳을 마련하여 주었고, 그 자리가 지금까지 티베트의 망명정부와 망명자들이 사는 곳 달람살라다. 이렇게 하여 그는 나라와 백성을 잃고 객지생활을 하는 망국한이 된 것이다. 그의 나이 이제 70이다. 많은 사람들은 그의 평화로운 삶, 사람들에게 행복한 삶을 사는 방법을 가르쳐주는 훌륭한 교사로서의 삶 70년을 축하하고 치하하였다. 그러나 그 잔치를 받는 그의 심정은 어떠하였을까?

중국정부는 티베트에 이주정책과 인구정책을 펼치기 시작하였다. 물론 티베트를 개발하여 살기 좋은 땅으로 만든다고 많은 개발정책을 편 것도 사실이다. 그러나 학교 교육은 중국식이다. 티베트말을 공식으로 가르치지 않는다. 원래 상당히 다양한 말을 쓰던 그들은 이제는 중국말 하나로 통일하여 써야 하는 압력을 매일 받고 있다. 인구억제정책으로 산아제한을 실시하는데, 그것 역시 티베트 지역에도 공통으로 통용된다. 그 규정에 넘는 아이를 낳을 경우에는 아이를 물에 띄우거나 던져버린단다. 다른 방법으로 아이들이 살 수 없게 만든다고 티베트 사람들은 믿고 있다. 젊은 부인들에게 강제로 불임수술을 받게 한다. 또 한 가지는 인구 이주정책이다. 상당히 많은 혜택을 붙여서 한족들이 티베트 지역으로 옮겨 살 것을 권장한다. 처음에는 중국정부에 반항하거나 어떤 잘못을 저지른 사람들을 죄를 더 이상 묻지 않는 조건으로 그곳으로 옮겨 살게 하였었다. 지금은 티베트인 600만

명에 중국에서 이주해온 사람들이 650만 명에서 700만 명이 될 것이라고 추산하고 있다. 인구수로 보아도 티베트인들은 열등한 관계가 되었다. 물론 점령된 지역에 사는 사람들로서 좋은 대접을 받고 살기를 기대하는 것은 불가능할 것이다. 독립전쟁을 일찍이 포기하였고, 더 이상 싸움 없는 사회를 갈망하면서 티벳트 지역의 자율과 자치를 주장하는 달라이 라마 망명 정부의 요청도 매우 실현가능성이 없게 됐다. 다시 말하면 티베트의 고유한 나라형태로 운영될 수 있는 가능성은 사라졌다는 점이다. 이미 그곳에 정착하여 살기 시작한 중국인들의 운명 역시 남에 의하여, 정부정책에 의하여 지워진 것이기에 거기에는 역시 소외된 인간, 억압된 인간이 사는 저주받은 땅이 되고 말았다. 1989년 달라이 라마는 티베트 독립을 주장하는 조직에게 무장해제와 평화로운 방법으로 살 것을 선언하고 요청하였다. 그렇게 하여 사실상 달라이 라마는 티베트의 독립을 포기하였다고 해야 할 것이다. 그렇게 하는 것이 티베트인들의 희생을 최소화하는 길이며, 오래도록 평화롭게 살 수 있는 길을 보장하는 것이라고 보기 때문이다. 많은 사람들은 그에게 티베트의 수도 라사로 돌아갈 것을 요청하거나 권유하고 있다. 그것도 그는 사실상 거절한 상태다. 그것은 그 자신의 어려움을 생각해서라기 보다는, 그렇게 할 경우에 상당히 많은 티베트인들이 피를 흘려야 하는 어려운 투쟁이 일어날 수밖에 없을 것이라는 판단에서다. 그는 개인이 아니라, 티베트를 몸에 담은 상징존재로서 실재한다. 그는 겨우 10만 명 정도 되는 망명자들과 함께 빌린 땅에서 살 수밖에 없다. 그를 기다리고 따르는 티베트 지역에 살고 있는 티베트인들은 그이의 사진을 가지는 것까지도 위험을 느껴야 하는 상황에서 산다.

그는 이제 70이 된 젊지 않은 사람이 됐다. 그의 평화사상과 행복을 찾는 일상생활과 자유롭고 단순하게 사는 방법의 실현으로 무수히 많은 지지자들을 전 세계에 확보하고 있다. 심지어는 투쟁방법으로 단식하는 것까지도 자기 자신에 대한 폭력이기에 거부하는 그는 완전히 비폭력과 평화롭게 서로 도우면서 사는 티베트의 자치를 꿈꾼다. 그것을 위하여 2002년 9월부터 중국정부와 대화를 시작하였지만, 커다란 진전은 없다. 그는 자유로운 티베트가 되면 승려로 살기만을 희망하였다. 정치권력은 다른 나라에서 하듯이 정치전문가들의 몫으로 돌리겠다고 하였다. 그러나 그가 돌아가기 전에 죽는다면, 또 다른 달라이 라마는 누구를 통하여 환생할 것인가? 아프리카에? 아메리카에? 유럽에? 티베트에? 어쩌면 그는 자기가 마지막 달라이 라마가 되지 않을까 미리 짐작하고 있을지도 모른다. 다시 환생하지 않는 달라이 라마! 그래서 승왕이 없는 티베트. 그러나 평화롭게 사는 것을 강조하는 사람이 사라진 다음에도 그렇게 살아갈 가능성이 얼마나 높은지는 아무도 모른다. 이제는 인구분포상 독립되어도 섞인 티베트요, 완전 자치지구를 만든다고 하여도 고유한 티베트인만으로는 불가능하게 되었다. 거대하게 밀려드는 중국인의 밀물에 밀려서 티베트인들은 아메리칸 인디언들처럼 소수, 보호받는 종족으로 유지될 것인가? 박물관에서나 찾아볼 수 있는 사라진 종족으로 기억에만 있을 것인가? 함께 섞여서, 모두가 희생자라는 맘으로 사이좋게 살 것인가? 인종 간에 씻을 수 없는 갈등으로 죽고 사는 싸움을 벌이면서 살 것인가? 달라이 라마라는 제도는 생존할 것인가? 그가 어디에서 언제 누구로 다시 태어날 것인가? 그의 시간과 함께 티베트의 문화, 인종, 정치, 종교가 함께 더 이상 회생할 수 없는 상황으로 빠질 것인가? 지금 살아 있는 사람 중에서 가장 존경받는 지혜 있는 사람으로 추앙받는 그이의 그 위치가 티베트 독립이나 자치정치를 보장받는데 얼마나 도움이 될 것인가? 세계의 어느 나라 지도자보다도 더 많은 여행을 하고, 더 많은 친구를 사귀며, 더 많은 텔레비전이나 라디오와 신문을 통하여 자기 사상과 현실을 펼쳐서 지지자를 확보하기는 하지만, 과연 그것이 티베트의 독립이나 자율권을 확보하는 데 얼마나 많은 도움이 될 것인가? 세계 어느 나라 정부도 티베트 망명정부를 공식으로 인정한 적이 없다. 그는 그냥 개인자격으로 입국하고 출국하며 세계의 유명한 사람들을 친구로 사귀면서 지낸다. 그러나 망명정부의 수반으로 대접한다는 것은 아니다. 그만큼 중국의 눈치와 입김이 무서운 국제정치세계다. 죽은 마오쩌둥이나 주은래 또는 덩샤오핑이 티베트의 가난한 농부나 나무꾼의 아들로 환생할는지? 아니면 티베트의 한 창녀가 베이징 정부의 권력 핵심에 앉는 사람으로 환생할 것인지? 그래서 정말로 서로 살리는 정치와 삶을 살아갈 것인지? 그것은 아무도 모른다. 그러나 늙어가는 달라이 라마, 그의 정치와 사상을 티베트에 고유하게 펼칠 수 있는 가능성이 시간이 흘러가면서 점점 더 줄어드는 상황, 점점 더 평화를 갈망하는 종교와 민족이 사라질 위기에 있다는 사실, 폭력과 억압이 자율과 평화와 행복을 눌러버린다는 암담한 현실 앞에 내 맘은 슬퍼하지 않을 수 없다. 선은 사라지고 억압받으며, 악은 창궐하고 번창하듯이 보이는 현실 앞에서 믿음 없고 조급한 나는 슬픔에 빠진다.

- 2005. 7. 19

작은 촛불 하나

　촛불 하나를 생각할 때, 지난 8월에 있었던 두 일을 머리 속에 떠올린다. 하나는 2005년 8월 6일 자신이 설립하고 60년간 이끌어온 떼제(Taize')공동체에서 보통 때와 마찬가지로 기도회를 가지던 중 한 여인의 칼에 찔려 사망하게 된 로저 슈츠(Roger Schutz-Marsauche)요, 다른 하나는 비슷한 시기에 미국 대통령 조지 W. 부시의 텍사스 농장 앞에서 그를 만나기를 기다린 신디 쉐한(Cindy Sheehan) 부인이다.

　1. 로저 슈츠는 스위스에서 1915년 스위스인 개혁개회의 목사인 아버지와 프랑스인 어머니 사이에서 태어났다. 25세가 되던 1940년에 그는 어머니의 고향인 프랑스로 자전거를 타고 갔다. 그는 이웃사랑과 평화와 화해를 모든 종교의 울타리를 뛰어 넘어 실현할 수 있는 길을 찾아서 헤맸다. 자전거 여행을 통하여 공동으로 기도하며 찾아오는 손님들을 친절과 기쁨으로 맞이하면서 살아갈 수 있는 집을 찾았다. 그가 찾던 곳이 바로 Burgund 지역에 있는 작은 마을 떼제였다. 그곳에서 그는 같이 살 사람들을 찾았고,

나치가 극성을 부릴 때는 쫓기는 유대인을 숨겨주기도 하여 고통을 받기도 하였다. 그러던 중 1947년에 일곱 명이 공동생활할 것을 결의하고 공동체를 만들었다. 모든 사람을 하나같이 사랑하는 공동체, 결혼하지 않은 남성 공동체로서 단순하게 살되 노동과 기도를 핵심으로 하였다. 남이 주는 돈을 받지 않고, 자기들 손으로 스스로 무엇인가를 만들어 먹고 사는 생활을 하였다. 그러면서 특별히 청소년들을 좋아하였다. 아마도 어른들에 대한 교육에서 희망을 가지지 못하였기 때문인지도 모른다. 아주 조용하면서도 은근하게 떼제의 사랑과 평화의 빛은 전 세계에 퍼졌다. 시간이 지나면서 세계에 알려졌다. 특히 매년 있었던 청소년 캠프는 매우 유명하였다. 떼제 공동체를 다녀간 청소년들은 몇 십만 명이 될 것이다. 그곳을 방문하였던 사람들 중 많은 수는 그들의 단순한 생활과 평화롭고 사랑스런 생활과 단순하면서도 아름다운, 가슴 깊이 파고들어 피곤한 영혼을 만지는 노래를 통하여 각자 자기 속에 이미 간직하였던 촛불 하나씩을 당기고 갔을 것이다. 거대한 종교조직의 권력체계에 버릇된 사람들에게, 교리가 주는 문자에 목숨을 거는 사람들에게 단순한 그들의 삶은 참 삶, 진리를 따라서 사는 삶이 무엇인가를 알려 주었을 것이다.

떼제의 삶의 핵심과 비밀은 공동생활이다. 혼자서가 아니라 공동체를 이루어 사는 삶이다. 물론 그렇다고 하여 어떤 전체주의나 독재체제에서 사는 것 같은, 외부의 명령이나 억압에 의한 강제공동체가 아니라, 자기 속에서 나오는 자기확신에 따른 자율과 자발성을 핵심으로 하는 공동생활이다. 떼제가 주장하는 것은 비폭력 평화로운 삶이다. 물론 로저 슛츠가 폭력에 의하여 암살된 것은 매우 모순이라고 생각할 수도 있다. 그러나 비폭력

평화를 숭상하고 주장하며 살아간다고 하여 폭력 밖에 사는 것은 아니다. 어떠한 상황에 있든지 그들 자신은 스스로 비폭력과 평화를 사는 것이 중요하다. 그런 의미에서 로저 슛츠를 보내는 장례예배에서 떼제의 형제들은 그를 칼로 찔러 죽게 한 여인을 위하여 기도하였다. 그녀에게 과한 판결이 내려지지 않기를 바랐지만, 동시에 '그녀를 용서하여 주세요. 그녀는 자기가 한 일이 무엇인지 모릅니다' 라고 기도하였다. 공동으로 기도하고, 노래하고, 사는 것을 통하여 생명의 근원, 자비와 불과 사랑과 빛인 궁극 존재와 하나 되기를 희망하였다. 그것들의 근원을 경험하고 자기 삶에 담고 이웃에게 전달하려는 맘이 그곳을 방문하여 며칠을 지난 사람들에게는 생겼다. 그렇게 하여 생명을 충전하거나 그릇에 담고, 아니면 생명의 근원과 끊이지 않고 연결되는 길을 찾고 일상생활로 돌아갔다. 이것은 바로 로저 슛츠 형제가 위대하여서가 아니라, 그만이 사랑과 생명의 근원과 빛을 받아가지고 있어서가 아니라, 그가 받은 사랑과 생명의 빛을 다른 모든 사람, 당신이나 내가 똑같이 받아 가지고 있다는 것을 말한다. 누구인가 그곳에서 자기 진정한 집과 같이 느꼈다면, 평안함과 삶의 활력을 느꼈다면, 그 사람 속에 이미 들어 있는 그 근원과 그것이 만났다는 것을 뜻한다. 중요한 것은 한 가지다. 그곳에 가야 빛을 받고 사랑을 얻으며 생의 활력을 얻을 수 있기에, 그곳에 자주 가서 새물을 받아와야 한다는 것이 아니다. 그것은 마약과 같은 성격이다. 그것이 아니라 당신이나 나 자신 속에 이미 그것의 근원을 가지고 있고, 그 근원과 접촉할 수 있는 길이 주어졌다는 점이다. 다만 필요한 것은 그것을 의식하고 연결코드를 찾는 일이다. 그것을 찾기 위하여 한 두 번 그런 기관을 찾을 필요는 있을 것이다. 배우기 위하여. 일단 배운 다음에는 자기 속에 있는 거룩한 장소에서 거룩한 빛을 밝힐 필요가 있다. 로저 숫츠가 그렇게 살았다면, 그가 아닌 다른 누구도 그렇게 살 수 있는 가능성을 가지고 있다는 것을 인식할 필요가 있다. 그는 단순히 사랑과 평화롭게 사는 길 하나를 보여주었을 뿐이다. 또 다른 길은 지금을 살고 있는 우리들이 스스로 찾고 살아야 할 뿐이다.

2. 미국 대통령 조지 W. 부시가 취임한 이래 전 세계는 평화냐 전쟁이냐 하는 것을 선택하고 생각하여 보는 갈림길에 놓일 때가 많았다. 뉴욕시에 서 있는 세계무역센터가 공격받았을 때 입은 충격과 미국 시민의 자존심의 손상을 회복하는 길을 이런 저런 것에서 찾으려고 하였을 것이다. 그 중 하나가 자기들을 공격하는 세력이나 위험을 준다고 판단되는 세력을 완전히 박멸하는 것이라고 생각한 듯하다. 그래서 나온 것이 이른바 테러와 한 판 승부를 가리는 전쟁이었다. 많은 사람들이 지적하듯이 테러는 전쟁으로, 맞대응하여 싸움으로 해결되는 것이 아니라고 하였지만, 부시는 대상세력에 대한 섬멸전쟁을 선언하고 치루었다. 그것이 바로 아프가니스탄 탈레반 정권과 알카에다 세력이요, 이라크의 사담 후세인을 중심으로 하는 세력이었다. 이 두 지역에 대한 전쟁은 약간의 성격은 다르지만, 미국의 자존심에 흠집을 냈다는 것에 대한 보복을 통한 회복전쟁이었음이 분명하다. 그러나 그런 보복전쟁으로 결코 테러나 보복테러가 사라지지 않을 것이라는 것은 너무나도 밝고 밝다. 그런데도 부시는 그 일을 하고 말았다. 물론 아프가니스탄을 공격할 때는 유엔을 통하여 많은 나라의 도움과 인정을 받았지만, 이라크를 공격할 때는 영국을 자기편으로 얻었을 뿐 거의 단독전쟁이라 할 만 하였다. 세계의 지성들은 무의미한 전쟁을 중단할 것과 다른

나라들이 그 전쟁에 참여하지 말 것에 입을 모았다. 이른바 이러한 무의미한 전쟁에 이라크 시민들이 많이 희생된 것은 말할 것도 없지만, 그 전쟁에 참여한 미국의 젊은이들 역시 예상 외로 희생이 많았다. 이 희생자에 신디 쉐한 부인의 아들도 들어 있었다. 정부와 정치가들이나 "악"을 몰아내기 위하여 필요한 전쟁이었다고 주장하는 사람들의 말이 당신 아들을 잃은 사람들에게는 전혀 이해가 되지 않았다. 대통령은 '위대한 미국'을 위하여 영웅처럼 사라져간 그들을 칭송하였지만 의미가 없는 것은 없는 것이었을 뿐이다. 이 때 신디 쉐한 부인이 대통령 부시로부터 직접 당신 아들이 왜 그 무의미한 전쟁에서 목숨을 잃어야만 했는지를 듣고 싶다고 나선 것이다. 휴가를 즐기는 대통령의 텍사스 농장 앞에서 기다리고 기다렸다. 거기에서 만나주지 않으니 다시 워싱턴 백악관 앞에서 기다리고 기다렸다. 많은 사람들이 함께 참여하기도 하였고 언론들이 보도하기도 하였다.

그 사람 이외에 누가 그러한 물음을 던질 수 있을 것인가? 그는 조직하거나 집단을 이루지 않고 혼자서 사랑하는 당신의 아들의 무의미한 희생의 의미를 알고 싶어 하였다. 내가 보기에 그것은 무수히 많은 사람들의 시위나 아주 유명하다는 사람들의 성명이나 주장 보다 훨씬 더 적절하고 용기 있는 행위였을 뿐만 아니라, 우리 양심을 파고드는 호소였다고 생각한다. 아직까지도 대통령은 그에게 직접 답을 주지 않고 있지만, 언젠가는 꼭 해주어야 할 숙제다. 또 그러한 무모한 짓을 한 사람을 다시 대통령으로 뽑아준 미국의 시민들, 특히 신앙양심을 가지고 있다는 보수경향의 교회지도자들의 양심을 깨우는 질문이 될 것이다. 신디 쉐한의 가냘픈 촛불 하나는 두고두고 사람들 속에 있는 촛불에 불을 밝힐 것이 분명하다.

3. 우리들의 세계역사에서는 무수히 많은 전쟁과 공격이 있었다. 그것을 통하여 얻은 것은 이루 헤아릴 수 없는 귀한 생명의 손상이었다. 전쟁을 통하여, 특히 식민지쟁탈 전쟁을 통하여 무수히 많은 사람들이 자유인에서 노예로 팔렸으며 떨어졌다. 인격을 가진 사람에서 갑자기 아무 것도 아닌 것, 움직이는 막대기로 전락하였다. 시간이 가면서 그것이 제도로 틀을 잡았다. 그러니 자연스럽게 불행하게 노예로 잡힌 사람들의 후손들은 노예로 태어나고 인격 없는 존재로 살 수밖에 없었다. 무수히 많은 노예해방전쟁과 운동이 있었지만 그 뜻을 이루지 못하였다. 가장 많은 식민지를 가졌던 영국과 아프리카에서 흑인을 마구잡이로 사냥하여 온 미국의 백인사회에서 노예로 사는 사람들이 수도 없이 많았다. 잘 알려진 대로 영국과 미국사회에서 교단의 결정으로 노예를 해방한 것은 퀘이커였다. 그러나 그러한 생각이 위대한 사람들의 철학이나 주장에서 나온 것이 아니었다. 그것은 영국의 조그마한 인쇄공장에서 노동자로 일하던 사람들이 주고받던 이야기에서 시작되었다. 일곱 명의 퀘이커 친우들이 일하던 인쇄공장에서 우연히 함께 식사하고 차를 마시다가 왜 사람들이 다른 사람을 노예로 써야 하는지에 대한 의문이 생겨서 서로 이야기를 나누었다. 어느 순간 그들에게는 옆에서 같이 일하는 '노예'가 노예가 아니라 사람이라는 깨달음에 도달한 것이었다. 그들의 양심에 촛불이 밝혀진 순간이었다. 그것이 점점 퍼지고 퍼져서 퀘이커 전체모임에서 논의되었고, 급기야는 국가의 법이나 다른 운동이 일어나기 전에 믿음의 동지들 차원에서 스스로 노예해방을 선언하고 실천하기에 이르렀다. 물론 그러한 일이 일어나기 전에 상당히 강하고 오래도록 노예해방이 성서에 맞는가 하는 문제를 따진 것

은 사실이다. 왜냐하면 성서는 노예에 대하여 나쁘게 논의하지 않고 있다는 점에서 그러하였다. 지금은 모든 사람이 똑같은 인격과 인권을 가지고 있다는 것을 모르는 사람이 없다. 물론 사회체계나 관습과 관행은 노예근성이나 다른 사람을 노예로 삼고 취급하려는 경향이 있지만 겉은 그렇지가 않다. 인종차별의 문제도 마찬가지다. 인간의 완전해방은 또 다른 불밝힘이 필요할 것이다.

4. 몇 년 전 우리 한국 사회를 온통 촛불의 바다로 만들었던 사건이 있었다. 그것 역시 어느 누구인가의 양심의 불빛이 당겨졌고, 그것이 옆 사람에게 전달이 되어서 그렇게 되었다. 국가권력이나 행정력을 동원한 것이 아니라, 우리가 나면서부터 가지고 있는 속불에 박힌 심지에 불이 당겨졌던 것이다. 우리는 조직을 좋아하고 단체를 만들기를 좋아한다. 심지어는 조직은 힘이라고 말한다. 일을 하기 위해서는 그러한 힘을 가진 조직을 만들어야 한다고 주장한다. 상당한 부분 틀리지 않다. 그러나 그 조직이 지나치게 작위롭거나 힘을 나타내기 위한 것이라면 아주 무의미한 것이 되고 만다. 즉 권력투쟁과 폭력행사에 동원되는 꼭두각시에 지나지 않을 것이다. 그것보다 더욱 분명한 것은 우리가 타고난 속에 있는 불빛이 드러나고 빛나야 한다는 점이다. 하나하나의 불빛은 일촉광도 되지 않는 것인지 모른다. 아주 약한 바람에도 꺼지는 연약한 불빛일는지 모른다. 그러나 그것은 다시 살아나는, 언제고 때가 되면 다시 살아나는 꺼질 수 없는 영원한 불빛이라는 것을 알아야 할 것이다. 시절에 따라서나 우리가 깨닫지 못하여 그 불빛을 됫박이나 그릇으로 덮어놓아 어디에도 비치지 못하게 할 때가 있을 뿐이다. 문제는 자기 불빛을 자기가 서 있는 곳에서 밝히고 높이 드는

일이다. 그렇게 하여 촛대 위나 등경 위에 타는 불꽃을 세워놓는 것이 필요하다. 다시 말하면 사람이라면 누구나 타고나면서 영원한 불을 속에 가지고 있다. 그 불빛이 우리가 사는 동안에 제도나 문화나 교육이나 개인이 가지고 있는 학습된 욕심이라는 됫박으로 가려진다. 그 됫박을 벗겨낼 필요가 있다. 그것을 위한 조직이 필요하다. 그러므로 조직은 힘을 나타내기 위한 것이 아니라, 가리는 됫박을 벗겨내어 속에 있는 빛이 비치게 하는 일을 위한 공동으로 하자는 데 필요한 것이라 본다. 그런데 재미있는 것은 아무리 단단한 됫박으로 가려져 있다고 하더라도, 어느 순간인가 아주 잠깐 틈새가 보일 때가 있다는 점이다. 이 때 빛은 비친다. 바로 그 때 다른 빛이 또 함께 빛나면서 빛과 빛들이 만나는 잔치가 필요하다. 바로 여기에 조직의 의미, 공동체의 의미, 모임의 의미가 있다. 혼자 비치는 빛은 아주 미약하다. 물론 가치가 떨어지는 것은 아니다. 그러나 딱딱한 것들 불태우기에는 약하다. 그래서 하나가 비칠 때 다른 것이 또 합하고 합하여 활활 타오르는 횃불로 주변을 밝힐 것이다. 그러므로 누구든지 자기 자신을 밝히는 촛불 하나, 그것을 덮어두지 않고 밝히면서, 옆에 있는 또 다른 촛불과 함께 나란히 설 필요가 있다. 가만히 보면 우리는 아주 많은 곳에서, 아니 곳곳에서, 선한 양심, 아름다운 마음, 깨끗하고 맑은 눈빛, 따뜻하고 지극한 정성, 자기 자신까지도 던질 수 있는 사랑을 만난다. 다만 흩어진 그것들이 지남철에 쇳가루 달라붙듯이 어떤 계기가 필요하다. 그것은 다른 것이 아니라 그냥 자기 불빛을 자기가 서 있는 곳에서 밝히는 일이다. 그렇게 되면 자연스럽게 불빛들은 불빛들끼리 모일 것이다. 아무리 연약한 불빛이라도 거대한 흑암이 삼키는 벗은 없기 때문이다. 칠흑 같은 어둠도 성냥개비 한 알로 사

라지는 것을 우리는 얼마나 많이 일상생활에서 경험하던가? 다만 한 가지,
'나는 불빛이다' , '내 속에 꺼지지 않는 불빛이 있다' 는 것을 깨닫는 것이
남아 있을 뿐이다.

- 2005. 9. 22

공동묘지와 공 놀이터

독일의 북부지방에 해당되는 곳에 바트 피르몬트(Bad Pyrmont)라는 작은 요양도시가 있다. 이 도시는 철분이 섞인 물이 나오는 곳으로 요양지로 아주 유명한 곳이다. 이것 말고 독일 퀘이커들에게는 고향과 같이 느끼는 퀘이커하우스가 있다. 1792년부터 퀘이커들이 이 지역에 살게 되면서, 영국의 퀘이커가 헌금한 돈으로 지금의 퀘이커하우스를 지었다. 시의 변두리, 봄베르크가(Bombergallee)에 자리 잡은 아주 아담한, 사치스런 장식이라고는 찾아 볼 수 없는 집이다. 여기에 퀘이커사무실이 있고, 도서관이 있으며, 잠잘 수 있는 곳과 관리하는 사람이 살 수 있는 방들과 부엌과 작은 모임방이 있다. 물론 큼지막한, 원형은 아니지만 원형 비슷한 느낌을 주는 모임장이 있다. 아무런 장식이 없는, 나무로 벽을 둘렀을 뿐이다. 가운데는 상황에 따라서 자리를 바꿀 수 있도록 비어 있고, 빙 둘러 가면서 서너 계단 정도의 약간 높은 턱 진 자리가 있다. 참여하는 사람의 수에 따라서 둘러앉거나 마주 바라볼 수 있게 의자를 조절할 수 있게 돼 있다.

바로 이 퀘이커하우스에는 독일 퀘이커들의 공동묘지가 있다. 퀘이커하우스의 정원 마당과 같이 생긴 곳이다. 집으로 들어가는 길은 입구와 비슷한 높이로 돼 있고, 그 길을 받친 축대를 시멘트로 처리하였다. 그 축대에 이어서 푸른 잔디나 작은 민들레가 피는 풀밭으로 평평하게 된 곳이 있다. 축대 벽은 거무스름하게 돼 있다. 이 벽에는 편지지만큼 큰 동판이 많이 붙어 있다. 자세히 보면 사람의 이름과 그가 출생한 날과 장소, 죽은 날과 장소가 기록되어 있다. 부인의 경우에는 그가 결혼하기 전 성이 함께 기록되어 있다. 그 외에 아무 것도 없다. 그가 어떠한 일을 하였으며, 어떤 직위를 가지고 있었거나, 어떤 영예를 가졌었다는 아무런 표시가 없다. 그곳에 그렇게 이름판을 달고 있는 사람들은 독일 퀘이커들로서 죽은 뒤에 화장하여 그 재가 이 공동묘지에 묻이거나 뿌려진 사람들이다. 퀘이커의 조상들이 묻인 거룩한 곳이다.

그런데 이 장소에서 항상 놀라운 일이 일어난다. 바트 피르몬트 퀘이커하우스에서 모임이 있을 때, 즉 퀘이커들의 계절모임이나 연회가 있을 때는 가족들이 함께 온다. 어린아이들도 함께 올 때가 많다. 그 아이들은 돌보는 친우들에 의하여 산과 시내와 들로 다니면서 아주 즐겁게 놀고 게임을 하고 노래도 하고 다른 여러 가지를 한다. 그런데 아무도 시키지도 않고 지도하지도 않는 일이 벌어진다. 어린이들은 원래가 창의력이 출중하기에 스스로 놀이를 꾸미고 조직하는 탁월한 능력을 가지고 있다. 어린이들이 좋아하는 놀이기구 중 하나는 공이다. 아이들이 공을 어디나 가지고 다니면서 논다. 바로 이 공동묘지의 풀밭에서, 돌아가신 퀘이커들의 재가 뿌려지거나 묻인 그 풀밭에서 신나게 뛰며 공놀이를 한다. 공놀이뿐만 아니라,

춤도 추고, 노래도 하고, 여러 가지를 즐긴다. 어디에도 죽음과 관련된 거룩함이나 엄숙함과 숙연함이 없다. 그냥 신나게 자기들의 생명력을 발산한다. 그것을 보는 어른들의 눈은 매우 자랑스럽고 대견스러워한다. 이러한 모습을 보고 한 어른이 모임에서 말하였다. 공동묘지에서 뛰어 노는 아이들의 모습이 보통 아름답게 느껴지지 않는다는 것이었다. 어디에서도 공동묘지에서 그렇게 자유롭게 놀게 하는 곳이 없는데, 바로 이 자리에서 그런 일이 일어나고 있다는 것에 신선한 충격과 함께 고마움을 느낀다는 것이다. 그 말을 듣는 사람들 모두 고개를 끄덕이고 함께 감동했다. 그리고 가만히 생각하여 보았다.

옛날 내가 어려서 살던 고향 학산의 순양 마을 뒷동산에, 뒷골로 넘어가는 야트막한 동산에 큰 무덤들이 여럿 있었다. 소나무나 다른 나무들이 없던 그곳은 양지바른 곳으로, 산이 순하였기에 잔디가 잘 살아 있었다. 그 무덤 옆에는 아주 오래 된 큰 소나무가 두어 그루 서 있었다. 단오 때가 되면 동네사람들이 짚을 모아 동아줄을 틀어 그곳에 그네를 매었다. 내 어린 손으로는 두 손으로 잡아야 굵기를 잴 수 있는 굵은 동아줄이었다. 그것을 큰 소나무에 매고 그네를 뛰었다. 낮에는 일을 하느라 뛰지 못하지만, 저녁이면 상당히 많은 사람들이, 아이나 어른, 여자나 남자 할 것 없이 그곳을 즐겼다. 밤늦게까지 그네 뛰는 소리가 마을을 즐겁게 하였다. 어떤 사람은, 아주 힘이 좋고 잘 연습이 된 사람은 까마득히 높이 올라가면서 앞가지에 달려 있는 솔잎을 입으로 따오기도 하였고, 궁둥이로 뒷가지를 치기도 하였다. 쌍그네를 뛰는 사람들은 또 얼마나 걸작이었던지. 그러다가 단옷날에는 그네뛰기 내기도 하였고, 하루를 아주 즐겁게 지냈다. 그리고는 그날

밤 그네 줄을 끊었다. 그 다음 날부터는 그네를 뛰지 않았다. 뛸 수가 없었다. 농사에 바쁜 때이기에 더 이상 그런 놀이가 불가능하였다. 또 큰 어른이 높게 그넷줄을 잘랐기에 어린 아이들의 손이 닿지가 않았다. 높은 나무에 두 줄 잘려진 그넷줄이 밑으로 내려뜨려져 있을 뿐이다. 그것을 볼 때는 섬뜩한 생각도 들었지만, 도저히 도달할 수 없는, 그 끊어진 그넷줄이 도저히 도달할 수 없는 피안의 세계, 도달하기 불가능한 먼 하늘나라처럼 느껴졌었다.

바로 그 그네가 매달렸던 나무 옆에 있는 몇 상부의 산소들이 우리 어린 아이들이 아주 즐겨서 놀던 놀이터였다. 그 산소의 주인은, 아니 그곳에 묻인 분의 친척이나 후손들은 다른 동네에 살았던 모양이다. 우리가 그곳에서 그렇게 신이 나게 놀아대도 아무도 와서 꾸중하거나 나무라는 사람이 없었기 때문이다. 크고 작은 아이들이 함께 어울려서 패를 갈라 온갖 놀이를 다 벌였다. 어느 무덤 꼭대기를 서로 차지하는, 일종의 진지나 고지 탈환전이라고 하여야 할 것이다. 그러니 봉분은 여지없이 우리 어린아이들의 발에 짓밟히고, 잔디들은 잎을 잃고 잔디뿌리만 밖으로 내보이기도 하였다. 어린 우리들은 뒹굴기, 구르기, 밀어내기, 깽깽이치기, 잔디썰매타기 따위 온갖 놀이를 그 무덤에서 하였다. 무서운 생각도 없었고, 그 밑에 누가 있어서 힘들어하거나 노여워할 것이란 생각을 하지 않고 놀았다. 옷은 찢어지고, 단추는 떨어져 날아가 버리고, 꿰맨 이음매들은 터지고, 잠자는 그 분은 조용한 날이 없었을 것이다. 그가 평상시에, 아니 살아계실 때 아이들을 좋아하였던 분일까? 아니면 아주 싫어했던 분이었을까? 모른다. 그러나 유독 그 무덤에는 아이들이 들끓었다. 놀기에 아주 편하였기 때문이다.

그래서 명당이었다.

　어느 날 내가 고향을 찾을 때, 그곳을 둘러보았다. 옛날 같이 놀던 아이들을 생각하면서. 그런데 그곳에 지금은 나무들이 무성하여졌고, 잔디가 좋던 그 무덤가에는 겨우 햇볕을 받아 잔디라는 명맥만을 잇고 있었다. 전에 없던 비석과 상석이 놓였고, 매우 정성을 드린 듯한 느낌이 드는 무덤단장이 있었다. '효심'이 발동한 후손이 돈을 벌어 조상을 섬긴 것일까? 그 무덤 가 어디에서도 아이들의 노는 소리를 들을 수가 없었다. 아이들이 떠난 무덤은 쓸쓸하게 느껴졌다. 거룩하게 느껴졌고, 엄숙하게 느껴졌다. 어떤 괴기스러움이 느껴졌다. 그 무덤이 아늑하거나 따뜻한 기운을 잃어서도 그러겠지만, 그곳에 와서 신나게 즐기고 놀 아이들이 그 마을에는 이제 더 없다. 60~70명씩이나 되던 초, 중, 고등학교를 다니던 아이들은 겨우 10여 명 안팎으로 줄어들었다. 놀이패 한 짝을 짓기도 어려운 상황이 되었다. 시골이지만 시장에서 사온 장난감이 방안에는 늘비하게 많고, 알프스의 하이디를 볼 수 있는 텔레비전이나 컴퓨터가 방안에 놓여있다. 자연이 주던 장난감은 상품제품에 자리를 빼앗겼고, 푸르거나 금빛 나는 잔디에서 푸른 하늘을 벗삼아 놀던 열정은 알프스의 아름다운 산록을 누비는 하이디를 방영하는 그것들에게 자리를 넘겨주었다.

　바트 피르몬트 퀘이커하우스 앞 공동묘지에서 노는 아이들을 보면서 내가 놀던 고향 뒷동산의 무덤가를 비교하여 생각하여 보았다. 죽음과 삶이 한 곳에 있는 곳, 가고 옴이 따로 있지 않는 곳, 죽어 잠잠함과 살아 약동함이 함께 있는 곳. 그들이 볼 수 있고 들을 수 있다면, 우리가 짓밟고 놀던 그 무덤의 주인은 기뻐서 날뛰었을 것이 아닐까? 지금 저렇게 푸른 잔디밭에서 축구를 하면서 노는 철모르는 아이들을 그윽하고 흐뭇하고 기쁜 맘으로 바라보는 어른들이 있듯이. 무덤과 이이들은 가까워야 하는 것인가? 놀이터처럼 편안해야 할 무덤, 그 무덤을 안방이나 안마당처럼 생각하는 아이들. 할아버지 무릎에 앉아서 수염을 쥐뜯고, 지엄한 할아버지 얼굴을 할퀴고, 등과 어깨를 타고 넘던 손자들. 마치 무덤에서 뛰어 노는 아이들의 모습은 이러한 것들이지 않았을까?

- 2005. 11. 7

어둠의 세계와 촛불 하나

　11월에 들어서 많은 사람들을 놀래게 한 사건이 프랑스의 수도 파리 주변과 중소도시에서 일어났다. 여러 낮과 밤사이에 무수히 많은 자동차들이 부서지고 불이 붙었고, 빈 집에 불이 붙었다. 급기야는 한 사람이 그러한 와중에서 죽게 되었다. 뒤늦게 프랑스정부는 그에 대응하는 방법으로 청소년들이 밤에 나들이 하지 못하게 하는 비상사태를 선언하였다. 알제리가 독립운동을 치열하게 벌이던 때 이후에 프랑스 국경 안에서 선언된 것으로는 처음이라고 한다. 이른바 문명의 세계, 계몽사상과 프랑스대혁명을 통하여 자유와 평등과 박애(형제애)를 현대사회의 기본이념으로 내세워 상당히 많은 진전된 사상과 정책으로 인류사회에 공헌한 프랑스에서 다른 나라 사람들은 생각하지도 못했던 일이 일어난 것이다. 이른바 '변두리 사람', '사회에서 제대로 인정받지 못하는 사람'들의 반란이 일어난 것이다. 그 안에서야 항상 그것이 시한폭탄처럼 잠복해 있었던 것들이었지만, 밖에서 보기엔 깨끗한 인상을 가졌던 것이 분명하다. 이에 프랑스는 밖으로 낯을 들기에 좀 부끄러운 상태가 되고 만 것이다. 그런데 문제는 이런 어두운 면이 프랑스뿐만 아니라 세계 곳곳에 공격이 불가능한 철옹성처럼 버티고 있다는 사실이다. 이 문명한 대명천지에 그러한 곳이 있고, 그러한 일이 일어났다는 것은 어느 한 나라의 수치스러운 일을 지나서 인류문명의 부끄럼이다. 왜 그러한 일들이 일어나는 것일까? 이미 보도를 통하여 잘 알고 있듯이, 사회의 주변인들을 정말로 주변으로 몰아냈다. 도시 주변에 집을 짓고 그곳에서 살되, 사회의 핵심으로 들어갈 수 없게 돼 있었다. 하등인간, 열등인간으로 취급되면서, 온갖 냉대를 다 받았다. 인정받지 못하는 인권의 손상은 자연스럽게 폭발하게 돼 있었다.

인류역사를 관통하면서 모든 사회에서 그 사회의 핵심과 중간과 주변으로 나누어져 사람을 차별하던 것은 매우 낯익은 것이었다. 사는 지역으로 구별하고, 입는 옷으로 나누며, 책임을 맡는 직위로 나누고, 수행할 직업으로 구별하여 사람들을 나누었다. 그렇게 하는 데는 피부 색깔이나, 믿는 종교, 타고난 종족, 가지고 있는 재산과 배운 지식, 붙박이로 사는 사람과 떠돌아다니거나 흘러들어온 사람들 따위가 그 기준이 되기도 하였다. 가까운 역사사실로 콜럼버스가 아메리카 대륙에 처음 발을 들여놓은 이후, 무수히 많은 유럽의 백인들이 이주한 다음, 아메리칸 인디언이라고 불리던 원주민들을 밀어내고 나라를 세운 다음, 거대한 농장을 경영하기 위하여 아프리카로부터 막대한 사람들을 '사냥하여 잡아와서' 노예로 사고팔면서 노동기계처럼 마구 사용하였다. 미국뿐만 아니라 어느 사회에서나 그러한 노예가 있었고, 차별이 있었던 것은 부인할 수 없는 사실이었다. 그러한 차별이 부당하다는 것을 깨닫고, 그 문제를 해결하려는 사람도 적지 않게 있었지만, 그 당시 그 사회의 관행은 그것이 아주 지극히 당연한 것으로 여기는 사람들이 더욱 많았다. 문제 해결은 쉽지가 않았다. 그래서 생긴 것이 미국의 남북전쟁이다. 그 결과 미국에서 인간을 차별하는 것은 부당한 것이며 인권과 헌법에 어긋난다는 것을 선언하게 된다. 그러나 곳곳에서 인간과 인종과 종교의 차별이 관습처럼 가득하였다. 미국에서도 마찬가지였다.

미국의 남쪽 앨라배마 주의 몽고메리(Montgomery)시에서 있었던 일이다. 1955년 12월 1일 오후 늦은 시간이었다. 재단사로 일을 하고 집으로 돌아가던 42세 되는 흑인 여인 로사 리 파크(Rosa Lee Parks)가 버스에 올랐다. 앨라배마 주에서는 흑인과 백인이 식당이나 학교나 버스나 어떤 공공장소에서도 함께 하지 않았다. 물론 헌법으로 그것을 인정한 것은 아니지만, 사회관습이 그렇게 되어 있었다. 시내버스를 탈 때에도 흑인은 앞문으로 타서 버스값을 내고, 내려서 뒷문으로 다시 타 버스 뒷자리에 앉아야 했다. 버스는 앞에는 백인들을 위한 자리요 흑인들을 중심으로 하는 유색인종들은 뒷자리에 앉도록 자리가 정해져 있었기 때문이다. 로사 파크가 버스에 올랐을 때 마침 백인이 앉을 수 있는 맨 뒷자리에 한 자리가 비었었다. 그 옆에는 세 사람의 흑인이 앉아 있었다. 다음 승강장에서 사람이 올라오지 않았다. 조금 더 갔을 때 백인 한 사람이 버스에 올랐다. 그가 앉을 빈자리는 없었다. 그는 흑인들이 앉아 있는, 백인지정석으로 와서 옆에 섰다. 이 때 운전기사가 그것을 보고 흑인 네 사람에게 일어나 자리를 백인에게 양보할 것을 말하였다. 아무도 일어나지 않았다. 운전기사가 다시 말하였다. 이 때 세 사람은 일어나서 버스 뒤로 갔다. 그러나 로사 파크는 그 자리에 앉아 있었다. 기사가 일어나라고 다시 말했다. "싫습니다. 나는 지금 내가 있는 이 곳에 그대로 앉아 있겠습니다." "그렇게 되면 당신은 체포됩니다." "예, 압니다. 체포하세요. 나는 이 자리에 그대로 앉아 있겠습니다." 버스 기사는 경찰에 전화를 하였고, 금방 달려온 경찰관에 의하여 로자 파르크스는 체포되어 끌려갔다. 경찰구치소에 갇히게 되었다. 소식을 듣고 달려온 남편과 인권변호사를 면회하였다. 14달러의 벌금을 물고 풀려났다. 그 소식을 들은 그 당시 이름 없는 침례교 젊은 목사 마르틴 루터 킹(Martin Luther King)과 몇몇 뜻이 맞는 사람들은 운동을 벌였다. 일차로 벌인 것이 흑인들의 버스타기 거부 운동이었다. 먼 거리나 짧은 거리나 흑인들은 버스를 타지 않고 걷거나 다른 교통수단을 이용하였다. 모두가 철저하게 협조하고 참여하여 381일이라는 긴 기간 동안 버스보이코트 운동은 매우 크게 성공하였고, 여론은 들끓었다. 그 운동은 많은 흑백인의 동조자들을 얻어 새로운 운동으로 전개된다. 그렇게 하여 결국 몽고메리에서 워싱턴까지 걷는 대장정이 시작된다. 비폭력평화시위가 성공한 뒤, 워싱턴의 링컨기념관 광장에 구름처럼 몰려든 사람들 앞에서 마친 루터 킹은 그 유명한 "나는 한 꿈이 있다"는 연설을 한다. 그 꿈은 모두가 차별이 없이 하나로 평화롭게 사는 사회를 그리는 것이었다. 그 결과 1964년 미국 연방법원은 그러한 차별이 헌법에 위배된다는 공식 판결을 내린다. 그 뒤 미국 사회에서는 차차 인종차별이 공식 상으로는 사라지기 시작하였다. 로사 리 파크는 이렇게 말한다. "용기와 영감이 없으면 자유와 평화에 대한 꿈은 그냥 죽어버린다." 그 용기는 얼마나 큰 것이라야 할까? 로사 리 파크가 가졌던, "나는 내가 있는 이 자리에 그냥 앉아 있겠소"라고 말하고 그 자리에 그냥 버티고 앉아 있는 용기, 그 용기는 바로 양심에서 솟아나는, 차고 찰대로 찬, 익고 익을 대로 익은 다음에 나오는 영혼의 소리다. 그 양심과 영혼의 소리는 용기일 뿐만 아니라 인류의 어둠을 밝히는 촛불이다. 어떤 사람은 말한다. "그녀가 앉아 있다가 일어났을 때, 미국을 구원하였다." 그러나 그녀는 몽고메리에서 일자리를 얻을 수가 없었다. 디트로이트로 이사하여 지난 2005년 10월 24일 92세를 일기로 한 많은 세상을 마칠 때까지 인권과 평화를 위하여 일하였다. 그는 어둠을 밝히는 작은 촛불이었다.

그러나 아직도 어두운 곳은 많다. 몇 년 전 로스앤젤레스에서 일어났던 그 큰 사건은 바로 그 어둠의 한 면이었다. 이번 프랑스의 여러 곳에서 일어난 일도 그와 똑같은 일이다. 그렇다면 가깝게 우리 사회에 눈을 돌려보자. 어디에 어두운 구석이 있는가? 집이 없어서 노숙하는 사람들, 일자리가 없어서 본인과 가족이 불안하게 사는 사람들, 아직은 사회에서 인정하지 않는 삶의 모양을 사는 사람들, 나이가 들어 노인이 된 사람들, 탈북하여 남쪽으로 들어와 사는 사람들, 연변지방에서 건너와서 일을 하는 조선족 중국인들, 방글라데시, 필리핀, 러시아, 몽골, 인도네시아, 베트남, 파키스탄, 타일란드, 인도와 같은 나라에서 일자리를 찾아 들어온 사람들. 이 사람들에 대한 우리 사회의 눈은 얼마나 차갑고 날카로운가? 그들에 대한 정책은 얼마나 엄혹한가? 우리 각자가 그들을 보는 맘 속에서는 어떤 교만함이나 무시하는 빛이 없을까? 우리 사회도 차차 다인종사회로 접어든다. 소수인종에 대한 특별한 융화정책과 일상생활이 없다면, 그것이 언제 불꽃이 되어, 횃불이 되어 반기를 들고 타오를지 모른다. 그렇게 될 때는 무섭게 자동차와 집뿐만이 아니라 사람 자체를 태워버리는 커다란 저항이 일어나게 될 것이다. 그러기 전에 우리 각자의 가슴에 있는 양심의 촛불을 밝혀 그런 어둠을 밝히는 소리와 운동과 삶을 살아 나가야 할 것이다. 모든 사람을 한 가지로, 똑같은 생명을 가진 인간으로 인정하고 사는 삶은 절대명령이다. 이 명령이 거부될 때 사회는 온통 불바다로 타오를 수밖에 없을 것이다. 작은 촛불이 작동하지 않을 때 불화산과 같은 폭발이 있을 때 메마른 양심은 깨어나게 될 것인가?

- 2005. 11. 15

사람이 살 만한 아파트 마을

　상당히 오래도록 아파트생활을 경멸까지는 아니더라고 싫어하였다. 도시경관을 완전히 잔인하게 파괴하고 사람이 살맛나지 않게 견고한 그 모습이 싫었다. 전문가들이나 업자들은 다르게 생각하였겠지만, 내가 보기에 우리나라 산세나 자연의 모습을 전혀 맞추어 생각하지 않고 마구잡이로 올려놓기만 한 것처럼 느껴지는 하늘을 찌를 듯한 건물들의 군상이 싫었다. 특색 없이 한결같은 유니폼의 그 모습이 파시즘과 전체주의를 상징하는 듯이 느껴져서 싫었다. 어느 후질그레한 도시의 한 쪽이 이른바 '재개발'이나 '재건축'이란 이름으로 새롭게 단장할 때마다 여지없이 아파트들의 거대한 블록을 만드는 것이 못내 아쉽고 싫었다. 처음에는 대개 일자형으로 남향하여 짓더니, 요사이는 공간을 활용한다는 명목으로 정사각형으로 배치하여 훨씬 더 좁고 답답하게 느껴지게 조성하여 놓았다. 그렇게 밖에 생활공간을 계획하고 설계할 수밖에 없는 담당자들을 질타하였다. 물론 좁은 공간에 많은 사람들이 살 수밖에 없는 형편에서 효과를 크게 올릴 수 있는 길이 그것이라고는 하지만, 한결같이 무섭게 솟아오르는 아파트들의 군집을 만드는 것이 옳은 것인가를 깊이 생각해 보아야 한다고 느꼈었다. 가장 안일하고 고민하지 않는 주거문제해결책이 바로 아파트로 정착했다는 점은 더 물을 필요도 없이 명확할 것이다. 그런데도 다른 어떤 방법이 나올 것 같지도 않다. 그래서 아파트에서 살기를 희망하지 않았었다. 가뜩이나 도시에서 생활한다는 것이 아스팔트와 시멘트로 포장된 길을 다니는 반생명, 반인간의 딱딱한 죽음과 죽임의 상징으로 보여 항상 불만을 느끼던 터에 그러한 콘크리트 벽 속에서 갇혀 산다는 것이 싫었다. 그런데 어쩔 수 없이 지금 나는 19층짜리 아파트에서 살고 있다. 그렇게 높은 곳에 올라가고 보니 멀리까지 방해를 받지 않고 볼 수 있어서 고맙기도 하다. 맨 꼭대기 층이니 다른 사람에게 방해를 받지 않아도 되어서 좋다. 또 이제는 어린 아이가 없으니 그들 때문에 쿵쿵거려 아랫층에 사는 사람들을 방해할 것 같지도 않기에 다행이다 싶다. 남향을 좋아하지만, 분양이 되지 않은 것을 찾아 늦게 들어간 곳이니 동향과 서향으로 된 곳에서 살게 됐다. 동서향이기에 남향집 보다는 여름에 더 덥고 겨울에는 좀 더 춥지만, 해 뜨고 해지고 달 뜨고 달지는 것을 볼 수가 있어서 좋다. 그런 것들이 다른 불편한 것들을 상쇄하는 일이라 할 수도 있다.

그런데 불편한 것이 너무 많다. 아파트에 살면서 의문스러운 것이 상당히 많다. 왜 아파트값이 그렇게 심하게 치솟아야 하는지? 그래서 그것이 왜 재산증식의 수단이 돼야 하는지를 이해할 수가 없다. 그것이 꼭 사람의 등급, 계급을 말하여 주는 듯이 되어야 하는 것인지? 청약이라는 것이 무엇인지 참으로 어려웠다. 평수를 계산하는 것이 참으로 이상스럽다. 몇 평이라고 하면 실제로 사용하는 공간을 말하여야 하는 것인데, 그렇지가 않고 공유면적과 공동사용공간을 다 포함하여 계산한단다. 그래서 공간개념에 혼란을 조장한다. 차라리 사용면적에 대한 계산을 실평수로 하고, 공동사용공간에 대한 계산을 따로 하는 것이 좋을 것이다. 이른바 거품평수계산법은 우리 사회가 가지고 있는 솔직하지 못한, 실제와 형식을 따로따로 보는 것을 대표로 나타내는 것이라고 보인다. 왜 그 큰 아파트단지에 철근 울타리가 필요한 것인지 모르겠다. 그곳으로 들어가는 정문이 왜 필요한 것인지 아무리 생각해도 모르겠다. 물론 자동차가 들어갈 곳이 일정하게 있는 것은 좋은 것이지만, 사람이 다니는 것도 정문을 통과하여야 한다는 것이 이해가 되지 않는다. 물론 아파트에 사는 사람들과 주변의 개인 주택에 사는 사람들을 서로 구별해놓으려는 어떤 특권의식이 발동하여 그렇게 된 것인지 모른다. 그런데 거대한 아파트지역에 있는 것들끼리도 울타리나 담으로 구분하여 놓기는 마찬가지다. 이렇게 울타리를 치고 담을 쌓는 것 때문에 아파트단지 안의 아늑한 생활분위기가 완전히 깨지고 살아나지 않는다. 그냥 옹색하게만 보인다. 이것은 의미를 상실한 단순한 버릇에 지나지 않는다고 본다. 옛날부터 부자들이나 고관들이 살던 고대광실 거대한 집들은 하층민과 구별하기 위하여, 그것을 토대로 권위를 나타내기 위하여, 상층민의 지배의식에서 높은 담을 치고 대문을 만들었던 것은 분명하다. 그것으로 위세를 떨치려고 하였던 허위의식에서 그렇게 주택 구조를 형성하였던 것은 당연하다. 그것이 점점 퍼져서 일반 서민들도 자기들 집에 울타리를 치고 담을 쳐서 자기 집의 영역을 확보하였다. 소유권과 권위에 대한 완전한 선언이요 주장이 바로 울타리와 담이었다. 그것으로 자기세계를 형성한 것도 사실이다. 물론 우리의 집모양이 담이 없다면 집안 알맹이를 완전히 바깥에 드러내는 것이 되기에 불편을 느낄 수도 있다. 그러할 때 담을 쌓고 울타리를 쳐서 속을 보호하였던 것은 당시 현실에 맞다. 그러나 지금은 어느 집도 옛날과 같이 울타리가 꼭 있어야 할 모양으로 짓지 않는다. 그런데도 울타리를 치고 담을 쌓는 것은 전해 내려오는 버릇이다. 그러다보니 많은 사람들이 드나드는 관청에도 울타리를 친다. 그 집단버릇은 사라져야 할 것이라 본다. 개인주택들의 울타리가 없어진다면 훨씬 더 좋은 거리공간과 경관이 확보될 것이다. 울타리나 담이 이웃과 경계를 짓기에 집들이 자연스럽게 옹색하고, 좁고, 답답해 보인다. 푸른 나무들이나 풀이 들어갈 틈이 없다. 이것은 아파트에도 마찬가지다.

아파트단지에 울타리를 없애고, 땅위로 나와 있는 주차장을 완전히 없앨 수는 없는 것인가 오래 생각해 보았다. 지금처럼 정문을 통하여 차가 드나들지 않고, 바깥 길에서 직접 자기 아파트로 들어갈 수 있도록 공사가 되면 그 문제는 간단히 해결된다. 자동차가 정문을 통과하고, 땅위에 주차할 수 있게 돼 있기에 어떤 아파트단지도 노인이나 어린아이들이 아무런 부담 없이 걷고 뛰어 놀 수 있는 자유로운 공간이 없다. 더더욱이나 쾌적한 생활공간이 되기는 아예 틀려버린 것이다. 거기에다 아주 슬프고 답답한 소리를 자주 듣는다. 자기 집에서 나간 어린 아이들이 자유롭게 뛰어 간다든지, 치고 놀던 공을 따라가면 한결같이 지르는 소리를 듣는다. "얘! 뛰지마! 차 와!" 또 종종 경비실이나 관리실에서 방송한다. 지나다니는 자동차들이 있으니 어린 아이들이 아파트 길이나 주차장에서 공놀이나 스케이트보드를 타지 않게 교육하여 달라는 주문이다. 그러한 방송을 들을 때, 이 아파트 생활이라는 것은 저주받은 공간 안의 빌어먹을 생활과 큰 차이가 없다는 느낌이 든다. 아래위층에 사는 사람들을 조심하여야 하고, 지나다니는 차를 조심하여야 하고, 세워놓은 차를 다치게 할까봐 조심하여야 한단다. 이러한 것들은 이웃을 배려하자는 뜻에서 하는 것이라면 약간 이해할 수 있고 참고 견딜 수 있을지 모른다. 그런데 그것이 아니라, 활발하게 뛰고 놀아야 할 약동하는 생명을 억누르는 것 이외의 다른 아무 것도 아니다. 도시에 사는 사람들, 특히 아파트에 사는 사람들에게는 억눌린 공간에 사는 찌그러진 모습을 스스로 초래한다. 아주 가까이 밀착된 공간에서 살지만, 서로 깊이 인사하지 않고 긴밀히 오고가는 사이가 아니라면 서로 성도 모르고 이름도 모르고 산다.

지금은 약간 이해가 빨라졌지만, 처음 아파트들이 많은 곳에 사는 사람을 찾아가기에는 무척 힘들었다. 그 나름의 번호를 붙이는 체계를 가지고 있었겠지만, 일단은 아파트의 동수를 결정한 것이 확 눈에 들어오고 머리에서 그려지지 않는다. 모든 숫자가 일단은 높다. 예를 들면 1동이라고 하면 쉬웠을 것을 101동이라거나 1001동이라고 붙인 곳이 많다. 101동과 102동 103동을 차례 짓는 방법이 간단하지가 않다. 어떤 논리를 상실한 듯이 보일 때가 많다. 107동을 찾은 뒤 108동을 찾으려면 그 종적이 사라지고 어디로 숨었는지 모를 때가 많다. 그리고 아파트 동 입구에 써 놓은 숫자가 어떤 체계에서 그렇게 된 것인지 알 수가 없었다. 어느 것이 층을 말하며, 어느 것이 같은 높이의 집 숫자를 말하는 것인지 아리송하였다. 일단 숫자가 쓰여 있는 문앞에 당도한 뒤에도 문패가 없기에 난감할 때가 많다. 어느 집에 어떤 사람이 사는지를 알 수가 없기 때문이다. 맨 아래 편지함들이 달려 있다. 그곳에도 이름이 없다. 다만 호수를 알리는 숫자만 있을 뿐이다. 편지가 올 때에도 이름 때문에 오는 것이 아니라, 그 숫자 때문에 올 때가 많다. 우편함에 잠금장치는 있지만, 전혀 의미가 없다. 열려 있는 채 덜렁거리게 두어야 한다. 날씨가 추울 때나 더울 때나, 바람이 불거나 비가 내릴 때도 출입문은 항상 열어젖힌 상태로 있을 때가 많다. 그것 때문에 난방비가 엄청나게 많이 올라갈 것은 당연할 것인데도 그렇다. 어느 건설회사가 한 순간에 지은 집들은 겉으로 보기에 한결같이 똑같다. 어떤 특색을 전혀 갖추지 않고 있다.

문을 열고 방으로 들어가면 어느 집이나 조금도 다르지 않고 꼭같은 획일한 구조로 되어 있는 것을 본다. 값 차이가 어떻게 나는가에 따라서 사용한 물질의 차이가 있을지 몰라도 모든 것이 그 집에 사는 사람들의 취향과는 전혀 상관이 없다. 마치 군대에서 똑같은 복장에 똑같은 머리형에 똑같은 발자국을 떼어놓는 제식훈련을 보듯이 완전히 획일화한 모습을 본다. 천정의 등, 벽에 달린 전화나 인터폰, 벽지와 화장실의 거울 따위들이 한결같이 꼭같다. 몹시 지루하고 끔찍한 느낌이 든다. 차이가 있다면 자기들이 가지고 들어온 가구를 어떻게 배치하고, 어떤 가구를 사용하는가 하는 것뿐이다. 그러나 그것들 역시 제한된 공간배치 안에서 이루어지는 매우 지극히 제한된 변화만이 허용된다. 그러나 이런 것들은 좀 참아 줄 수도 있다고 하자. 그런데 너무 많은 것들이 이해할 수 없고, 살수록 견디기 힘든 것이 있다. 밀집하여 사는 아파트에서 주민들이 쾌적하면서도 공동으로 무엇인가를 꾸리고 살 가능성이 거의 없다는 점이다. 그래서 다음과 같은 것을 제안한다.

1. 소방도로나 이삿짐 등을 나르기 위한 길은 있어야 하는 것이지만, 아파트 단지 안에서는 보통차량이 통행하지 않도록 하면 좋겠다. 그렇게 하기 위해서는 길에서 아파트 밑으로 차가 직접 들어가서 몇 층에 걸친 지하주차장을 건설하는 것이 마땅할 것이다. 그리고 주차장에서 직접 자기들이 사는 아파트의 승강기와 연결될 수 있게 설계되고 작업이 되는 것이 좋겠다. 최근에 짓는 것들은 어느 정도 이러한 점을 고려한 것들이 있다고는 하지만, 대개의 아파트들은 지하 주차장에서 자기네 집으로 직접 들어갈 수 있는 길이 막혀 있다. 물론 이렇게 할 때는 안전과 보안문제를 최대한으로 생각하여야 할 것이다. 언제나 지하주차장에서 일어나는 폭력과 도난사고를 방지하기 위한 더 치밀한 보안장치가 필요할 것이다. 그러면서 동시에 쾌적한 지하공간, 자동차폐기 가스들이 쉽게 잘 밖으로 빠져나갈 수 있는 설계와 시공이 있어야 할 것이다.

2. 아파트의 지상공간을 모두 정원과 푸른 공간으로 바꾸어야 한다. 그래서 아파트 주민들이 마음 놓고 뛰어 놀 수 있게 하는 것이 좋다. 생활공간을 가능한 한 자연을 맛볼 수 있게 하는 것이 바람직하다. 그렇다면 큰 나무들과 풀들과 꽃들이 어른이나 아이들과 함께 어울려 자라게 할 필요가 있다. 좀 두껍게 흙바닥을 만들어 나무와 잔디와 풀을 심고, 아름다운 정원을 꾸며야 할 것이다. 물론 여기에는 어린이들이 재미있게 놀 수 있는 놀이터와 산책길과 어른들이 즐길 수 있는 앉을 공간을 꾸리는 것이 좋다. 이렇게 하여 어린이들이 마음대로 다니고, 어른들이 쉽게 쉴 수 있는 자리가 마련되어야 한다. 그렇게 되면 지금 같은 지나치게 개별화된 아파트주민들의 달팽이집 생활이 극복되고 아기자기한 내용을 서로 나눌 수 있는 이웃이

될 가능성이 높다. 대개 아파트단지를 조성할 때는 자연스런 지형을 평평하게 정지한다. 그리고 난 뒤에 인공으로 작은 구릉을 만들거나 언덕을 만든다. 그러한 것 대신에 이미 오래 전에 형성된 지형을 최대한으로 살릴 뿐만 아니라, 그곳에서 자라난 나무와 풀들이 최대한으로 자연스럽게 살 수 있게 설계하는 것이 바람직할 것이다. 물론 그렇게 할 때는 공사비가 더 들어갈 것이지만, 또 생짜배기로 나무들과 풀을 사서 새로 심는 경비는 절약될 뿐만 아니라, 그 지역에 맞는 특수한 생태체계가 형성될 것이다.

3. 우편함이나 집 문에 이름을 써넣을 필요가 있다. 물론 많은 사람들은 도시의 익명성을 즐기고 사생활을 공개하고 싶지 않기도 하다. 다른 사람을 간섭하기 싫지만 또 다른 사람에게 자신의 생활에 영향을 받고 싶지 않기도 하다. 서로 이름이 무엇이며 하는 일이 무엇이고 어떻게 사는가를 공개하고 싶지 않은 사람이 많은 것도 사실이다. 그 맛에 도시에 살며, 아파트에 사는 것인지도 모른다. 일단 문을 닫으면 폐쇄된 자기만의 공간을 즐기는 것이 아파트 생활의 장점인지도 모른다. 그리고 다른 세계와 연결을 맺고 싶을 때는 이미 맺었던 인연들과 전화나 인터넷을 통하여 통신할지언정 위험부담이 클 수도 있는 새로운 관계를 맺고 싶지 않기도 할 것이다. 그러나 지나친 익명의 세계에 사는 것은 인간다운 사회의 모습은 아니다. 더욱이나 이웃한 사람들 사이의 지나친 감춤의 행위는 이웃이라 할 수 없을 만큼 살벌한 삶의 전형이다. 옛날 시골에서 살았던 사람들이, 어느 집 설강에 숟가락과 젓가락이 어떠하며 깨진 그릇이 어떻게 놓여 있다는 것을 알 수 있던 것과 같은 친밀함을 다시 살릴 수는 없겠지만, 또 그렇게 할 필요도 없겠지만, 서로가 사람이라는 것을 냄새 맡으면서 살 수 있는 분위기는 만들

어져야 할 것이다.

4. 아파트의 동이나 라인에 공동의 공간이 있어야 한다. 물론 아파트건설업자들의 이익취득이나 공동사용공간의 문제가 있기는 하지만, 맨 아래층에 마을 사랑방을 꾸리는 것이 좋다. 그곳에서 남녀노소를 막론하고 공동의 모임을 가지거나 어느 한 가정이 즐거운 일이 있을 때 같은 아파트 주민들과 즐기고 싶을 때 함께 할 수 있는 열린공간, 공동으로 사용할 수 있는 공간이 필요하다. 이러한 장소에서는 모든 주민이 공동으로 상의하여 함께 할 수 있는 창조활동을 무수히 많이 할 수 있을 것이다. 옛날 시골마을에서 사랑방, 마을회관, 느티나무아래에서 놀고 공론을 하던 것처럼 이러한 공간에서 자주 만나고 쉽게 공동의 일을 논의할 수 있을 것이다. 그것이 아파트공동체를 형성하는 매우 훌륭한 짧은 길이라고 본다. 결혼식 피로연이나, 회갑연과 돌과 생일잔치 따위를 그러한 곳에서 할 수 있다면 얼마나 좋을 것인가?

5. 적어도 1000세대나 1500세대가 한 단위가 되어 작은 극장이나 강당들이 마련되어 작은 단위의 문화활동이 이루어지게 조성되는 것이 바람직할 것이다. 특정한 지역에 문화공간이 집중되어 있는 것은 활동하는 전문가들에게는 편리한 것일지 모르지만, 생활문화, 문화생활을 일상생활과 연결짓는 데는 어려움이 많다. 동시에 공동의 체육시설이 만들어져서 멀리 가지 않아도 되도록 하는 것이 좋을 것이다. 중앙집중식의 문화공간도 필요한 것이지만, 작은 문화공간은 곧 마을공동체를 활기있게 하는 지름길이 될 것이다. 그곳에서 절기마다 주민들이 마련한 노래나 연극이나 다른 놀이를 발표할 수도 있을 것이고, 좋은 강좌를 들을 수도 있을 것이다. 그런데

대개 관청이나 아파트시공회사의 합작으로 적절한 크기에는 그러한 시설이 필요함을 명시한 법을 피하여 약간 부족하게 하여, 실제는 필요한데 형식상으로는 요건이 갖추어지지 않게 만드는 얌체성 아파트정책과 시행은 달라져야 할 것이다.

6. 아파트단지 안에 마을도서실과 공부방을 만들 필요가 있을 것이다. 물론 어린이들이 여러 가지 프로그램에 바쁘게 참여하기에 그 공간을 활용할 수 있을는지 모르나 마을주민들이 공동으로 운영하는 마을도서실과 공부방이라면 매우 좋은 인상을 전달할 것이다. 이 자리에서는 자기들이 읽은 도서를 기증하거나 바꾸어보는 것이나, 나누는 장소로 활용하여도 좋을 것이다. 공공도서관이 있어서 어른들도 활용할 수 있겠지만, 이러한 마을도서관은 자기집 서재처럼 활용할 가능성이 높아서 좋다. 이곳에서 은퇴하였거나 재능이 있는 어른이나 인사들이 마을 어린이들이나 어른들 또는 주민들을 위하여 자신이 가지고 있는 그 재능을 쏟아서 봉사할 수 있는 길도 열어 놓는 것이 좋을 것이다. 어린이들에게 옛날이야기를 하는 할머니와 할아버지, 한자나 영어나 우리말을 제대로 가르치고 장난으로라도 서로 교환하는 문화가 만들어진다면, 남아도는 능력과 인력을 최대한으로 활용하는 효과를 가져올 수도 있을 것이다. 때때로 이 장소에서 벼룩시장을 열어서 나누고 바꾸고 아끼고 다시 쓰는 생활을 공동으로 실현할 수도 있을 것이다. 이와 같은 것들은 아파트지대를 설정할 때부터 기본원칙이 되도록 결정할 필요가 있을 것이다. 이렇게 되면 지금보다는 훨씬 더 부드러운 아파트생활이 될 수 있지 않을까?

- 2006. 5. 10

대학 강단에서 보낸 20년 세월

　나는 지난 4월 12일 아침 교직원 수요예배 시간에 한남대학교 근속 20년 기념 메달을 받았다. 원래는 9월에 정식으로 임용이 되었으니 작년 8월 말에 20년이 된 것이었지만, 개교기념일인 4월 15일에 모아서 축하하는 것이니 20년 반 만에 축하를 받은 셈이다. 세월이 그렇게 빠르게 지났구나 하는 생각과 함께 감개가 무량하였다. 기쁘다는 생각 이전에 고맙다는 맘이 더 컸다. 얼치기로 보낸 세월이 너무 미안하고 죄스럽게 느껴졌다.

　내가 사용하는 연구실 앞에 국제관으로 사용하는 2층 건물이 하나 있다. 이 집은 선교사 부부가 살던 집인데, 그분들이 돌아갈 때 한남대학교에서 사들여 '국제관' 이란 이름을 붙여 외국인 학생을 위한 건물로 사용하고 있다. 전 주인은 나무를 아주 많이 사랑하였던 사람인 모양이다. 담벼락 안에는 지붕보다 훨씬 높게 키가 자란 가문비나무가 많다. 그 사이에 벽오동이 푸른 기둥을 자랑하고 적절히 넓은 잎을 우아하게 펼치면서 2층집 높이만큼 자라있다. 시멘트블록으로 된 담 안에는 개나리를 심어서 봄이면 담을 타고 넘어와 노란 꽃을 화려하고 아름답게 피워 늘어드리곤 하던 곳이다. 나는 특히 이른 봄에 샛노랗게 피는 개나리를 볼 때 내 맘 전체가 환하게 웃는 듯이 보여 기분이 아주 상쾌할 때가 참으로 많았다. 그래서 일부러 그 나무들을 직접 앉아서 보려고 책상 방향을 약간 틀어 놓기도 하였다. 그러면서 그 집 주인에게 항상 무한한 감사의 맘을 가지고 있었다. 물론 고맙다는 말을 직접 전달한 적은 없다. 언젠가 그렇게 하여야 하겠다고 생각만 하다가 그만 그분들은 떠나버린 것이다. 어린 나무들이 자라 크게 된 지금은 작은 집에 비하여 나무들이 좀 비좁게 많이 서 있다는 느낌과 너무 크다는 느낌도 있다. 그런데도 좀 많이 섭섭한 일이 생기고 말았다. 지난 3월 어느 날 집 주변에 있는 그 나무들이 웃동을 잘렸다. 높은 사다리를 놓고 전기톱으로 아주 간단히 잘라버린 것이다. 얼마나 섭섭했는지! 그러면서 또 저 개나리도 곧 수난을 당하겠구나 하는 생각이 들었다. 아니나 다를까? 며칠 지나고 학교에 가니 담이 아주 훤했다. 개나리들이 흔적도 없이 다 잘린 것이다. 눈물이 쑥 나올 만큼 섭섭하고 분했다. 어떻게 이렇게 쉽게 그 크게 자란 나무들의 중도막을 잘라버릴 수 있을까 하는 원망이 속에서부터 솟아올랐다. 그런 순간 내 머릿속을 때리는 질문이 있었다. '너는 어떤 자라는 생명의 싹을 자른 적이 없었느냐?'

내 머리가 아찔하여졌고, 가슴이 두근거렸다. 손과 몸에 땀이 솟아나는 것 같은 느낌을 가졌다. 내 속에서 들려오는 그 질문에 속시원히 대답할 수 없었기 때문이다. 이러한 질문은 선생이란 직업을 비롯하여 다른 사람을 가르치거나 지도한다는 책임을 지고 있는 온갖 일에 종사하는 사람들이 곰곰이 생각할 때 언제나 부딪치는 문제일 것이다. 물론 나는 좋은 학자가 되지 못하는 것은 말할 것도 없지만, 좋은 선생이 돼 있지도 못한다. 잘린 나무를 보는 순간, 내가 정신이 번쩍 들던 아찔함의 근거는 무엇이었을까? 말로서, 교수의 '권위'로서, 심각하거나 농담으로 던지는 말로서, 싸늘한 눈빛으로, 느글거리는 불성실함으로 혹시 나에게 강의를 듣는 학생들에게 커다란 상처를 주지는 않았는가? 아니, 상처 정도가 아니라, 그들의 싹을 아예 밑동부터 잘라버린 것은 아니었던가? 사람이 산다는 것은 잘못을 연속하여 쌓아간다는 것과 일치할 때가 많다. 그렇다면 선생노릇을 많이 오래하면 할수록, 자라나는 생명을 더욱 잘 자라게 한다는 명목으로 더 많은 젊은 싹을 자르는 잘못을 저질렀다고 보아도 큰 잘못은 아닐 것이다. 한 번 잘린 생명의 싹은 다시 정상으로 제대로 자랄 수는 없다. 물론 생명의 속성상 구겨지고 굽혀지고 찢어진 상태에서 새로운 방향을 찾아 자라기는 하겠지만, 그렇게 하여 전혀 예상하지 않았던 튼튼한 삶을 살 수도 있겠지만, 상처는 상처요 잘린 것은 잘린 것인 점을 부인할 수는 없다. 그것이 그런 상처를 입지 않았더라면, 혹시 더욱 거대한 훌륭한 생명으로 펼쳐졌을지는 아무도 모른다. 내가 상처를 주었으므로 더욱 굵은 마디를 이루는 멋있는 나무가되었지 않느냐고 할런지 모르지만, 너무 쉽고 자기중심스런 임기응변식 답변으로 그럴 수는 없는 것이다. 꺾이지 않았으면 아름다운 꽃을 피워 좋은 열매를 맺었을 수도 있을 것이고, 제대로 컸으면 거목이 되었을 수도 있었을 것이 중간에 잘리고 꺾여 그냥 아무 것도 아닌 것으로 돌아간 것은 없었을까?

　　교단에 서서 학생들과 생활한 지 20여년, 참으로 옷깃을 여미고 다시 자신을 돌이켜본다. 혹시 내 자신이 모르는 사이에 상습처럼 버릇처럼 상처를 준 사람들에게 수신자를 모르는 채 맘으로 매우 죄송스럽다는 말을 전할 수밖에 없다. 그리고 더욱 중요한 것은 지금 이 순간, 또 다시 그런 잘못을 저지르지는 않을까 하는 조심에 조심을 하는 일이다. 내가 모르는 잘못을 누구인가가 사랑스런 맘으로 고쳐주면 고맙겠다. 그러나 아무리 그런다고 하여도 할 일은 내 자신이 잘 챙겨서 좋은 농부가 씨 뿌리고 거름 주고 북돋아주듯이 지극정성으로는 맘을 모으는 것일 것이다. 조심하고 맘먹는다고 되는 것은 아니리라. 오직 내 자신이 달라져서, 애써서 노력하지 않아도 학생 하나하나가 내 앞에 변복하고 나타난 하나님이라고 정말 믿을 때 내 자세는 아주 달라질 것이라 믿는다. 내 믿음이 분명하다면 그들은 학생이 아니라 역시 거룩한 하나님이요 부처요 한울님이다. 그를 극진히 모시고 봉양하고 펼치는 것이 선생된 내 자신이 할 일이라 믿어진다. 이렇게 믿고 일을 하면 지금까지 하였던 잘못된 것이 수정될 수는 없겠지만, 더 큰 죄를 중첩하여 짓지는 않지 않을까? 고마움에 더하여 숙연한 나날을 맞이한다. 그래서 말씀을 생각한다. 선생된 자들에게 준 엄숙한 경고의 말씀을 생각한다. 남 앞에 서기를 나서지 말고, 선생 되기를 즐겨하지 않는 것이 중요할 것이다. 몇 달 전 내 사랑하는 딸로부터 강한 경고를 받았다. 무엇인가 이야기를 하다가 정색을 하고 나를 바라본다. '아빠, 바로 지금 한 말 같은, 그러니까 선생님 같은 그 말투는 고쳤으면 좋겠어요. 우리한테도 그러지만, 가끔 엄마하고 이야기할 때도 그런 말투가 나오거든.' '그러냐?! 미안해. 사실 내가 가장 신경 쓰는 것 중 하나가 선생투가 나올까 하는 것인데, 오래 선생노릇을 하다보니 그렇게 된 모양이다. 앞으로 계속하여 조심할게. 고마워.' 사실 그렇다. 나는 그냥 사람으로, 맨사람으로 살고 싶다. 맨

사람으로 사람들을 만나고 일을 하고 대화하고 마주치고 싶다. 그것이 선생 된지 20년이 지난 지금 깨닫고 애쓸 일 중의 하나다. 그런데도 은연중에 다른 사람을 가르치고, 고쳐주고, 꾸중하고, 비판한다. 정말 그러지 않기를 바란다.

- 2006. 4. 30

정말 우리는 풍요로운 시대에 사는가?

　많은 어른들은 자신들이 어렸을 때 보릿고개를 힘들게 넘던 이야기, 허리끈을 졸라매면서 조금이라도 나은 물질생활을 위하여 몸부림치던 이야기를 가끔 한다. 그러한 것들은 모두가 다 20세기 후반부에 일어났던 일이지만, 지금 20대 아래에 있는 사람들에게는 옛날이야기로 들릴 수밖에 없다. 지금은 그러한 삶이 평균에서 벗어나 있기 때문이다. 평균 인생의 일상과 멀어진 삶이기 때문이란 말이다. 뿐만 아니라, 그 이야기를 하는 사람들 자신도 그 때가 그냥 스쳐 지나간 간단한 사건처럼 느껴지는 듯이 보인다. 마치 그 때 삶이 어떠하기에 지금은 어떻게 살아야 하겠다는 성찰 없이, 그 때 배고팠던 원한을 풀기 위한 한풀이식의 삶을 살아가고자 하는 사람들로 보일 때가 많다. 지금 누리고 있는 삶의 양식을 조금이라도 바꾸면 마치 존재 자체가 사라지거나 흔들릴 것이라는 확신 속에서 사는 듯이 보이기도 한다. 그러니까 지금 좀 풍요롭게 사는, 그러니까 생각 없이 그냥 마구 쓰는 삶이 옛날부터 그랬던 것처럼, 어려웠던 그날을 완전히 잊어버리고 살아가는 듯이 보이기도 한다. 어느 나라를 비교하여 말하면서, 나라는 부자인데 개인은 가난한 나라라고 흔히 말하는 나라와 비교하면서, 지금 우리가 얼마나 풍요로운 세상에서 살고 있는가를 기뻐하는 듯이 보인다. 과거 전쟁이 끝난 뒤 재건하기 위하여 어마어마하게 절약하면서 살던 습관을 지금 풍요로운 시대에도 계속하는 나라의 '어리석은 국민성'을 말하면서 지금 잘 먹고 잘 살지 않으면 언제 그렇게 할 수 있겠느냐는 듯이 사는 사람들이 많은 것처럼 보인다. 개인 생활에서 한 푼의 값을 깎기 위하여 점원과 실갱이를 하면서도 이른바 '펑펑' 물 쓰듯이 쓰는, 하기야 지금은 물도 그렇게 쉽게 아주 펑펑 쓸 수 없는 것이 되고 말았지만, 아무튼 그렇게 아낌없이 모든 것을 풍성하게 써버리는 세상에 우리가 살고 있다고 느끼고 말한다.

그런데 그 풍요로움의 실체가 무엇인가를 따지는 것이 참으로 중요하겠다는 생각이 든다. 그 많은 물이 어디에서 오며, 그 많은 기름이 어디에서 오며, 그 많은 가스가 어디에서 오고 있는지? 그 많던 석탄이 어디로 사라져가며, 그 많던 장작이 왜 지금은 시장에 나오지 않는지? 그 많은 쌀은 어디에서 나오며, 그 많은 귤과 사과와 배와 바나나와 키위와 리치와 그 많은 쇠고기와 돼지고기가 어디에서 오는지? 그것들을 그렇게 쓰고 나면 어떤 일이 벌어질 것인지? 아니, 그렇게 쓰지 않으면 또 어떤 모습으로 세상이 보일런지? 그러니까 그것이 어디에서 오는지 정말로 잠깐만이라도 생각하면서, 아, 우리가 정말 풍요로운 세상에 살고 있구나 하고 느낀다면 참으로 아름다울 것 같다. 그런데 하나하나의 값이 오르내리는 것에만 관심이 집중 될 뿐, 그것이 오고가는 곳과 과정과 그것에 따른 자신의 소비행태를 살피는 것 같지가 않다. 멀리 시베리아에 매장되어 있는 가스를 뽑아서 국경을 넘는 비용을 지불하면서 왜 우리가 그곳 가스를 '풍성하게' 써야 하는 것일까? 멀리 중동과 아프리카에서 나오는 원유를 거대한 유조선에 싣고 오거나 파이프라인을 가설하여 가지고 와서 제한 없이 쓰는 것이 과연 '풍요로움'일까? 그런 물질의 풍요로움이 삶의 풍요로움을 가지고 오는 것일까? 뭐 이런 생각을 조금이라도 해보면 동티가 나고 덧이 나는 것일까?

삶이 풍요롭다면, 풍요로운 물질을 쓴 다음에도 마음이 풍요롭고 삶이 안전하고 평화로워야 할 것이다. 그런데 지금 그렇게 평화로우면서 물질의 풍요를 느끼는 것 같지는 않다. 마치 고무풍선이 언제 터질까 걱정하면서 팽팽하게 불어 부풀리듯이, 긴장된 모습으로 풍요로운 물질을 사용하는 듯이 보인다. 아니, 이렇게 펑펑 써도 되는 것인가 라는 약간의 의구심을 가지면서 산다. 의구심을 가지되, 내가 사는 동안은 결코 안전할 것이라는 확신과 같은 기대에서 산다. 그러면서 모든 사람들은 자기 뒤에 올 아들, 딸, 손자와 손녀 그리고 그 아이들의 후손들이 풍요롭게 살되 잘 살기를 기대한다고 한다. 아니 그들이 그렇게 살도록 일을 하며 먹고 산다고 말한다. 그 말이 정말 참말인가? 글쎄! 나에게는 그게 아닐 것이란 생각이 자꾸 든다. 이렇게 생각하면서 지금 내가 입고 먹고 마시고 사는 모습을 살펴보았다.

우선 내 옷을 넣는 옷장을 살펴보았다. 어느 것 하나도 아주 기꺼이 입는다고 할 것이 없다. 그러나 그 옷들은 내가 아주 소중히 생각하면서 입는 것들임에는 틀림이 없다. '아주 기꺼이' 입는 것이 아니라는 것은, 어느 옷이든 어느 철에나 어느 때나 어느 옷에나 맞추어 입어도 되는 것이 아니란 말이다. 시절에 따라서, 상황에 따라서, 마음에 따라서 입을 옷을 고를 때 썩 '이것이다' 하고 골라잡을 것이 없단 말이다. 그래서 또 생각한다. 이러저러한 것을 구색에 맞게 살까 하고. 그런데 그렇게 하기에는 옷장에 있는 옷들이 너무 많다. 그렇게 하여 사서 입은들, 또 절기가 지나고 상황이 바뀌면 같은 의구심이 들 것은 뻔 한 일이다.

요사이 나는 생각해 본다. 그 전에 여기저기에서 강의할 때 힘주어 주장하였던, 이른바 '자발적 가난'이 도대체 나에게 어떤 의미가 있으며, 무엇을 요구하는가? 물론 한 동안, 한 해 동안 입을 옷을 하나도 사 보지 않았던 때도 있었다. 그래도 한 해를 헐벗지 않고 잘 지냈다. 그리고 세월이 가면서 또 하나 둘 산 것도 있다. 이제 내 나이 환갑을 넘었다. 앞으로 살 날이 얼마가 될까? 죽는 날까지 한 벌의 옷도 더 사지 않는다면 정말 나는 헐벗고 살게 될까? 옷에 품위가 떨어져서 사람의 품위도 함께 떨어져 나갈까? 내 옷장에 들어 있는 어떤 옷들 중에는 20년이 넘은 것들이 꽤나 있다. 그것들을 입고 나가면, 어떤 것에 대하여는 새로운 분위기, 새멋이 난다고 말하는 사람들도 있다. 그것이 20년이 넘은 것이라고 말하면, 그래도 새 것처럼 보인다는 것이다. 그렇다면 지금 입는 옷들 말고 또 다른 옷들이 내가 사는 날 동안 더 필요할 것인가? 쉽게 말하면 내가 죽을 때까지 지금 가지고 있는 옷들만으로 입고 살아도 궁색하지 않을 것이라는 판단과 생각이 든단 말이다. 속옷 말고는 아마도 완벽하다 할 정도로 지금 있는 것만으로도 충분히 입고 남을 것이란 판단이 든다. 그래서 맘속으로 다짐에 가까운 약속을 하여 본다. 죽는 날까지 새 옷을 사 보지 말아보자! 이 약속이 이루어질 것인지 아닌지는 모른다. 그러나 누가 또 물을 것이다. 이 풍요로운, 풍진 세상에서 그렇게 궁색하게 살아야 할 필요가 있는 것일까? 그렇다면 거꾸로, 풍요롭다고 마구 분에 넘치게 쓴다면 어떻다는 것인가? 그러면 정말 삶이 풍요로워지고 질이 높아지는 것일까? 아무리 생각하여 보아도, 그렇게 한다고 하여 아주 만족한 삶을 누린다고 보장 받을 것 같지도 않다. 또 남들이 들어서 좀 궁색한 것처럼 들릴지 모르는 삶을 산다고 하여도 궁색하게 살 것 같지는 않다. 풍요로운 시대에 정말 풍요롭게 사는 것이 무엇일까? 아무리 무엇이라 하여도 맘이 풍요롭고 평화로워야 할 것 같다. 쓸 때 생각하면서 쓰더라도 부끄럽지 않게 쓴다면 분명히 풍요로운 시대에서 정말 풍성한 삶을 사는 것이 무엇인지가 드러날 것 같다.

다시 물어본다. 정말 우리는 풍요로운 시대에서 평화롭고 안전하게 살고 있는 것일까? 이렇게 살아도 자신에게 부끄럽지 않다고 당당하게 말하면서 살 수 있는 것일까? 경제학자들에게 묻고 싶다. 정말로 필요한 만큼 소비하고, 그만큼만 생산하면 경제는 파탄에 이르고 마는 것인가? 잉여생산과 잉여소비(과소비)를 도구로 하여서만 살아남는 자본주의식 경제논리만이 질 높은 삶을 사람들에게 보장하여주는 유일한 것인가? 정말로 아껴 쓰고 나누어 쓰고 다시 쓰고 바꾸어 쓰는 것이 생활이 되고 문화가 되면 경제는 파탄에 이르고 마는 것인가? 우리 역사에서 그렇게 하여 파탄에 이르렀던 사례가 있는가? 내가 생각하기에는 오히려 지금 같은 과잉생산과 과잉소비체계의 천박한 자본주의식 삶은 필연코 멸망할 수밖에 없는 길인 것 같다. 그렇다면, 다른 길을 아주 힘들어서 걸어가 보고 살아가 볼 수는 없는 것일까? 그 길은 풍요롭다는 세상에서 스스로 풍요를 절제하면서, 스스로 가난을 선택하여 보는 삶. 가난해야 한다는 것이 아니라, 스스로 가난을 선택하여 살아보자는 것 말이다. 이제까지 길들여져서 마치 태초부터 그것이 그러하였던 것같이 생각되는 천박한 자본주의식 생활양식에서 고집스럽게 다른 길을 걸어가 보려고 애 써 볼 수는 없는 것일까? 그러면 분명히 이 불안스럽게 '풍요로운' 세상이 달라질 수밖에 없을 것이다. 한 번 해보자! 우리 모두!

- 2006. 11. 19

내게 8·15 해방은 어떤 의미인가?

　엄밀히 따져서 이런 질문을 나 자신에게 던져본 적이 없다. 나는 해방된 다음 해에 출생하였기 때문이다. 또 가까운 우리 가족 중에는 극열한 친일파도 없었고, 목숨을 내대는 항일독립운동가도 없었기 때문에 그에 대한 후속 경험이 별다르지 않았기 때문이다. 다만 진외가 쪽으로는 독립운동이나 사회주의 노선의 활동을 하셔서 좀 피신을 하고 어려움을 겪기도 하였다지만, 내 직계 존속 중에는 그렇게 철저한 삶을 사신 분들이 없었던 모양이다. 창씨개명 하라니까 그렇게 하였고, 군대에 가라니까 끌려갔고, 공출하라니까 하였고, 해방이 됐다니까 기뻐하였을 것이다. 그러니까 그냥 평범한 보통 사람들처럼 일제의 침략기와 해방시대를 맞이하였다.

　8·15해방이 되던 당시 나는 어머니 뱃속에서 넉 달 정도 자라고 있었고, 내 아버지는 마지막 징병에 끌려서 만주 쪽에 막 배치를 받았을 때란다. 부대에 배치된 20여일 뒤에 해방됐다는 소식을 듣고, 몇 번에 걸친 죽을 고비와 위험한 고비 끝에 고향에 도착하였고, 열아홉 살 된 내 어머니는 뱃속

에 든 아이를 정성껏 모시면서 전장에 나간 남편이 무사하기를 맘 속으로 깊이 빌었을 것이다. 할아버지는 활달한 성격이었지만 마을 사람들의 요청으로 구장노릇을 하고 있었단다. 워낙 깊은 시골이니, 초등학교를 다니던 내 막내삼촌이 학교에서 듣고 집에 와서 "대동아전쟁이 해방됐다"라고 하더란다. 그것이 해방을 처음으로 접촉하던 때의 일이다. 그 뒤 마을 사람들은 풍물놀이를 하고, 돼지를 잡고 술을 빚어서 연일 잔치를 벌였단다. 맘대로 집에서 술을 빚어 마시지 못하게 하던 통제로부터 해방된 기분에, 집집마다 술을 담아 마셨단다. 그러면서 동시에 산감의 통제가 사라진 때가 되어 산에서 커다란 나무들을 마구 잘라다가 장작을 만들어 쓰게 되니 삽시간에 산은 벌거벗은 형국이 되기도 하였단다. 해방의 기쁨 뒤에 찾아온 자체훈련이 되지 않은 사람들의 무질서한 이기행위가 횡행했던 모양이다.

가만히 생각해 본다. 만약 해방이 되지 않았더라면 나는 어떠한 삶을 살았을까? 정의감이 조금 있긴 하지만, 철저한 열정을 가지고 살지 못하는 미지근한 내 성격 탓에, 분명히 철저한 독립운동가라거나 열성 친일자가 되지는 못하였을 것이다. 아마도 엉거주춤한 자세로 약간의 양심 때문에 고민하는 나약한 모습을 가지고 행복하지 못한 삶을 살지 않았을까? 그러나 그것은 그렇게 상정하는 것에 지나지 않는다.

그러니 내가 겪은 8·15해방은 어른들로부터 들어서 아는 것이며, 약간씩 자라나면서 이러저러한 분위기를 통하여 체득한 것뿐이다. 역시 교육을 통한 것이라고 해야 할 것이다. 그러나 어려서 동무들과 놀 때나 어른들과 이야기할 때 자주 썼던 말들 중에는 상당히 많은 일본말이 섞여 있었다. 학교에서 공부할 때 역시, 선생님들은 거의가 다 일제 때 교육받은 분들이 많왔고, 그분들을 통하여 단기간 교육받은 선생님들이 많았다. 결국 우리를 가르쳤던 선생님들은 한결같이 일제식 교육방법과 이념을 그대로 가지고, 우리말로 우리나라 학교 교실에서 행방된 뒤에 태어나거나 어린 시절을 보낸 아이들을 가르쳤을 뿐이다. 그러면서 항상 듣는 말은 '새 나라의 어린이'는 이러해야 한다는 것들이었다. 아주 자주 '왜정 때만 못하다'는 말을 듣기도 하였다. 그러나 독립운동가들이나 투사들에 대한 이야기를 들을 때는 그냥 신이 나고 기분이 숙연해지면서 나도 마치 그런 사람이 되는 듯이 쭈뼛하여 지기도 하였다. 마치 나도 그런 패기스런 삶을 살 수도 있었을 텐데 해방이 되어 그런 기회를 잃었다는 아쉬움 비슷한 것을 가지기도 하였다. 그러나 또 만약 해방되지 않은 상태에서 살았더라면 얼마나 끔찍스런 생활을 하여야 했을까 하는 생각도 많이 들었다. 성도 없이, 일본식 이름으로 고개를 까딱거리면서 '하이'를 연발하면서 식민지인의 비굴한 삶을 살아갔을 것을 상상만 하여도 아찔하다. 그래서 해방된 세상에서 살게 되었으니 얼마나 행복한 일인가?

그런데 자라고 나이가 들어 조금씩 깨달아지면서 '해방'은 그냥 해방됐다는 것만으로 이루어지는 것은 아니로구나 하는 생각을 하게 되었다. 해방은 자기가 주체가 되어 만들어나갈 때 이루어지는 것이지, 누구로부터 주어지는 것은 아니라는 것을 알게 되었다. 어려서 상당히 많이 들었던 말 중 하나인, '일제 때보다도 못하다'거나 '일제 때 같으면 저러한 것들은 용납되지 않았을 것'이라거나 하는 일제시대를 매우 그리워하거나 찬양하는 듯한 소리를 들을 때는 우리가 상당히 깊은 곳까지 이미 일본화된 것이 많구나 하는 생각을 하게 되었다. 이를 악물고 눈을 똑바로 뜨고 주먹을 꽉 쥐어 흔들림 없이 어깨를 쫙 펴고 행진훈련을 하거나 길을 걷거나 말을 하여야 한다는 소리를 들을 때, 그때는 그것이 당연히 그래야 하는가보다 하였다. 아침마다 학교에서 가졌던 운동장조회, 교장선생님 훈화, 줄맞추어 나란히 서고, 발맞추어 행진하여 교실로 들어가기 따위가 왜 필요하였던 것인지 알 수가 없었다. 그러나 나중에 좀 커서 비폭력과 평화와 화해로운 삶에 대한 생각을 하면서 그러한 훈련들은 모두가 다 군국주의시대에 맞는 군사문화의 산물이라는 것을 알고부터는 우리는 그것으로부터 벗어나는 연습, 학습과 버릇이 들지 않고는 해방을 말하기는 무척 어렵겠구나 하는 생각을 하였다. 내가 대한민국 땅에서 대한민국 시절에 낳고 자랐기에 곧 해방된 사람으로 살아가는 것은 아니라는 생각을 하게 되었다. 결국 상당히 긴 기간, 어떤 것은 영원이라고 할 만큼 장구한 세월동안 내 생각과 의식과 행동양식 속에 원래부터 그래야 하는 것처럼 붙어 있는 것들이 곧바로 그 때 그 시절 배웠던 집단학습이 굳어진 결과라는 사실을 알게 되었을 때, 즉 우리의 문화와 생각과 의식 속에 굳어져서 나를 주장하는 것이 되었구나고 인식되었을 때, 아 해방은 그냥 거저 되는 것은 아니구나 하고 생각했다. 내 스스로 독립된 자기혁명을 스스로 이끌고, 그것이 우리 사회의 집단활동으로 완성할 때, 일상생활에서 행방의 생활문화가 나타날 때 비로소 해방은 시작된다는 것을 느꼈다. 그러한 눈으로 보니 우리 근대화과정에서 얻은 무수히 많은 일제의 잔재들, 내 것인 것처럼 나면서부터 내 몸에 붙어 있었던 것들을 스스로 씻어내고 새롭게 정립하는 것이 바로 해방이라는 것을 느끼게 됐다. 해방된 땅과 시대에는 해방의 철학과 종교와 사상과 문화가 형성되어야, 해방된 삶을 이끄는 주체로운 내 자신이 생기는 것인데, 우리의 해방공간에서는 그러한 것들이 없었던 것 같다. 철학과 종교와 교육과 경제와 문화의 논리들은 거의가 다 수입된 것들로서 독립된 우리의 논리를 가지고 있지 못하고, 원산지의 것들을 마치 내 것으로 받아들이는 것이 본질을 사는 것처럼 교육받은 것들로부터 벗어나서 내 철학, 내 종교, 내 교육과 내 경제와 내 정치의 논리를 내 고민과 논의과정을 통하여 만들어야 비로소 해방된다는 것을 알게 되었다. 그 때부터 나는 아주 작은 몸짓이지만, 내 자신이 되고, 내 스스로 만들어 보려고 애쓴다. 내 것이라고 틀을 잡고 앉은 것들로부터 벗어나려는 무수히 많은 노력들 속에서, 다시 말해서 내 것이라고 하는 것들의 속박으로부터 벗어나서 본래의 모습, 본질이 무엇인가를 찾는 활동으로 끊임없이 올라가려는 몸부림을 통하여 나는 해방의 길을 찾는다는 것을 알았다. 그것은 참으로 다행스러운 일이다. 그러면서도 무척 힘들고 어려운 일이라는 것도 알게 되었다. 이미 나와서 살아가는 동안에 끼어 있어서 알아차릴 수도 없이 나와 일체가 된 온갖 속박의 틀들을 찾아낸다는 것이 참으로 힘 드는 것임을 알게 되었다.

생각과 관습과 예절과 윤리도덕과 온갖 차림새들, 즉 공동생활을 하거나 개인생활을 할 때 나를 이끄는 온갖 것들이 나를 얽어매고 욱여싸는 속박의 틀임을 알게 된다. 내가 믿는 종교만이 유일한 것이라는 잘못된 믿음, 내 민족만이 단일민족으로 가장 탁월하다는 허상, 세계 제일의 그 무엇과 세계 최초의 그 무엇을 매일 접촉하면서 산다는 헛정보, 우물 속 물만이 모든 물이라는 속 좁고 눈 짧은 안목, 사는 것은 나만의 힘이지 다른 것들은 내가 사는데 필요한 보조수단에 지나지 않는다는 지나친 이기주의와 지배주의의 삶과 생각, 그러니까 공동으로 함께 평화롭게 사는 것보다는 모든 것을 내 수하에 두고 편안하게 사는 것만이 유일한 행복의 조건을 제공하여 줄 것이라는 착각 따위에서 벗어나는 것, 그래서 해방된 모습으로 솟아나는 것이 얼마나 중요한 것인지 알게 되었다. 내 종교, 내 민족, 내 나라, 내 시대, 내 가족, 내 학교의 내 이데올로기와 내 울타리에서 벗어나는 해방이 진정한 행방의 의미다. 모든 만물은 연결고리 안에서만 존재이유와 가치가 있다는 생각, 다른 것의 사라짐과 멸망은 곧 나 자신의 소멸과 사망을 의미한다는 생각과 삶의 창출이 있어야 할 것이다. 그것은 결국 그물처럼 얽힌 현상을 참 현상으로 보면서, 혼자서 살지만 함께 살지 않으면 안 된다는 생명의 근원성을 인식하는 것, 그래서 만물과 공존하면서 평화롭게 사는 것을 실현하는 것이 진정한 혁명이요 해방이라고 믿는다. 그러므로 오늘 내가 가지는 해방, 8·15의 해방의 의미는 일제(의 잔재)로부터 벗어나는 것을 뛰어넘어 내 자신이 주체가 되되 모든 것과 함께 하는 공동주체를 형성하면서, 그 때 그 때 새롭게 굳어진 과거로부터 벗어나는 영원한 해방과 독립이 있을 뿐이다. 그냥 맨사람으로 걸친 것 없이 깨 벗은 알사람, 알쫌을 살아가는 탈출의 연습만이 해방을 가져다 줄 뿐이라는 인식에서 살아가는 것이 진정한 해방의 의미라고 생각한다. 이것이 내 개인만이 아니라, 우리 사회의 집단·사회의 모습으로 승화되어야 해방이라 할 수 있을 것이다. 다시 말하면, 서로 인정하고 존중하면서 평화롭게 함께 사는 것을 향한 끝없는 자기혁명과 사회혁명만이 진정한 해방을 가져오는 길이라는 것을 인식한다. 내 개인뿐만 아니라 사람과 사람들 사이에서, 조직과 조직들 사이에서, 나라와 나라들 사이에서, 이념과 이념들 사이에서 독립되면서 얽혀 살되, 서로 존중하고 인정하는 살림의 관계회복이 진정한 해방이라 본다. 그 말을 다르게 표현한다면, 역시 평화로운 세상과 삶의 실현을 살고 그 길로 가는 것이 진정한 의미의 해방이라고 본다.

- 2006. 7. 17

함석헌은 나에게 어떤 의미를 주는가[4)]

이제까지 살아오는 동안에 어떤 사건이나 어떤 사람이 나에게 커다란 영향을 주었을까? 오늘의 내가 나 됨에 어떤 것들이 힘을 실어 주었을까? 이렇게 된 것은 필연인가, 우연인가? 사람이 낳고 자라면서 사람, 환경, 사건, 생각, 행동들을 만나는 것은 꼭 그렇게 되어야 하는 것으로 이미 정해져서 그런 것인가? 아니, 그런 것에 대하여 깊이 생각할 필요 없이 그냥 되는 대로 돌아가는 인생인가? 아무리 생각해 보아도 내가 오늘 나 된 것에 어떠한 것들이 작용하였을까를 꼬집어서 말할 수가 없다. 물론 내가 믿는 신앙 체계나 우리에게 옛날부터 옳은 생각처럼 여기면서 전해 내려오는 생각들을 따르면, 이러한 물음에 대한 대답은 간단할 수도 있다. 간단하게 대답을 주면서도, 그러나 마음속에는 만족스럽지 않은 것이 사실이다. 그 대답이 시원하지가 않다는 말이다. 왜 그럴까?

---

4) 이 글은 함석헌 선생 탄신 100주년을 기념하는 "겨레의 큰 스승 함석헌 선생을 그리며: 함석헌과 나"라는 책을 위하여 쓴 글이다. '함석헌 기념사업회'가 편집하고 한길사에서 발행한 이 책은 2001년 4월 21일 세상에 나왔다.

어떤 사람들의 생애를 말하는 글들이나 말을 들어보면, 그들은 일생 동안에 어떤 사람들과 사건들을 만났기에 오늘의 그가 된 아주 중요한 계기가 되었다고 되어 있는 것이 흔한 일이다. 그러면서 그것을 아주 자랑스러워하거나, 마치 변경될 수 없는 확고한 것인 냥 말하고 있다. 그러나 사람이 사람됨에 그렇게 간단히 그림을 그릴 수 있듯이 몇 가지의 뚜렷한 것들로 되는 것일까? 그렇지는 않을 것이다. 매우 복잡하고 도저히 생각해 낼 수 없는 잡다한 것들이 합하여 오늘의 나를 만든 것이 아닐까? 그 중에 어느 '뚜렷한 것' 이 빼도 박도 못하게 내 삶에 매우 중요한 쐐기를 박아놓았기 때문이라고 할 수 있는 것일까? 겉으로 보고 자로 재어 본다면, 그렇다고 말할 수 있을 만큼 그것이 크고 많게 보일런지 모른다. 그러나 크게 밖으로 드러나는 것이라 하여 꼭 그것이 내게 영향을 많이 준 것일까? 그냥 겉으로는 굉장한 영향을 준 듯 하지만, 실제로는 전혀 관여하지 않은 것은 아닐까? 오히려 내가 의식하지도 못하고 알아차리지도 못하는 사람이나 것들이 나를 이렇게 만들어 놓은 것을 아닐까? 왜 이런 생각이 자꾸 맴돌까?

내가 내 일생을 돌아보면, 극처럼 내 삶의 방향을 갑자기 바꾸거나 껑충 한 두 계단을 뛰어오른 것 같은 것이 없었다. 그냥 그렇게 아침에 일어나고 씻고 밥 먹고 움직이고 때가 되면 싸고 생각하고 사람들과 히히덕거리고 때로는 싸우다가 속상해 하다가 그리고 잠자고 한 것밖에는 생각이 안 난다. 매일 반복되는 그 일을 계속하여 온 것밖에는 없는 듯이 보인다. 그러니까 내 삶이 지극히 흐리멍덩하여 어느 획이 중요하고 어느 점이 확실한 것인지가 드러나지 않는다는 말이 되겠다. 남들이 고생할 때 나도 그런 고생을 한 것 같고, 남들이 굶을 때 나도 가끔 굶어 본 것 같고, 남들이 기뻐하고 즐거워할 때 나도 함께 그랬던 것이 분명하고, 남들이 울고 아파했듯이 나도 그랬을 뿐이다. 무엇 하나 이것은 나만이 겪은 것이다라는 눈 크게 뜨고 깜짝 놀라 드려다 볼만한 것이 없다. 그저 그렇고 그런 길을 걸어왔을 뿐이다. 특별히 좋은 길도 아니고, 그렇다고 나쁜 길도 아니다. 다만 그러한 길에서 때로는 돌부리에 채여 넘어지기도 하였고, 때로는 모래를 잘못 밟아 미끄러지기도 하였으며, 때로는 도랑을 건너뛰었고, 때로는 풀밭에 앉아 쉬기도 하였다. 그런데도 혹시 어떤 사람이 나에게 중요한 힘을 주지는 않았는가를 생각하여 보라는 주문이다. 도대체 함석헌은 나에게 어떤 의미를 주는가를 생각해 보라는 것이다. 그가 내 삶에 상당히 커다란 자리를 차지하고 있지 않나 하는 뜻에서일 것이다. 그러나 무엇 하나 잡히는 것이 있을까?

오늘 함석헌은 나에게 어떤 의미를 주는가를 생각하는 시점에서도 마찬가지로 속 시원한 대답이 나오지 않는다. 무엇인가 분명히 있는데 전혀 분명한 것 같지가 않기 때문이다. 나는 이때껏 어느 누가 나에게 많은 영향을 주어, 아니 그 사람의 영향을 내가 받아 이렇게 된 것일 거라는 막연한 생각을 하면서 살았다. 그러면서 한 편으로 그들을 만났던 것을 기뻐하고 행복한 일이라고 여기기도 하였고, 또 다른 커다란 인물을 만나서 감화를 직접 받을 수 없었던 것에 대하여 안타까워하기도 하였다. 그러면서 아직도 그러한 사람들을 찾고, 찾았을 때 그 사람이 가고 없거나 너무 멀리 있어서 만날 수 없으면 도대체 그들이 어떤 생각을 하면서 세상을 살았을까를 알고 싶어했다. 그러한 앎이 혹시 내 삶에 기름이 되고 좋은 밑거름이 되지나 않을까 하는 기대에서다.

그가 편치 않아 수술을 받고 병원에 누워 계신다 할 때 혹시 위로나 병문안이 될까 하여 찾아뵈었다. 점점 쇠약해져 가는 그를 볼 때 안타까운 마음이 많이 들었다. 그에 대한 좋지 않은 소문이 나돌 때 그것을 들으려 하지 않았고, 그를 헐뜯는 어떤 것에 대하여는 항변하듯이 변호하기도 하였다. 어찌 보면 그것은 그를 위해서라기 보다는 내 속에 있는 그에 대한 좋은 감정이 손상될 것이 두려워서 그랬을지도 모른다. 그가 강연한다고 할 때 기를 쓰고 듣고 싶어하였고, 그가 잡지나 신문에 글을 써서 내던졌을 때 가슴 후련하게 느낀 적도 많았다. 그가 노자를 강의할 때 시간을 만들어 참석하려 하였고, 그가 무슨 일에 참여한다 할 때 혹시나 그것이 역사의 흐름을 바꾸지나 않을까 하는 생각에 그 일이 잘되기를 빌기도 하였다. 그에게 드릴 것도 없지만 막연히 포도가 날 때 길가 가게에서 한 두 송이 사서 들고 찾아뵈었고, 해가 바뀔 때는 의례껏 그랬던 것처럼 인사를 다녀오기도 하였다. 그러다가 그가 가셨다. 그 때는 몹시 안타까웠다. 살아 계실 때 자주 찾아뵙고 무엇인가를 배우고 얻었어야 하지 않는가 하는 생각에서다. 뒤늦게 후회하였지만 다시 시간을 뒤로 돌아가게 할 수 없었기에, 그가 남긴 글들을 대강대강 모두 읽어보았다. 그리고는 어떤 것들은 마음에 새겨 두어야 할 것이라고 생각하고, 적어 놓거나 밑줄을 쳐놓기도 하였다. 그를 체계 있게 공부하여야 하겠다는 생각을 여러 번 하였고, 그리하여 그의 사상체계를 정리하였으면 하기도 하였다. 그러나 그러한 것들은 그냥 생각과 희망으로 있을 뿐 아직까지 실현하지 못하고 있다. 그러다 보니 요사이는 약은 생각이 든다. 학생들을 교육한다는 뜻에서 그의 책들을 학생들에게 꼭 읽게 하고, 그들을 토론시켜, 나는 가만히 앉아서 그의 생각을 따먹어 보면 어떨까 하는 생각이 들기도 한다. 사람들이 그의 존재를 너무 잊고 산다고 생각하기 때문이기도 하다. 그래서 그를 되살려야 한다는 뜻으로 씨올모임에 열심히 참석하려 하였고, 개인 차원이 아니라 어떤 공식차원으로 그를 기리는 모임이 있어야 하겠다는 데 뜻을 같이 하였다. 그리고는 그가 탄생한 지 일 백 년이 되는 때 하여야 할 행사를 잘 치르는 것이 좋겠다는 생각이 많이 들어 그것을 준비하는 마당에 여러 번 참석하였다. 그것은 마치 내가 그에게 상당한 영향을 받아 지금 좋은 삶을 살고 있는 것인 냥 느끼고 있기 때문이기도 하였다. 그것은 내가 그를 따르고, 그에게 많은 영향을 받은 제자들의 무리에 속하면 좋겠다는 희망에서 그런 것인지도 모른다. 이것이 함석헌이 나에게 주는 의미다.

가끔 나는 생각하여 본다. 도대체 함석헌에게 어떤 매력이 있기에 그 많은 사람들이 그렇게 오래도록 그의 주변을 맴돌았는가? 하던 공부도 집어치우고, 다니던 학교도 중퇴하면서, 누구는 국가가 주는 의무라는 것을 거부하면서까지 그가 추진하고자 하였던 공동체에 뛰어들어 청춘을 불살랐는가? 나는 가끔 그 때문에 삶의 길을 완전히 바꾼 사람들에게 물어 보았다. "도대체 그이의 어떤 면이 당신을 혹하게 만들어 그를 따랐는가?" 그럴 때면 한결같이 대답하는 것이 있었다. "그의 말씀들이 그렇게 감동스러웠다"는 것이었다. 세상에 감동을 주는 말씀이 한 둘이던가? 아무리 그렇더라도 이제까지 걸어가던 길을 홱 돌려서 다른 길로 가도록 그렇게 커다란 충격을 주는 감동이 어디 흔한 것인가? 도대체 나는 그것이 무엇인지를 알고 싶었다. 감동을 받았다면 자주 만날 수 있는 길을 모색하면 될 것인데도, 별로 대책이 있어 보이지도 않는 그이를 왜 그렇게 따라 갔을까? 권력이 있던 것도 아니요, 재산이 있던 것도 아니며, 그렇다고 굉장한 회사의 중책을 맡아 좋은 자리를 보장하여 주던 것도 아니었다. 다만, 그 말씀, 좋은 그 말씀만을 가졌던 사람이다. 그것이 의문이었다. 일제시대 오산학교 교사로 있을 때 그가 어떻게 하였기에 그 많은 학생들이 그를 존경하였으며, 그들 중 몇몇은 그가 학교를 떠난 뒤 왜 그를 따라서 농산학교로 갔을까? 나는 50년대 말과 60년대 초 자기 삶을 버리고 그를 따랐던 사람들의 행동을 생각하면서, 갈릴리의 보잘 것 없는 청년 예수를 따라 나섰던 사람들을 가끔 생각하여 본다. 예수가 어처구니없게도 힘없이 죽어갔을 때 그를 따르던 사람들은 뿔뿔이 흩어졌다가 다시 나타난 예수의 힘을 얻어 죽을 때까지 고난의 길을 걸어갔다. 어느 누구 하나 평탄한 길을 걷지 못하였고, 어느 누구 하나 그냥 편안히 다리 뻗고 죽은 사람이 없다. 함석헌을 따르던 그 사람들은 어떤가? 들어보면 그 감동이 컸던 만큼 그에 대한 실망도 컸고, 회한도 많은 듯이 보인다. 만약 함석헌이 오래 살지 않고 그 열풍이 일어날 때 어렵게 죽었더라면 그를 따르던 제자들은 어떻게 되었을까?

내가 보기에 함석헌의 생각을 실현하여 보려고 몸부림을 쳤던 사람들은, 엄밀히 따져서 그의 제자라고 할 수 있는 사람들은 송산농산학원에서 함께 생활하였던 사람들, 천안 씨올농장에서 젊음을 불태웠던 사람들, 안반덕의 거치른 산언덕을 개간하고 통나무집에서 살던 사람들, 씨올의 소리를 자기 몸과 같이 생각하고 울부짖던 그 몇몇 되는 사람들이었지 않았나 싶다. 그들은 세상에서 알아주는 굉장한 삶을 살고 있는 것 같지가 않다. 그들이 그이의 제자라면 제자이지 않을까? 그렇지만 그렇게 실패한 공동체가 그가 이루어보고자 하였던 간절한 꿈이었음이 분명하다. 되지도 않을 것

같은 그 꿈을 실현하기 위하여 젊음을 불사른 것은 어리석은 짓이지만, 그것이 오늘 그들을 만들었고, 또 그를 기리게 하는 것인지 모른다. 간디의 아쉬람이 몹시 그리웠고, 톨스토이의 농장이 매우 부러웠던 것은 사실이다. 그러나 그가 시도하였던 것들은 겉으로 보기에 아무 것도 성공한 것이 없다. 그의 말대로 그는 실패에 실패를 거듭한 사람이다. 왜냐하면 그 때는 시절이 그것을 허락하지 않았고, 사람이 따라주지 않았던 것 같기 때문이다. 그렇지 않고 세월이 허락하였다면 그는 성공한 사람이었을까? 그 문제에 대하여는 아무도 장담하여 말할 수 없을 것이다.

그는 한 가지에 주력하여 자신을 내던질 수 없었다. 그는 매우 복잡한 사람이었기 때문이다. 마음은 항상 두 갈래 세 갈래 만 갈래로 찢어지고 있었다. 밭고랑에서 똥통을 지고 호미로 김을 매다가 콱 꼬꾸라져 죽었으면 좋겠다는 그의 마음을 실현하기에는 그는 너무 많이 생각하는 사람이었다. 땅 속으로 깊이 기어 들어갔다가 다시 고개를 들고 하늘을 훨훨 날아가는 그 생각을 간단히 구름에만 실려 보낼 수는 없었다. 그가 항상 존경하고 따랐던 스승 유영모나 또 다른 선사들처럼 조용히 생각만 깊이 파고 본질을 깨닫는데 그 자신을 투신하기에는 그는 너무 자유분방한 사람이었기 때문이다. 깨달은 생각을 그냥 산바람에 날려보내고, 바위에 대고 외치기에는 그는 아직 사람을 깨우쳐야 한다는 욕심이 많았다. 가만히 이름 없는 씨울로 살기에는 그는 너무 강력하게 들판에서 외치는 세례 요한이를 닮았기 때문이다. 굉장한 지위와 권력을 가지고 어느 틀 안에서 성실하게 일하였다면 상당히 큰 성과를 거두었을 것이라고 생각이 되지만, 그러기에는 틀이 그를 받아들일 수 없었다. 그는 이단아였고, 방랑자이기를 즐겨하였다.

그것은 그가 택하였다기보다는 어쩔 수 없이 그 길을 가도록 운명이 지워진 것인지도 모른다. 그래서 그는 언제나 자신이 걸어가는 그 길은 "하나님의 발길에 채여서" 가는 그 길이라고 하였다. 누가 그 업을 벗어나서 살아갈 수 있었을까?

그런 그가 역시 "하나님의 발길에 채여" 나에게 왔다. 바람결에, 풍문에 그가 나를 찾아왔다. 사상계로, 동아일보로, 사람과 사람의 입을 거쳐, 별로 돈도 되지 않을 출판사들의 책을 통하여, 이리저리 감시 받으면서 외치던 연설을 통하여 그가 나를 찾아왔다. 그가 진정한 사람을 만나고 싶다는 간절한 마음으로 나를 찾아왔다. 그러나 참사람, 맨사람이기에는 나는 욕심이 많았고, 자신이 있어 보였고, 들을 수 있는 귀가 너무 막혀 있었다. 그래서 나를 투신하기보다는 그의 그 '좋은 말씀'의 국물이나 마시는 것이 좋겠다고 생각한지 모른다. 어쩌면 나를 그것에 던져버리기에는 아직 열정이 나에겐 없었다. 다만 차가운 이성이 그의 말씀을 분석하고 고르고 받아들이고 있었다. 그러면서 때가 되면 그가 주장했던 것 같은 공동체를 어디엔가 다른 사람들과 힘을 합하여 만들어 보면 좋겠다는 생각을 하게 되었다. 그의 실패를 살피지만, 그렇다고 그것을 극복하고 성공으로 이끌어갈 자신이 생기는 것도 아니다. 그래서 가끔 사람들을 모으고, 함께 명상하고, 산을 같이 올라가고, 생각을 모은다. 결국 그가 짜두었던 국물을 약간 맛보면서, 이렇게 하면 되지 않을까 하는 시늉으로 살아간다. 아무래도 내 입이나 생각에서 평화, 인권, 민주, 씨올, 부드러움, 교육, 역사, 생각, 주체, 생명, 비폭력, 진리, 말씀, 민중 따위의 말들이 자주 나오는 것은 분명히 그가 하던 말들이나 생각을 흉내낸 것이라 할 수 있다. 가만히 나를 생각하면, 그것에 나를 투신하지 못하고 큰바위 얼굴만을 쳐다보는 지극히 미지근한 삶을 살고 있는 것으로 보인다. 그래서 나도 역시 다른 무수히 많은 '기라성 같은 함석헌의 사람들' 처럼, 그와 함께 농사지으려는 것이 아니라, 그가 지은 농산물의 맛있는 국물을 빨아먹자는 엉거주춤한 자세로 살아가는 것인지 모른다.

이것은 모순인가? 아니면 당연한 귀결인가? 상당히 많은 경우 그의 말씀을 받아먹던 사람들은, 그렇게 하였다는 것 때문에 고난을 받기도 하였지만, 그 고난이 오히려 그들을 영광스럽고 유명하게 만들었다. 그것이 그들을 크게 만들었고, 자기 힘으로 서서 세상을 향하여 큰소리 치면서 살 수 있게 만들어 주었다. 그들 자신이 큰사람이 되었다. 그러다 보니 '선생님'을 위하여 무엇인가를 함께 하자는 것에 적극 자신을 투자할 수 없다. 그에게 배운 올곧은 생각은 있어서 굽은 길을 가지 않겠다는 고집이 있기 때문이다. 그렇지만 그가 한결같이 주장하였던 부드럽고 멀리 돌아가는 길을 따르지는 못하고 있다. 그들이 비록 크게는 되었지만 역시 자잔한 잔챙이에 불과한 모습이다. 그런데 그와는 반대로 그의 이상을 실현하기 위하여 몸을 던졌던 사람들은 한결같이 세상에서 말하는 작은 사람들이다. 그 일을 위하여 어떤 사람은 재산도 다 잃었고, 어떤 사람은 청춘을 빼앗겼으며, 어떤 사람은 인생 자체를 놓쳤다. 그런 그들에게 남아 있는 것은 사람이 사람답게 살려면 이러하여야 한다는 고집스러운 삶이다. 실패하였지만 그래도 그 때 그 삶이 옳은 방향이었다는 판단으로 받는 위안이다. 그러나 그들은 그 위안으로 만족할 수 없는 양심이 있다. 그래서 오늘도 그들은 끊임없이 꿈틀거린다. 어딘가 몸에 밴 그 때 그 삶을 계속하여 실현하여 보려고 애를 쓰는 그 모습을 본다.

　그렇다면 나는 그의 말씀에서 무엇을 마시고 사는가? 나는 이 두 부류
의 어디에도 속하지 않는다. 한 번도 그가 서있는 곳에 가까이 가서 서보지
못하였기 때문이다. 그러나 다만 세상을 볼 때는 항상 거꾸로 뒤집어도 보
아야 한다는 것, 사람은 사람이지 돈이나 권력이나 명예에 자신을 팔아도
될 만큼 값싼 것이 아니라는 것, 아무리 누가 무어라 하여도 총이나 칼 같은
쇠붙이보다는 봄바람같이 부드러운 말씀과 사랑이 훨씬 크다는 것, 낱낱이
흩어져 제 잘난 것만 믿고 사는 것보다는 속알은 꽉찼으면서도 그래도 나
는 쭉정이가 아닐까 하는 겸손한 마음에서 다른 것들과 함께 하려는 마음
이 아름답다는 것, 세상이 아무리 어둡고 더럽고 답답하더라도 역사는 한
발짝 앞으로 나아간다는 것, 더럽고 완전히 썩어야 그곳에서 새싹이 나오
니 어디에서도 희망을 잃지 말아야 한다는 것, 생명은 절대명령이기에 절
대긍정의 삶을 살 수밖에 없게 되어 있다는 것 따위를 철저히 믿는다. 아마
도 이러한 믿음은 분명히 함석헌이 나에게 남긴 의미일 것이다. 또 간절한
소망이 있다면, 시간이 더 지나가기 전에 위에 말한 두 부류의 함석헌의 사
람들이 그가 살아 있을 때처럼 한 지붕 아래 모여 보는 것이다. 거기에서 누
가 키가 더 크고, 누가 그에 더 가까이 서 있는가 내기하기보다는 함께 그가
하고자 하였던 그 일들을 점검하고 추진하여 보는 때가 왔으면 한다. 이른
바 흩어진 씨올들이 모아질 때 함석헌의 사상을 실현하기 위한 모임이 그라
면 거부하였을 '마사회'나 '담배인삼공사'가 내는 그 많은 희사금으로 명
맥을 유지하게 되지는 않을 것이다. 그것을 그가 보기에 알짬이라고 보지
는 않을 것이기 때문이다. 물론 지금 흩어진 씨올들이 서로 키재기하면서

다투는 것을 바라지도 않을 것이다. 때로는 삐치고 밉살스럽기도 하겠지만 그래도 한 지붕 아래 모여드는 것이 아름답다는 것을 알고 삶에 옮길 때가 오길 바란다. 그래서 나는 어디를 가나, 너무나 큰 욕심이긴 하지만, 평화를 심는 다리를 놓는 한 조각 돌이면 좋겠다. 그것은 생각과 행동을 하나로 하고, 전체와 개체를 하나로 보며, 물질과 정신을 통합하고, 몸과 마음을 분리시키지 않으며, 이승과 저승이 하나의 삶의 체계에 있다는 것을 실현하고 싶다. 제도가 사람을 못되게 하는 것이 많지만, 제대로 된 제도에서도 못된 인간이 나타날 수 있는 것이니 사람이 사람답게 살기 위해서는 제도와 인간 자체의 변화가 끊임없이 일어나야 함을 믿고 사는 것이 중요함을 안다. 그것이 함석헌이 나에게 주는 의미다.

- 2001. 1. 11

스승이 그리운 시절 : 이 시대의 스승은 있는가?[5]

많은 사람들이 요사이는 정말로 영혼의 스승, 진정한 스승이 그리운 시절이라고 말한다. 편집자는 원고를 청탁하는 말에서 이 시대가 정신공황 상태에 있는 것이 아닌가 물었다. 그 말 속에는 어느 시절인가에는 진정한 영혼의 스승이 있었고 그래서 풍부한 정신을 맛볼 수 있었는데, 지금은 그렇지 않다는 뜻으로 들린다. 그런데 그 말을 곰곰이 생각하여 본다. 정말로 진정한 스승이 있었던 시대가 있었을까? 다시 말하면 우리가 나중에 '그분은 참 스승이었다' 고 말하는 그분이 살아 계실 때 그 시대의 사람들은 그를 참 스승으로 받아들였느냐는 말이다. 간혹 몇 사람은 그렇게 보았겠지만 대부분의 사람들은 그를 모르고 지나치면서 그냥 막연하게 이 시대에 왜 스승은 없는가 하고 개탄하면서 살았을 것이 분명하다. 또 어떤 사람들은 저 분은 진정한 스승이다 하면서 그에게 가까이 가기를 거부하거나, 가까이 갈 수 없어서 스승을 만나지 못한 경우도 많을 것이다. 사실 스승이 있다

5) 이 글은 월간 '작은 것이 아름답다' 2001년 5월호에 실렸다.

없다는 만남의 경험에서 오는 것이지 않을까 한다. 그냥 어디에 덩그러니 떠 있는 달처럼 어디에서나 쳐다보거나 항상 불어오는 바람처럼 어디에서나 얼굴에 맞이할 수 있는 것이 아닐 것이다. 무엇인가 어떤 만남에서 스승은 빛이 나고 찾아지는 것이 아닐까?

그렇다면 지금 우리가 스승이 없는 시대라고 하는 것도 거짓인지 모른다. 스승과 제자는 만남으로 이루어지는 것이므로, 어떠한 형태가 되었든 이러한 만남은 무수히 많다고 할 수 있기 때문이다. 지금을 난세라고 말하고, 진정한 스승이 없다고 말하지만 어떤 사람들은 굉장한 권위와 카리스마를 가지고 굉장히 큰 따르는 무리를 거느린다. 크고 작은 스승들이 무수히 많은 곳에서 나타났다가 사라진다. 그런데도 스승이 고갈된 상태라고 말할 수 있는 것일까? 그래서 난세인가?

우리가 위대한 스승이라는 사람들을 보면 별 것 아닌 사람들이 어느 날 굉장한 스승으로 떠오르는 것을 볼 수 있다. 어느 날인가 아주 적은 무리들, 아니 지극히 평범한 한 사람에게 빛이 반짝하는 말이나 행동으로 감동을 준다. 그것이 계기가 되어 차차 퍼지고 퍼져서 어떤 사람들의 스승으로 인정받는다. 그를 통하여 빛을 보았고, 해방감을 느꼈으며, 고향과 같은 포근함을 맛보았기 때문이다. 때로는 답답함을 풀게 되었고, 미래를 보며 어떤 비전을 볼 수 있게 되었다. 그 때부터 그는 스승으로 공인되기 시작한다. 그러므로 스승이라고 하면 굉장한 것이 아니라, 어느 순간 어느 사람에게 반짝 빛나는 빛으로 나타나는 것을 말한다. 우리가 위대하다고 하면 그와 같은 횟수가 많아지고 넓어지는 것뿐이다. 때때로 그와 같은 반짝 빛나는 밝음을 내 곁에 항상 붙어 있던 친구로부터 발견할 수가 있고, 우리 집 이웃에 허름한 옷 속에서 흰 이빨을 드러내놓고 히멀건히 웃는 아저씨에게서 발견하게 되며, 어떤 때는 내가 혼내주고 나무라던 자식이나 제자에게서 그것을 보기도 한다. 물론 힘들게만 보이던 지극히 평범하거나 좀 모자란 듯이 보이던 가까운 선생에게서 그 모습이 보이기도 한다. 그 때 아~ 하는 탄성을 지른다. 바로 저기에 그런 그윽하고 깊은 모습이 있었구나 하고. 그 만남이 귀하게 떠오른다. 여기에서 스승을 본다.

함석헌의 경우 오산학교에 다닐 때 교장으로 잠깐 일하던 유영모가 부임인사에서 학(學) 자를 풀이하는 것을 보고는 감동하고 놀래 자빠진다. 그 순간 젊은 함석헌은 유영모를 향하여 모든 마음의 문을 열어 두었다. 숫기 없는 함석헌은 선생을 찾아 자주 만나서 깊은 대화는 못하지만 혼자서 마음으로 많은 이야기를 주고받는다. 그러던 중에 시절이 분분하여 유영모는 교장의 자리를 떠나게 된다. 그 때 기차역까지 바래다 드리는 길 걸어감에 유영모는 함석헌에게, '내가 오산에 온 것은 함 당신을 만나기 위함인 것 같소' 한다. 이것이 만남이다. 이미 이 두 사람 사이에는 나이와 선생과 제자라는 것을 떠나서 마음 속에서 순수한 감정들이 만나고, 내면에 있는 빛들이 서로 비추기 시작한다. 이미 아브라함 이전부터 있던 내 속에 있는 '그 님'이 서로 알아보고 반가워한다. 유영모의 말과 행동과 생각에서 함석헌은 무한한 계시를 받지만, 동시에 유영모는 함석헌에게서 무한한 가능성과 희망을 본다. 이렇게 되니 자연스럽게 서로 존경하지 않을 수 없게 된다. 일본에서 공부하고 돌아온 함석헌의 활동이 유영모에게는 경이로움이면서 희망이었고, 집에 들어앉아 가만히 명상하는 유영모는 함석헌에게 든든한 뒷받침이 되었다. 그러니 일마다 함석헌은 유영모를 떠올리고 소리

없이 물었고, 유영모는 험난한 세상에서 온전하게 삶을 살아가는가 맘 졸이면서 제자 함석헌을 그리워한다. 제자들의 모임에 스스럼없이 참석하여 배우고 격려하면서 함께 자란다. 언젠가 유영모는 온 식구를 동원하여 집안 청소를 깨끗이 하였단다. 누가 오기에 그렇게 하느냐고 물었단다. 귀한 손님이 오시기 때문에 준비하는 것이라고 하였단다. 나중에 알고 보니 제자 함석헌이 온다고 하였기 때문이란다. 그는 제자 함석헌을 지극히 존경하는 자기 스승을 맞이하는 예로서 하였던 것이다. 어느 증언에 의하면 최남선이나 여운형 같은 사람들이 올 때에도 그렇게는 하지 않았다는 것이다. 그냥 몸뚱이 함석헌을 그렇게 본 것이 아니라, 그이의 몸을 입고 온 '님'을 보았기 때문이다. 아니 그 몸을 입은 그 '님'이 유영모에게 비치었기 때문이다. 사실 스승과 제자의 만남은 그 몸속에 비치는 빛의 맞부딪침이다. 빛은 빛을 알아보는 것. 그래서 한 눈에 들어온다. 함석헌이 남쪽으로 내려온 뒤 유영모의 강의에 계속 참석한다. 유영모는 제자 함석헌의 강의에 맞바꾸어 참석한다. 어쩌면 그들의 강의는 무수히 많은 청중을 향하여 한 것이라기 보다는 하나밖에 없는, 속에 그 '님'을 품은 그 한 사람을 향하여 베푼 것인지 모른다. 말과 행동은 무수히 많은 군중을 향하여 할 때도 있는 것이지만, 그 무리를 향하는 것이 아니라, 그 속에 있는 '님의 빛'을 향하여 비추는 빛의 투사다. 즉 유영모의 강의는 가장 아끼고 존경하는 제자 함석헌의 영혼을 향하여 내던져졌고, 함석헌의 강의는 가장 두렵고 존귀한 스승 유영모를 향한 비추임이었다. 그러니 그 강의는 지극하고 간절할 수밖에 없었다. 이것은 참으로 아름다운 정경이다. 이것을 사제동행이라고 할 것이다.

그러나 스승과 제자는 각각 자기의 고유한 길을 가야한다. 그들은 서로 갈라서지 않으면 안 된다. 이 때 아픔은 이루 말할 수 없이 크다. 자식이 부모를 떠날 때 아픔이 있듯이, 제자가 스승을 떠나 독자 노선을 걸을 때 아프지 않을 수 없다. 그러나 빛이 제대로 비치려면 스승은 제자에게 길을 비켜주어야 하고, 제자는 스승을 파먹고 누르고 뛰어 올라야 한다. 때로는 배신으로 보이고, 때로는 타락으로 보이고, 때로는 오만불손이요 천하의 불효로 보일지 모르지만, 때가 되면 탯집을 박차고 나오는 새생명처럼, 제자는 스승의 날개품을 박차고 나가야 한다. 스승이 품는 힘이 강하고 강할수록 박차고 나르는 힘이 더 크지 않으면 안 된다. 그래서 서로 자기 길을 갈 때는 소리가 요란할 수밖에 없다. 생명의 만남이라면 그럴 수밖에 없다. 그러나 이 떠남은 부메랑현상이다. 돌고 돌아 다시 근원으로 돌아온다. 그들이 주고받았던 말씀의 자리로 되돌아온다. 유영모는 제자 함석헌이 복잡하고 형편없이 돌아가는 현상세계에 관심하지 않고 가만히 앉아 진리를 파기에 깊이 정진하고 촐랑대지 않기를 바란 듯이 보인다. 그러나 함석헌이 받은 시대의 말씀은 그것과 달랐다. 깊이 명상하고 사람들의 살림틀을 바꾸는 것은 둘이 아니라 한 가지라고 보았다. 그래서 사람을 사람답게 대접하지 않는 못된 세력을 향하여 빛을 비추지 않으면 안되었고, 말을 들을 귀가 있는 자를 향하여 던지지 않을 수 없었다. 죽을 때까지 마음으로 정진하는 스승 유영모와 죽을 때까지 사회를 향하여 몸과 맘을 던지는 제자 함석헌의 길은 달라질 수밖에 없었다. 일반사람들이 보기에 두 사람은 갈등하는 듯이 보이고, 딴 살림을 차린 듯이 보일 것이다. 그러나 근원은 하나다. 하나로 비치는 그 '님의 빛' 을 각각 다르게 받았을 뿐이다. 아니 다르게 반사할 뿐이다. 두 사람이 받은 빛은 같은 빛이었지만, 반사하는 방향이 달랐을 뿐이다. 그러나 그 반사빛을 받은 또 다른 빛들은 같은 작용과 반응을 경험한다. 역시 그 반사하는 빛을 받아 그 속에 있는 '님의 빛'이 반짝이기 시작하는 점이다. 지금 이른바 유영모 제자들의 작업과 함석헌 제자들이 하는 작업이 합일에 도달하려는 움직임은 바로 이 점에서 의미를 찾는다. 유영모를 우리 시대의 빛으로 다시 보고, 함석헌을 이 시대의 빛으로 다시 볼 때 이 두 빛은 한 점에 모아질 것이다. 그렇게 되면 그들이 비쳤던 빛은 더 풍성한 모양으로 반사된 것이 증명될 것이다.

그런데 지금 참 스승이 없다는 말은 무엇을 의미하는 것일까? 스승은 타고나는 것인가? 누구인가가 만드는 것인가? 자기 스스로 그렇게 되는 것인가? 지금 무수히 많은 선생들이 있다고 하는데도 이 시대의 스승이 없다는 것은 무엇을 의미하는가? 스승이 없다면 자기 자신이 스승이 될 맘을 왜 가지지 못하는가? 지금 우리의 상황과 구약시대의 이스라엘을 생각하여 본다. 그 시대 이스라엘 역시 참으로 참담한 현실이 많았다. 나라를 잃고, 정신은 빠져버렸고, 쓸만한 인재는 나타나지 않고, 사회도덕은 땅에 떨어지다 못해 시궁창에 굴러 처 박혔고, 민중들의 사기는 밑 모르게 쳐질 대로 쳐진 상태였다. 어디에도 구원의 빛이 없고 손길이 보이지 않는 암담하고 암울한 상태였다. 들느니 탄식소리뿐이요, 나느니 죽겠다는 생각뿐이었다. 그 때, 일반 씨울들의 탄식이 하늘에 닿았을 때 어느 깨끗한 맘에 깨달음이 있었고, 어느 깨끗한 반사기에 반딧불 같은 빛이 비쳤고, 어느 깨끗한 귀에 지극히 작고 부드러운 소리가 깊은 사랑 속에서 들렸다. 그 소리는 때로는 무섭게, 때로는 훈훈하게 파장을 타고 마른 풀밭에 불길처럼 번졌다. 들판에 널려 있는 마른풀은 씨올들의 간절한 마음, 하늘의 말씀, 시대의 소리를 기다리는 애타고 간절한 마음이다. 그러할 때 내 마음이 열리고 눈이 밝아지고 귀가 열려 울리는 스승의 소리를 느끼게 될 것이다. 분명히 어디엔가 한 사람 있어서 하늘과 땅과 진리와 역사와 사람의 소리를 모아듣는 일에 정성을 쏟고 있을 것이다. 그는 언젠가 간절한 우리 앞에 흙 같고, 물 같으며, 햇빛 같고, 고향 같은 사람으로 나타날 것이다. 결코 백마를 타고 오는 것이 아니라, 아무도 모르게 내 곁에 와서 살짝 앉을 것이다. 그래도 못 알아맞히면 성난 파도가 되어 우리를 뒤덮을 것이다. 이 시대에 스승이 없음은 스승을 맞이하려는 마음이 간절하지 못하기 때문이고, 그가 와 있는데도 볼 수 없이 눈에 티가 끼었기 때문이고, 수없이 많이 던지는 말을 듣기에 지나치게 귀가 막혀 있기 때문이다. 그러므로 스승이 없다고 한탄하기 이전에, 내 속에 있는 스승의 말씀을 들을 수 있는 귀, 그 빛을 받을 수 있는 반사경, 그 사랑을 담을 수 있는 마음 밭을 갈고 닦을 필요가 있다. 그렇게 된다면 스승은 거기 그렇게 어엿이 계심을 알게 될 것이다. 그러면 매우 든든한 마음이 자리를 잡겠지. 스승은 이미 내 속에 와 계신다.

- 2001. 4. 10

3부

스승 함석헌의 편지

함 석헌 선생의 편지와 표주박통신의 직접 연관은 없다. 그러나 선생이 단식 중에 보내주신 한 통의 엽서는 내 삶의 기본을 흔들어 놓았고, 그 힘으로 일생을 살아가는 추동력이 되어 있음은 분명하다. 선생께서 보내주신 편지를 읽으면서, 내게 보내주신 그 편지와 잡지 '씨알의 소리'를 통해 끝없이 띄운 씨알에게 보낸 그의 편지가 '표주박통신'의 모델이 됐음을 새삼 확인하게 되었다. 내 글의 갈피갈피에서 그의 정신과 말과 생각과 삶이 묻어나는 것을 느낄 때가 많았다. 그러면서도 그를 벗어나 '나'라고 하는 독자성을 가지려는 몸부림도 있었음을 또 확인하게 되었다.

첫 편지[6]

　단식에 격려해주는 글 고맙게 읽었소. 나는 그것밖에 할 힘이 없어서 하는 일이지요. 나라를 위해 힘을 쓰시오. 모든 사람에게 이 외교(外交)가 나라를 망치는 것임을 알려주시오.

　　七月 七日

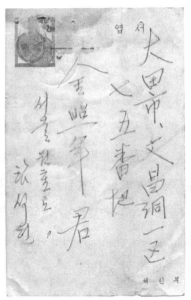 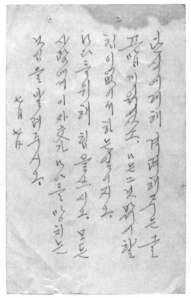

---

　* 편집자 주 : 편지 원문에 들어 있는 한자는 괄호 안에 넣어서 처리하였다.

　6) 이 엽서는 김조년과 함석헌 선생이 처음 교류하게 된 엽서다. 1965년 박정희 군사정권은 한일회담을 졸속으로 체결하려고 하였다. 이 때 전국에서 상당히 강하고 많은 반대운동이 일어났다. 함석헌 선생 역시 그것에 적극 반대하였다. 1965년 7월 동아일보에 그는 '단식에 즈음하여 국민에게 드리는 글'을 발표하였다. 그가 삭발하고 삼베옷을 입고 부인과 함께 성경을 무릎에 얹고 앉아있는 사진이 기사로 실렸다. 나는 그 기사와 그의 글을 읽고 매우 큰 감동을 느꼈다. 그래서 곧바로 편지를 드렸다. 마침 기사에 그의 집 주소가 실렸기에 그곳으로 보냈다. 이 엽서는 바로 그 편지를 받고, 단식 중에 나에게 보내주신 것이다. 그 뒤로 종종 편지교류가 이루어졌다.

서로 저쪽 마음이 돼보자.[7]

편지 고맙게 받은 지 여러 날 됐는데 쉬이 회답 못 드려 궁금했을 줄 압니다. 한마디로 잘 있습니다. 지금은 토요일 밤이고 내일이면 주일입니다.

사람은 저의 테두리를 못 벗어나지만 목적은 그 알 수 없는 근본 되시는 이처럼 모든 것을 아는 자리에 가잔 것입니다. 이 시간이나, 또 내일 내가 어떠할 것은 생각도 하고 어느 정도 알 수도 있지만, 남인 다음엔 아무리 사랑한다 해도 그 마음과 혼의 상태를 알 수 없군요. 그래서 편지라도 해보지만, 그것으로도 참 저쪽을 알기는 어렵고, 나를 알릴 수도 없고, 또 죽음이라는 하나의 경계선을 넘으면 더욱 알 수 없지오. 같은 사건[8]으로 인해 아직 감옥에 가 있는 사람들을 생각하지만, 내가 어찌 그들 마음속을 같이 느낄 수 있소? 옛날 어떤 선사(禪師)는 삼계유유일영어 기쇄생령수산초(三界悠悠一囹圄 羈鎖生靈受酸楚), 온 우주(宇宙)가 한 큰 감옥이어서 모든 생령(生靈)들이 거기서 신산(辛酸)한 고초를 겪고 있다고 했어요. 그렇게 보면 다 같이 감옥살이고, 그래 서로 동정(同情)해야 할 것인데, 다 저라는 감옥을 또 만들어가지고 그 속에만 있으려기 때문에 서로 몰라요. 서로 알게 되는 날 감옥은 이미 감옥이 아니고 천국(天國)인데. 예수와 같이 달린(十字架에) 죄수처럼.

---

7) 이 문구는 위의 봉함엽서의 봉하는 부분에 쓴 것이다. 함 선생은 봉합엽서나 작은 관제엽서를 사용하여 편지를 잘 보내셨다. 다른 나라를 여행할 경우엔 언제나 그 나라의 봉함엽서를 사서 쓰셨다. 봉투와 편지를 따로 사용하지 않아도 되는 편리함이 있어서 그랬을 것이다.

8) 1976년 삼일절을 기하여 민주주의를 위한 선언으로 이른바 '3·1민주구국선언' 사건이라는 이름으로 알려진 사건을 말한다. 유신체제 아래서 윤보선, 함석헌, 김대중, 문익환, 이문영, 안병무 등의 사람들이 함께 서명하고 발표한 것으로, 인권과 민주주의실현을 주장한 선언이다. 이것으로 함선생 역시 약 일년여 기간 재판을 받았다. 그와 윤보선 전 대통령은 고령자라고 하여 불구속되었고, 나머지 사람들은 감옥에 갇히게 되었다. 내가 독일로 유학을 떠나는 날 아침 일찍 선생님을 댁으로 찾아뵈었다. "나는 인생을 감옥에서 마감하려나 하였더니 나이 많은 사람이라고 하여 이렇게 내어 놓누만" 하시며 감회가 어린 모습을 짓던 것이 기억에 삼삼하다. 물론 공부하러 가는 젊은 나에게 깊은 격려의 말씀을 하셨을 것이다.

그동안도 또 반항을 한 사람들이 있었고 그래서 또 새로 감옥에 갔고, 그런데도 감옥문이 열릴 기미는 뵈지 않고. 이렇기 때문에 인생(人生)과 역사(歷史)를 좀 내다보자는 마음이 있기 때문에 각별히 기쁜 것도 각별히 슬픈 것도 없어요. 그러니 각별히 내 편이랄 사람도, 원수랄 사람도 없어요.

안박사[9]도 그래 그런지, 어제 금(金)요 저녁기도회에서, 사람은 분노할 줄도 알아야하지만, 그보다 서로 고통을 지는 '너'를 측은히 여길 줄을 알아야 한다고 했어. 사마리아사람 이야기를 읽고 한 설교요. 장자(莊子)가 놀라운 사람이오. 전국시절(戰國時節)에 나라한답시고 사람을 마구 죽이는 꼴을 보다 못해 그랬을 거지만, '신인(神人)은 사람이 많이 오는 것을 싫어한다, 그래 여럿이 와도 별로 가까이 하지 않는다, 가까이 아니하니 이(利)롭게 해주는 것도 없다, 그래서 심(甚)히 친(親)하는 것도 없고 심(甚)히 싫여하는 것도 없다, 그래서 눈으로 눈을 보고 귀로 귀를 듣고 마음으로 마음에 돌아간다 그랬어. 눈, 귀, 마음으로 한다는 것은 자기(自己)가 없이 한다는 말이요. 세상을 망치는 것은 '나'요, 그럼 잘 있어요, 그 한 마디면 됐지.

1977년 5월 14일. 바보새[10]

---

9) 민중신학을 펼치고 1976년 3월 1일에 함석헌 선생과 함께 3·1구국선언에 참여한 안병무 교수를 말한다. 안교수는 함선생의 오랜 제자요 친구다. 금요기도회는 인혁당재건위사건, 민청학련사건, 산업선교회사건 등으로 감옥에 가 있는 사람들을 위한 정기 기도모임이었다. 안교수는 이 사건으로 '사건의 신학'을 개발하였고, 그의 민중신학을 깊게 발전시키는 계기로 삼았다. 사건의 신학이란, 3.1구국선언이란 짧은 선언문 하나를 읽고 전파한 매우 작은 사건에 불과하다. 그런데도 그것이 미친 파급효과는 전혀 선언문을 인쇄한 종이 한 두 장의 전파효과가 아니라, 어마어마한 파장이 일어난다는 것이다. 결국 하나님은 이렇게 작은 사건이 주는 의미로 역사할 수도 있다는 의미의 신학적 성찰을 시작한 것이다.

10) 함 선생은 자신을 종종 바보새라고 하였다. 한자로는 신천옹(信天翁)이라 쓰기도 한 이 새를 알바트로스라고 한다. 매우 큰 새이지만 자기 힘으로 먹이를 구하지 못한다. 뱃전에서 입벌리고 하늘만 쳐다보고 있다가 어부가 잡아 온 물고기를 먹거나, 다른 것들이 입에 넣어주는 것을 먹고 한단다. 그와 같이 자신의 삶이 그렇다는 것이다. 즉 자신이 벌어서 생활하는 것이 아니라, 다른 사람들, 즉 가족이나 친구들의 물어다 주는 것을 먹고 사는 사람이란 뜻으로 그렇게 표현하였다. 그는 일생동안 1928년에서 1938년까지 오산학교에서 교사로 일한 10년 이외엔 정식으로 어떤 직장을 가지고 일한 적이 없다.

김조년 님에게

오랜만에 글을 받아 반갑소. 공부할 데가 작정됐다 하니 좋소.[11] 무엇이나 작정하거든 그 담은 거기 전력하는 것이지. 또 다른 것을 좌고우면(左顧右眄)해서는 아니 되는 것이니, 남이 나를 뭐라 하나 그런 걱정 말고 정진(精進)하시오. 본국(本國) 문제도 어느 의미로는 잊어버리는 것이 좋소. 생각한다 해서 무엇이 되는 것도 아니니 말이오. 우리는 물론 지난 역사(歷史)의 까닭이 있어서 되는 일이지만. 너무 지나치게 정치적(政治的) 상황에 관심이 많아서 걱정이오. 그보다 더 깊이 말한다면, 근본에서 이기주의(利己主義)를 면치 못했기 때문이지요. 열심으로 투쟁을 한다는 사람도 아직 자아(自我)를 버리지 못했으니 가다가는 분열(分裂)이 아니 생길 수 없지. 열심으로 공부(工夫)해서 박사(博士) 됐다는 사람도 속에는 '나' 밖에 있는 것이 없으니 의리(義理)고 보람이고, 공도(公道)고 아무 것도 없소. 지금 우리나라는 그런 사람들이 못쓰게 만들고 있소. 말하자면 모든 말재주와 기술(技術)이 다 악(惡)에 협조를 하고 있다는 말이오. 그 사람들이 차라리 깊이 인간(人間)을 파들어 가는 공부(工夫)를 했드라면, 차라리 전문공부 없이 씨올대로 있었드라면 사회(社會)가 이렇게 썩지는 않았을 것이오.

---

11) 독일 Goettingen이란 작은 대학도시에 자리 잡은 Georgia Augusta 대학에서 사회학공부를 시작하였다는 소식에 대한 언급이다.

그러나 문제는 우리만이 아니고 문명(文明) 전체가 잘못됐기 때문이니, 인류(人類)가 깊이 반성(反省)한다면 몰라도, 그러지 않고는 멸망할 수밖에 없을 것이오. 우리나라도 근본문제는 인구과다(人口過多)에 있소. 거리를 걸어나갈 수가 없으니 인간 가치(人間價値)가 떨어지지 않을 수 없지. 이론(理論)으로는 가급적(可及的) 문명(文明)을 발달시켜서 여가(餘暇)를 많이 얻어 정신적(精神的) 향상(向上)을 한다고 했는데, 결과는 반대로 되어 이제 제가 만든 기계를 제가 통제할 수가 없어졌으니 망(亡)하는 수밖에 없고 망(亡)해야 할 것이오, 지난 번 비행기(飛行機) 납치사건을 보고 놀랐지만, '이제부터 시작'이란다니 무섭지 않소? 그것이 역사(歷史)의 자기비판(自己批判)이 아닐까? 이성(理性)이 어디 있어요? 인류학(人類學)은 과거(過去)에도 몇 갈래의 인류(人類)가 있었다가 멸망한 것을 말하는데 이 인류(人類)라고 아니 망해요? 자기(自己)네는 과학(科學)으로 죽음을 정복한다는 데 그 과학(科學) 자체(自體)가 전체적(全體的)인 죽음을 초래(招來)하는데 어떻게 해요?

　　그러나 그래도 믿어야지. 이 인류(人類)는 망(亡)해도 생명(生命)은 아니 망(亡)할 것을. 이 생명(生命)만이 생명(生命)이 아닐 것을, 과거(過去)에도 그랬듯이, 전체(全體)가 악(惡)으로 썩는 동안 어느 구석에 새 씨올이 준비될 것을 믿어야지요. 말을 다 할 수 없지. 잡지는 보내겠소.[12]

1997. 11. 4. 함석헌

---

12) 잡지 씨올의 소리를 읽고 싶어서 구독신청을 하는 형식으로 편지에 썼던 모양이다. 그에 대한 응답이다.

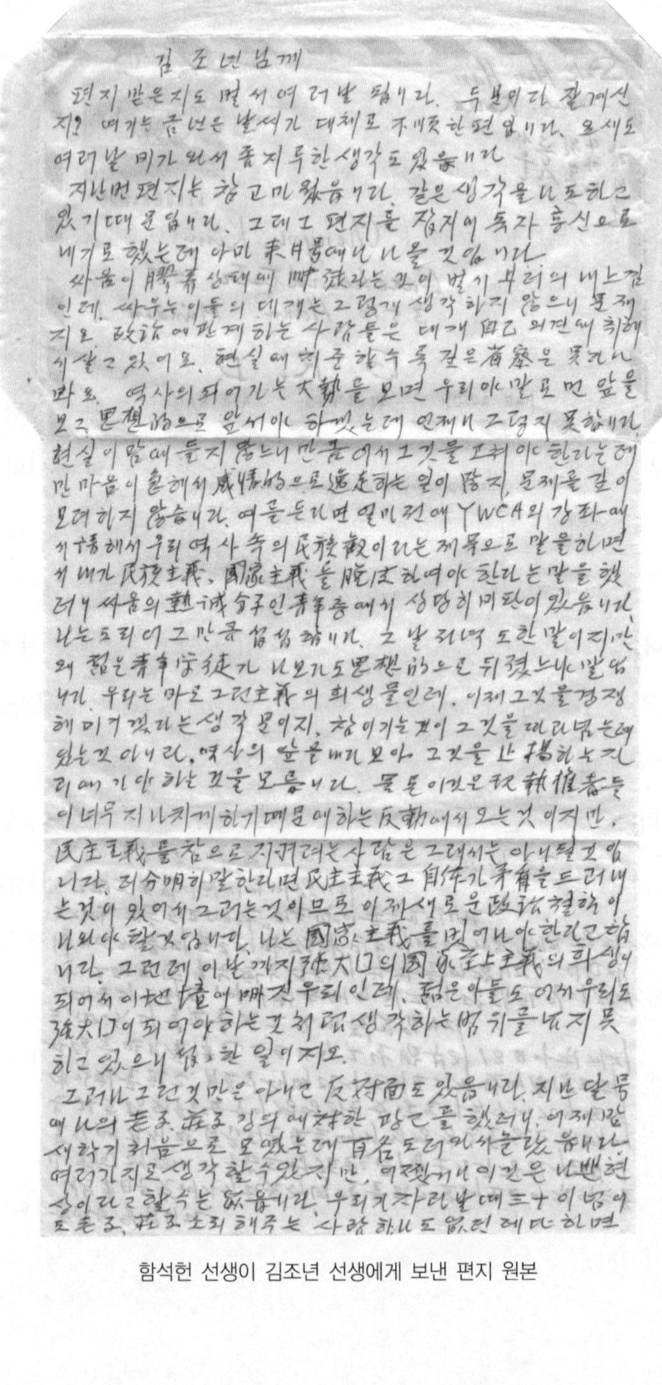

김조년님께

편지 받은지도 벌써 여러날 됩니다. 두분이다 잘 계신지? 여기는 금년은 날씨가 대체로 不順한 편입니다. 요새도 여러날 비가 와서 좀 지루한 생각도 있읍니다.

지난번 편지는 참 고마왔읍니다. 같은 생각을 나도 하고 있기 때문입니다. 그래 그 편지를 잡지에 독자 통신으로 내기로 했는데 아마 來月號에나 나올 것입니다.

싸움이 膠着상태에 빠졌다는 것이 벌써 우리의 지는 길인데. 싸우는 이들의 대개는 그렇게 생각하지 않으니 문제지요. 政治에 관계하는 사람들은 대개 自己 의견에 취해서 살고 있어요. 현실에 치중할수록 깊은 省察은 못하나 봐요. 역사의 되어가는 大勢를 보면 우리야말로 먼 앞을 보고 思想的으로 앞서야 하겠는데 언제나 그렇지 못합니다. 현실이 맘에 들지 않느니 만큼 어서 그것을 고쳐야 한다는데만 마음이 急해서 感情的으로 逸走하는 일이 많지, 문제를 깊이 고려하지 않습니다. 예를 든다면 얼마전에 YWCA의 강좌에서 請해서 우리 역사 속의 民族觀이라는 제목으로 말을 하면서 내가 民族主義, 國家主義를 脫皮해야 한다는 말을 했더니 싸움의 熱誠分子인 靑年층에서 상당히 비판이 있읍니다. 나는 도리어 그만큼 섭섭합니다. 그날 저녁 또한 말이지만 왜 젊은 靑年學徒가 나보다도 思想的으로 뒤졌느냐 말입니다. 우리는 바로 그런 主義의 희생물인데. 이제 그것을 경쟁해 이기겠다는 생각뿐이지. 참 이기는 것이 그것을 따라 넘는 데 있는 것 아니라, 역사의 앞을 내다보아 그것을 止揚하는 자리에 가야 하는 것을 모릅니다. 물론 이것은 現執權者들이 너무 지나치게 하기 때문에 하는 反動에서 오는 것이지만, 民主主義를 참으로 지키려는 사람은 그래서는 아니될 것입니다. 더 分明히 말한다면 民主主義 그 自體가 矛盾을 드러내는 것이 있어서 그러는 것이므로 이제 새로운 政治철학이 나와야 할 것입니다. 나는 國家主義를 버려야 한다고 합니다. 그런데 이날까지 強大國의 國家主義의 희생이 되어서 이 처지에 빠진 우리인데, 젊은이들도 어서 우리도 強大國이 되어야 하는 것처럼 생각하는 범위를 넘지 못하고 있으니 섭섭한 일이지요.

그러나 그런 것만은 아니고 反對面도 있읍니다. 지난 달 틈에 나의 老子, 莊子 강의에 대한 광고를 했더니, 이제 새학기 처음으로 모였는데 百名도 더 와서 놀랐읍니다. 여러가지로 생각할 수 있지만, 어쨌거나 이건은 나쁜 현상이라고 할 수는 없읍니다. 우리가 자랄 때 三十이 넘어도 老子, 莊子 소리 해주는 사람 하나도 없던 데 따하면

함석헌 선생이 김조년 선생에게 보낸 편지 원본

김조년 · 부인님께

크리스마스카드 고맙게 받고, 내 주의대로 카드는 안 보내더라도 회답은 보내야겠다 하면서 못 쓰고 있는데 글월 다시 받아 더욱 감사합니다. 나는 아주 잘 있고, 우리족(族 : 뿌리族)들 다 잘 있읍니다.[13] 혹 밖에서는 걱정할지 모르지만 사실 우리는 아주 잘 있읍니다. 나는 몸도 지난 1년(一年)은 참 건강했어요. 감기도 한 번 안 들렸고. 전에는 혹시 소화불량(消化不良) 되는 일도 있었지만 지난해는 그것도 없시, 원기(元氣) 참 넘쳤어요. 피곤기를 느껴 본 일 없고, 정보부에 갔을 때도 그들이 놀라리 만큼 잘 잤읍니다. 집이나 마찬가지로 누우면 1, 2분 내(一·二分內)에 잠들지오. 마음이 평안(平安)한 탓인지오. 왜? 잘못이 없으니까. 하나님 앞에서야 전신(全身)을 눈물로 녹여 울어도 부족(不足)할 나지만, 이 세상(世上)의 권세자들 앞에는 조금도 잘못이 없기 때문입니다. 그러나 그것보다는 역시 의(義)를 위(爲)해 싸운다는 자신(自信) 때문에 그리 했을 것입니다.

나는 칠십(七十)이 넘도록 그전 어느 때보다도 더 많이 기도했고 더 간절한 마음으로 했으며 하나님을 가까이 느꼈읍니다. 그래 밥이 맛이 있지 않을 리 없고, 무슨 일을 당해도 겁이 나지 않지오. 큰소리는 해서 못 쓰는

---

13) 70년대와 80년대의 글이기에, 지금 새로 전해진 우리말 표기법과 다른 것이 있다. 그것은 그 때를 생각하여 그대로 두기로 한다.

법이지만, 정말 죽는 것이 무섭지 않습니다. 물론 아직도 멀었지. 베드로 간에 추태를 부렸는데[14] 나 같은 것이 장담할 수 있어요? 그렇지만 적어도 내 맘성은 그렇습니다. 이 몸이 죽어죽어 일백(一百) 번 고쳐 죽어 백골(白骨)이 틔끌 되어 넋이라도 있고 없고, 님 향한 일편단심(一片丹心) 가실줄이 있으랴. 그런 심정(心情)에 가면 죽음이 결코 싫지 않습니다. 이 노래를 읊을 때 마다 눈물을 아니 닦을 수 없어. 지금도 흐린 눈으로 이 글을 씁니다. 누가 나를 이렇게 행복하게 만들어주었어? 저 악(惡)이지! 악(惡)을 미워하지 않기를 첨으로 조금 깊이 배웠어요. 악(惡)이 와서 내 영혼에 도전하지 않았다면 내 속에 있는 하나님의 씨가 싹이 트지 못했을 것입니다. 그 어리석은 것이 사람을(반드시 내가 아니라) 잘못 알아보고 공연히 턱도 없이 건드리니 내 속에 내 영혼을 지켜주는 하나님의 사자(使者)가 죽은 척하고 있을 리가 없지요. 천사(天使)가 옥 속에서 자고 있는 베드로를 발로 차 이르켰다는 것이 결코 헛소리가 아닙니다. 내가 바로 체험하고 있읍니다. 사람인 나야 하잘것없지만 그래도 나도 믿노라고 고백(告白)했으니, 나를 버릴 수 있어요? 깨워주셨읍니다. 그러니까 기도를 올렸고, 그러니까 눈을 뜨고 머리를 들었고, 그러니까 의(義)의 하나님이 태양같이 빛났고, 그러니까 용기가 났지오. 그것이 다 세상(世上)에 악(惡)이 존재(存在)하는 덕택입니다. 숫돌이 있는 것은 칼을 날서게 하기 위(爲)해서요, 세상에 악인(惡人)이 있는 것은 의인(義人)을 다듬어 그 의(義)를 완성(完成)시키도

---

14) 예수가 로마군에 잡혀 끌려갈 때, 베드로는 멀찌감치에서 따라갔거나 조사받는 집 밖에서 서성거렸다. 그곳에 있던 사람들 중에서 베드로를 알아본 사람이 그가 예수와 함께 있던 자라고 하니, 아니라고 강하게 부인한다. 그렇게 세 번 부인하였을 때 닭이 울었다. 이는 떠나는 예수를 부여잡고 끝까지 따르겠다고 맹세하는 베드로에게 예수가 미리 말하여 일러준 대로 된 사건이다. 닭이 울자 베드로는 크게 뉘우친다. 바로 이 사건을 두고 쓴 글이다.

록 하기 위(爲)해서입니다.

글 속에 이러다가는 이 인류(人類)가 망(亡)하고 말 것 같다는 말 했는데[15] 나도 벌써부터 같은 생각하고 있읍니다. 이러고서 아니 망(亡)할 수 있어요? 제 한 짓 때문에 스스로 망하는 것입니다. 그러나 인류(人類)가 망한다는 것은 생명(生命)의 씨가 망한단 말이 아닙니다. 인류(人類)는 제 죄로 스스로 멸망 속에 들어가도, (멸망해야 합니다) 그래도 생명(生命)은 살아 한 층 더 올라갈 것입니다. 지금 인류(人類)도 처음 있는 것이 아니고 몇 차례 전에 있던 인류(人類)가 망하고 나온 것입니다. 망할 것들이 제 잘못으로 망(亡)하면 그 속에 있던 영원(永遠)한 생명(生命)의 씨는 그 시련(試鍊)을 겪은 높은 성격으로 새 인류(人類)가 나옵니다. 과거(過去)도 그런 것 같이 미래(未來)도 그럴 것입니다. 어리석은 천당(天堂)파들은 그것은 모르고 천당(天堂) 가면 부모 형제 처자(父母兄弟妻子) 다 만난다지만, 그런 것 없읍니다. 한층 더 자란 새 생명(生命)의 바다가 있을 뿐이고 거기 하나님의 바람이 불음을 따라 억만(億萬) 영혼이 또 이러날 것입니다.

속에 가진 동산을 잘 가꾸시기 바랍니다.

1978년 2월 1일 밤. 늙은 바보새

---

15) 아마도 그 당시 문명비판에 대한 글을 읽으면서 느낌이 들어서 그런 편지를 드렸던 모양이다. 어떤 내용의 편지를 드렸던지 기억에 없다.

김조년 님께

　편지 받은 지도 벌써 여러 날 됩니다. 두 분이 다 잘 계신지요? 여기는 금년은 날씨가 대체로 불순(不順)한 편입니다. 요새도 여러 날 비가 와서 좀 지루한 생각도 있읍니다.

　지난 번 편지는 참 고마웠습니다. 같은 생각을 나도 하고 있기 때문입니다. 그래 그 편지를 잡지에 독자 통신으로 내기로 했는데 아마 래월호(來月号)에나 나갈 것입니다.[16)]

　싸움이 교착(膠着)상태에 빠졌다는 게 벌써부터의 내 느낌인데, 싸우는 이들의 대개는 그렇게 생각하지 않으니 문제지요. 정치(政治)에 관계하는 사람들은 대개 자기(自己) 의견에 취해 살고 있어요. 현실에 치중할수록 깊은 성찰(省察)은 못 하나 봐요. 역사가 되어가는 대세(大勢)를 보면 우리야말로 먼 앞을 보고 사상적(思想的)으로 앞서야겠는데 언제나 그렇지 못합니다. 현실이 맘에 들지 않느니 만큼 어서 그것을 고쳐야 한다는 데만 마음이 급(急)해서 감정적(感情的)으로 일주(逸走)하는 일이 많지, 문제를 깊이 보려 하지 않습니다. 예를 든다면 얼마 전에 YMCA의 강좌에서 청(請)해서 「우리 역사 속의 민족관(民族觀)」이라는 제목으로 말을 하면서 내가 민족

---

16) 내가 무슨 내용에 대하여 썼는지 모르겠다. 선생님의 어떤 생각과 내가 드린 편지의 내용이 같았던 것인지 기억이 없다. 다음 호에 실릴 것이라 하였으나, 그 뒤 씨올의 소리에는 그것이 실리지 않았다.

주의(民族主義), 국가주의(國家主義)를 탈피(脫皮)하여야 한다는 말을 했더니 싸움의 열성분자(熱誠分子)인 청년(靑年)층에서 상당히 비판이 있읍니다. 나는 도리어 그 만큼 섭섭합니다. 그날 저녁도 한 말이지만 왜 젊은 청년학도(靑年學徒)가 나보다도 사상적(思想的)으로 뒤졌느냐 말입니다. 우리는 바로 그런 주의(主義)의 희생물인데. 이제 그것을 경쟁해 이기겠다는 생각뿐이지, 참 이기는 것이 그것을 따라 넘는 데 있는 것 아니라, 역사의 앞을 내다보아 그것을 지양(止揚)하는 자리에 가야 하는 것을 모릅니다. 물론 이것은 현 집권자(現執權者)들이 너무 지나치게 하기 때문에 나오는 반동(反動)에서 오는 것이지만. 민주주의(民主主義)를 참으로 지키려는 사람은 그래서는 아니 될 것입니다. 더 분명(分明)히 말한다면 민주주의(民主主義) 그 자체(自體)가 모순(矛盾)을 드러내는 것이 있어서 그러는 것이므로 이제 새로운 정치(政治)철학이 나와야 할 것입니다. 나는 국가주의(國家主義)를 벗어나야 한다고 합니다. 그런데 이날까지 강대국(强大國)의 국가 지상주의(國家至上主義)의 희생이 되어 이 지경(地境)에 빠진 우리인데, 젊은이들도 어서 우리도 강대국(强大國이) 되어야 하는 것처럼 생각하는 범위를 넘지 못하고 있으니 섭섭한 일이지요.

그러나 그런 것만은 아니고 반대면(反對面)도 있습니다. 지난달 호(号)에 나의 노자·장자(老子·莊子) 강의에 대(對)한 광고를 했더니, 어젯밤 새 학기 처음으로 모였는데 100명(百名)도 더 와서 놀랐읍니다. 여러 가지로 생각할 수 있지만 어쨌거나 이것은 나쁜 현상이라고는 할 수 없습니다. 우리가 자라날 때 30(三十)이 넘어도 노자·장자(老子·莊子) 소개 해주는 사람 하나도 없던 데 비(比)하면 놀라운 일입니다.

273

나는 내일(來日) 광주(光州)에 가서 하루 저녁 말을 하고, 모레 주일(主日) 아침에는 부산(釜山)을 향(向)해 떠나서 오후(午後) 세시(三時) 장기려(張起呂) 박사(博士)가 주장하시는 부산모임에[17]가서 한 100명(百名) 되는 집회(集會)에서 성경 강론을 하고 저녁에는 가톨릭 수녀(修女)들이 경영하는 여학생(女學生) 기숙사에 가서 또 수양강화를 하고, 월(月)요일 새벽 다시 광주(光州)로 가서 낮에 강진(康津)교회 사람을 만나 강진읍(康津邑)으로 가서 그날 밤부터 13일(日) 아침까지 3·4차(三·四次) 설교를 하고 오게 될 것입니다.

『씨올의 소리』도 이 상황 속에서 하자니 답답한 일이 많지만 그래도 근래(近來)는 찾는 사람이 차차 늘어갑니다. 시원한 날은 언제 올지 모르지만, 정말 믿는 사람에게는 "때가 장차 오지만, 지금도 그때다"라는 말이 옳은 것입니다.

그럼 공부(工夫) 많이 하시기 바랍니다.

1978년 9월 8일 함석헌

---

17) 흔히 '부산모임'이라고 하는데, 장기려 선생이 중심이 되어 주일에 모인 신앙모임이었다. 함 선생은 60년대나 그 이전부터 그 모임에 한 달에 두 번 씩 참석하여 말씀하였다.

김조년 님께

보내준 150 마르크 받았습니다. 사무실(事務室)에 넘겨주겠읍니다. 부인도 아기도 다 건강하게들 있는지? 그동안 나에 대해서는 너무 놀라운 풍설(風說)이 돌아서 세계각지(世界各地)의 고마운 마음들에게 걱정을 많이 끼쳐서 할 말이 없읍니다.[18] 보안사령부에 갔다가 16일(十六日) 만에 나왔으나[19] 아무런 고통(苦痛) 없이 잘 있다가 나왔습니다. 기소(起訴)는 되어 오는 15일(十五日)부터 재판이 될 것입니다. 여러 사람들이 고생 많이 했읍니다. 앞으로 시국(時局)이 어떻게 되려는지 알 수 없습니다. 무슨 일이 있더라고 믿고 살아야지요.

잡지에도 어려움이 많습니다. 검열이 아주 까다롭습니다. 12월호가 이

---

18) 정확한 것은 알 수 없으나, 그 당시 어떤 정보기관의 도움으로 함석헌 선생을 넘어뜨리기 위한 공작이 있었다고 한다. 그 한 예로, '거짓 예언자 함석헌'이란 책이 대대적으로 인쇄되어 어마어마하게 배포되었다. 그 책에서 함선생의 조카라고 자신을 소개한 필자는 그의 섹스스캔들을 아주 집요한 필치로 전개했다. 나중에 그것의 대부분이 허위이며 날조된 것이라는 것이 밝혀졌지만, 그것으로 그의 이미지는 많이 실추되었고, 그를 아끼는 사람들이 많이 실망하고 걱정하였던 것을 말하는 것일 것이다.

19) 1979년 10월 26일 중앙정보부장 김재규에 의하여 대통령 박정희가 살해된 뒤, 계엄이 선포되었다. 미국의 퀘이커봉사회에 의하여 노벨평화상후보에 추천되고, 스위스에서 열린 세계퀘이커대회에 참석한 뒤 미국을 여행하고 있던 때 이 소식을 듣고 모든 여행일정을 중단하고 귀국한다. 곧바로 많은 분들과 논의하여 이른바 YWCA위장결혼식을 거행한다. 모든 집회가 허가되지 않았을 때이므로, 서울 명동에 있는 YWCA에서 결혼식을 한다고 공고한 뒤, 민주주의 실현을 촉구하는 집회를 한 것이다. 그 때 관련자들이 연행되었고 함석헌 선생 역시 그 관련자로 강력하게 조사를 받았고 재판을 받았다. 이 부분은 바로 그 문제를 뜻한다. 스위스에서 열린 세계퀘이커대회에 참석한 뒤 독일을 방문하였는데, 그 때 Hann. Münden에 살던 우리 집에 오셔서 하룻밤을 주무시고, 프랑크푸르트, 보쿰, 함부르크 등을 함께 방문하였었다.

제야 겨우 인쇄가 되어 어제 발송(發送)하려 했는데 갑자기 계엄에서 다시 문제되는 것이 있다 해서 고쳐야 하게 됐읍니다. 며칠 더 있어야지오.

여러분께 안부(安否) 전해주시고 나라 일이 순탄(順坦)치 못하니 밖에 계신 분들도 잊지 말고 기도하고 생각해주기 바란다고 해주십시오. 그저 답답만해서 글 쓸 마음이 되지 않습니다. 그렇지만 그래도 이기고 할 의무(義務)를 다해야지오.

다하지 못한 말 마음으로 헤아리시기 바라며 이만 씁니다.

1980년 1월 10일. 함석헌

김조년 님

    12월 1일(十二月 一日)에 쓰신 편지가 1월 27일(一月 二十七日)에야 왔습니다.[20] 지금은 벌써 이사하셨을 줄 압니다. 부인도 아기도 평안하신지? 여기 형편은 아무리 자세히 한다 해도 짐작도 하시기 어려울 것이고, 또 밖에서 더 잘 아실 것입니다. 도리어 이 사회(社會)는 너무도 잘 살기나 하는 듯 착각을 하고 있는 것 같아 기가 막힙니다. 나는 우리의 역사를 고난(苦難)의 역사(歷史)라 하고 지금도 그 고난(苦難) 속에 빠져 있으며, 그 구경(究竟)의 의미는 민족의 마음이 한층 더 깊어지고 높아지며, 그 지옥(地獄) 속에서 탈출(脫出)하자는 자각(自覺)과 또 그렇게 할 수 있는 능력(能力)을 얻는 데 있다 하지만, 정말 이렇게까지도 형편이 없는 민족인 줄은 몰랐읍니다. 어쩌믄 이렇게도 과거(過去)의 치욕(恥辱)의 죄악(罪惡)의 역사(歷史)를 되풀이하고 있을까요? 나는 요새는 아무 것도 읽지도 쓰지도 못하고 있읍니다. 가뜩이나 사회(社會)가 이런데다가 지난 12월 6일 새벽 목욕 가다가 얼음을 헛디디고 넘어져서 가슴과 척추(脊椎)를 상(傷)해 한 달도 더 누워 있다가 겨우 일어는 났지만 아직도 통증(痛症)이 가시지 않아 자주자주 누워 있어야 하기 때문입니다.

---

  20) 이 편지는 원래 1월 12일에 쓴 것이다. 그런데 독일과 미국식 날짜 표기가 다르다. 예를 들어 미국에서는 맨 앞에 달을 쓰고 그 다음에 날을 쓰고, 맨 뒤에 해를 쓴다. 우리나라에서도 외국으로 나가는 편지에는 날짜를 이렇게 쓰는 수가 많다. 그런데 독일에서는 날, 달, 해의 순서로 쓴다. 그래서 12. 1로 쓴 1월 12일을 12월 1일로 읽으신 것 같다.

그러나 문제는 우리나라만이 아닙니다. 잘 아시겠지요. 절벽에서 떨어지다가 간신히 풀뿌리를 휘어잡고 낭떠러지 위로 올라가려고 애를 쓰는 사람에게 자꾸자꾸 불리(不利)한 사건(事件)만 일어나고 해(害)치려는 맹수독충(猛獸毒蛇)만 달려들듯이, 세계권력(世界權力) 쟁탈전(爭奪戰)의 악조건(惡條件)이 우리를 점점 더 불리(不利)하게만 만듭니다. 우리가 원(願)커나 말거나 어쩔 수 없이 세계인류(世界人類)의 문명(文明)의 죄악(罪惡)을 우리가 담당(擔當)하여야 하도록 되어갑니다. 그러기 때문에 나는 일찍부터 "우로 돌아 앞으롯" 해야 한다고 하는데 이 민족(民族)은 그와 반대(反對)의 길로만, 이 망(亡)할 운명의 문명(文明)의 잔재(殘滓)를 주워 먹기에만 급급해 있으면서 그 것을 영광(榮光)이나 되는 양 떠들고 있으니 말입니다.

폴랜드 전람회[21] 구경했다고 하셨지만 나는 그 폴랜드가 부럽습니다. 그들은 깨어 있지 않아요?

「예수전」잘 읽었읍니다. 더 깊이 체험을 쌓도록 힘쓰시오. 어쩌믄 (우리나라만 아니라) 소수파(小數派) 의무를 다해서 이 망(亡)하는 다수(多數)의 문명(文明)에서 장차(將次) 올 새 시대(時代)의 종자나 남기는 것으로 만족하지 않으면 아니 될지도 모릅니다. 예수를 더 깊이 재체험(再體驗)하고야 될 것입니다. 그러나 정말 좁은 문, 험한 길이지요.

여러분께 문안해주십시요.

우리나라 종교(宗敎)는 꼭 일제말년(日帝末年) 상태를 되풀이하는 것 같이 보입니다. 말을 다 못합니다.

1981년 1월 30일. 함

---

21) 괴팅엔(Goettingen) 시립박물관에서 폴란드 민속공예전이 있어서 구경한 뒤 그 느낌을 편지로 써서 보내드렸던 모양이다. 그들 민속예술을 보면서 나는 그 당시 우리민족의 고난을 표시한 것과 매우 흡사하다는 것을 느꼈었다.

김조년 님께

생일 축하카드 고맙게 받았읍니다.

기쁜 소식 하나 들이지오. 지난 9일(九日) 대전(大田) 있는 유영소[22]라는 목사가 자기(自己) 교회에 와서 3 · 1 기념강연을 해달라 해서 그 전(前)날 8일 (八日) 주일(主日)이 부산(釜山) 가는 차례여서 갔다가 돌아오는 길에 거기 들려서 강연을 하고 서의필[23] 목사님 댁에 가서 하룻밤을 자며 이야기하고 왔읍니다. 서목사는 몇 달 전에도 한번 내 집을 찾아왔었고, 이번 강연 1주 전에도 들려주셨는데 이번에 정말 그 댁 손님 노릇을 하고 왔읍니다. 조년씨 이야기도 하셨고, 한국 형편을 위해 정말 걱정하고 계셨읍니다. 이제 세계는 이렇게 하나님으로 인해 하나가 되는 길을 내놓고는 다른 희망이 있을 수 없읍니다. 그런데 우리나라 사람은, 기독교인까지도, 그 중에서 특히 사회 정의를 위(爲)

---

22) 대전에서 민중교회를 설립하여 예배하면서, 민주화외 인권운동을 적극 펼친 분이다. 그것으로 정보기관과 수사기관에서 많이 고생을 하였다고 한다.

23) 1954년 초에 부인과 함께 한국에 파송된 남장로교 선교사 John N. Somerville로서 한국이름을 서의필이라 하였다. 그는 한남대학교 설립추진위원으로 활동하기도 하였다. 선교활동을 목포지방에서 시작하면서, 천자문을 통하여 한문을 익히고, 성균관대학에서 동양철학을 공부한 뒤 하버드에서 한국사로 학위를 받았다. 1968년부터 한남대학교 교수로 봉직하였고, 1994년 선교사의 임무를 마치고 귀국하였다. 나는 그분에게서 동양철학과 논문 쓰는 것을 직접 배웠고, 그분이 한남대학교 기획실장이었을 때 3년간 그분을 도와서 일을 하기도 하였다. 서의필 목사는 특히 한국의 민주화, 인권문제와 통일문제 그리고 평화문제에 관심이 많았으며, 광주민중항쟁이 일어났을 때 매우 일찍 그곳을 방문하여 현장을 관찰하고 그에 대한 소식을 외국의 친구들에게 전달하기도 하였다. 한국의 인권상황을 개선하기 위하여 외국의 친구들과 매우 긴밀한 관계를 맺은 분이다. 70년대 인권상황이 매우 열악하였을 때 그는 한국의 민주주의와 인권의 신장을 위해 일하였는데, 그 당시 노동문제에 관계하다가 강제추방된 오글 목사와 매우 가까운 사이였다. 그도 항상 언제 강제출국조치를 당하게 될 것인가 하는 걱정과 함께 항상 언제라도 출국할 준비를 하고 긴장 속에 살았다고 나에게 술회한 바 있다.

해 싸운다는 사람들까지도 그러한 내다봄은 없는 듯하니 한심합니다.

나는 지난 해 12월 6일 너머져서 허리와 가슴에 충격을 받은 것이 아직도 잘 낫지 않아 일을 활발히 할 수가 없읍니다. 처음 한 달은 완전(完全)히 누워 있었고, 다음 한 달은 조금씩 기동을 했고, 지금은 여기저기 다니기는 하나 아직도 장시간(長時間) 있으면 가슴과 허리가 결립니다. 생일(生日)날은 안박사(安博士), 김동길, 김용준 박사 등이 기념모임 운운(云云)하는 것을 내가 다 반대(反對)하고 그냥 지냈는데, 그 대신 오는 28일 기념강연을 하기로 해서 안박사(安博士)가 사회(司會), 김동길(金東吉) 박사가 말씀을 하고, 김(金)용준 박사는 내 약력(略歷)을 말하고 나중에 내가 인사(人事)말을 하기로 되어 있읍니다. 사람들은 말을 듣고 싶어 하나 말을 할 수가 없지요. 구약(舊約)의 말대로 말씀의 가뭄입니다. 싸우는 것은 반드시 소동(騷動)을 일으키거나 흥분시키는 말을 해야만 되는 것이 아니요. 그렇지 않고도 폭력보다도, 욕지거리보다도 더 힘있는 정신을 깨워 이르킴으로써 할 수 있다는 것을 보여줄 때가 됐읍니다. 우리는 내편도 저편도 다 가르쳐야 합니다. 정말로는 내편, 네편이 없다는 것을 알려주어야 합니다. 석 달 이상을 누워 있으면서 절실(切實)히 느끼는 것은 공부(工夫)하지 않고는 안 된다는 것입니다. 공부(工夫) 깊이 하십시오. 있다가 썩어지고 불탈 지나간 문명(文明)의 말이 아니라 새로 올 세계 구원의 공부(工夫) 말입니다. 나는 독일어를 모르니 철학(哲學)·신학(神學)의 독일이 지금은 앞을 내다보며 무슨 말을 하는지 모르겠군요. 이 잘못된 문명(文明)이 종시(終始) 회개(悔改)를 못하고 자멸(自滅)하는 한(限)이 있더라도 그(其) 중(中)에서 새 창조(創造)의 씨가 나와야겠는데, 글쎄요! 그럼 안녕.

1981년 3월 21일. 헌(憲)

김조년 님께

　나라 밖에 나가 있는 생각을 해서라도 이따금 소식을 보냈어야 할 것인데 그것도 못했고, 글을 받을지도 벌써 오랬는데 어물어물 지냈군요. 그러나 붓을 잡으니 할 말은 많고 다 쓸 수도 없고 답답만 하군요. 부인도 아기도 다 잘 있어요? 그렇게 실업자 많다는 데서 살림해가기가 어렵지 않아요? 나는 평생을 살림살이걱정은 모르고 오는 사람이 돼서 그런지 남의 어려운 살림걱정 할 줄도 모르지오.

　그 동안 일본을 두 차례 갔다 왔지오. 첫 번은 8월 27일부터 9월 5일까지 일본우화회(日本友和會)에서 하기대회(夏期大會)에 초청을 해주어서 거기 갔다 왔고, 돌아와서 약(約) 20일 있다가 다시 어떤 카토릭 신부(神父)가 주최(主催)하는 평화연수회(平和研修會)에 가서 9월 26일부터 10월 6일까지 있다 돌아왔는데, 둘 다 평화운동(平和運動)의 모임이었지오. 우화회(友和會)는 세계적(世界的)인 기관으로 일본우화회(日本友和會)가 된 것도 벌써 수십년(數十年) 되지오. 소위(所謂) F.O.R.라는 거지오. 회원(會員)이 대부분(大部分) 무교회신자(無敎會信者) 아니면 퀘이커 신자(信者)들인데 나를 개인적(個人的)으로 아는 이들이 여럿 있는 탓으로 갔던 것이지오. 둘째 모임은 십삼년 전(十三年前) 일본(日本)서 열렸던 퀘이커와 선사(禪師)들의 간담회(懇談會)에서 알게 됐던 압전(押田)이란 신부(神父)가 자기 개인적(自己 個人的)으로 아는 세계 각지(世界各地)의 평화주의자(平和主義者)들을 초청(招請)해서 일주간(一週間) 같이 명상(冥想), 간담(懇談)하며 세계평화(世界平和) 문제를 생각해 보자는 것이었는데 약 40명의 남녀(男女) 대개 중년(中年) 이상 사람이 모여서 지냈는데, 나라 수(數)로는 칠팔개국(七八個國), 종교(宗敎)로는 카토릭, 개신(改新), 불(佛), 퀘이커, 인디앤, 수피 등등(等等) 재미있었소. 세계(世界)에 평화(平和)의 필요(必要)를 느낄 나라가 있다면 우리에서 더할 나라가 없는데, 우리는 평화(平和)라는 평자(平字)도 못내놓는 처지인데, 남들은 상당히 활발한 현실(現實)이오. 그래도 제1일(第一日)에 자기소개(自己紹介)에서 내가 나는 국가주의(國家主義)와 싸우는 사람이라고 했더니, 그것이 상당(相當)한 반응(反應)을 보여 일주간(一週間) 거의 그 문제를 중심(中心)으로 이야기 하다 왔으므로 적지 않이 보람을 느끼며, 새 동지(同志)들을 얻고 왔지오. 일본(日本)서는 정치인(政治人)들은 우경(右傾)하는 반면(反面) 민간(民間) 식자간(識者間)에는 반동사상(反動思想)이 상당(相當)히 강(强)한 것으로 보였소. 세계적(世界的) 문제요. 정치자(政治者)들은 어리석어 그러지 역사(歷史)의 대세(大勢)가 일대변혁(一大變革)을 앞에 두고 있는 것만은 부인(否認) 못할 일이요. 현실(現實)로는 비관적(悲觀的)이라 할 수 있지만, 나는 비관(悲觀)은 아니해요. 그것이 오늘 우리 인간(人間)의 의무(義務)요. 정신(精神)은 기술이 어떻게 발전(發展)하던 간 절대로 죽지 않을 것이요. 만일(萬一) 인간(人間)이 그 지식(知識)을 믿고 영(靈)의 세계(世界)에 도전(挑戰)한다면 호모 사피엔스는 멸망(滅亡)할 것이오.

생각 깊이하고 공부(工夫) 많이 하시고, 절대신앙(信仰)을 가지시오.

1981. 10. 29. 함석헌

4부

다시 샘물을 뜨면서…

표주박 통신 20주년 기념 좌담회

표주박통신 20주년 기념 좌담회

일 시 : 2007년 2월 21일 오후 2시부터 5시까지

장 소 : 한남대학교 사회과학대학 7035호실

좌담주제 : 나에게 표주박이 어떤 의미였는가?

어떤 반응을 사람들과 사회에 보였는가?

부족하고 불만족스러운 것이 어떤 것이었는가?

앞으로 어떻게 하면 의미 있게 될 것인가?

참 석 자 : 변강훈 (대전불교생협 발기위원회 총무 : 사회)

전술용 (대동복지관 관장)

박용배 (시인, 추풍령중학교사)

김성훈 (민들레의료생협 사무국장)

오다함 (한남대학교 아동복지학과 2007졸업)

전민정 (충남대학교 사회복지학과 4학년)

변강훈 : 저는 변강훈입니다. 이번 20주년 행사에 실무를 담당하고 있으며 대전 불교 생협을 준비하고 있습니다.

 김성훈 : 저는 대전 민들레 의료 생협에서 사무국장으로 일하고 있고요. 김성훈입니다.

 박용배 : 저는 추풍령 중학교에 근무하고 있습니다. 저희들은 '반달모임'이라고 해서 이 학교 졸업생들 8명이 시작을 했는데 외지에 나가서 좀 줄었지만 그 모임을 계속하고 있으며 시를 쓰고 있습니다. 박용배입니다.

 권술용 : 저는 권술용이라고 하고 전 세계에 이 이름을 가진 사람은 한 사람밖에 없으며 인터넷에 검색을 하면 아주 유명 인사처럼 나왔습니다. 사회복지법인 평화의 마을에서 운영하는 대동종합사회복지관의 관장입니다. 김조년 교수와는 씨올기념 사업회 멤버이며 또 퀘이커 모임, 표주박 모임 등 여러 가지로 만나고 있습니다.

 권민정 : 저는 충남대학교 사회복지학과 4학년이구요, 이름은 권민정입니다. 저는 교수님과 같이 일주일에 한 번씩 책읽는 모임을 하고 있습니다.

 오다함 : 전 김조년 교수님 자칭 수제자구요(모두 웃는다.) 선생님은 인정하지 않으시는데...... 그리고 아동복지학과 이번에 졸업을 했습니다. 독서토론회 함께 하고 좌담회 준비 하셔서 오늘 참가하게 됐습니다.

변강훈 : 말씀 하신 대로 저희가 4월 21일 20주년 기념행사를 준비하고 있고요. '표주박통신' 20주년 기념 책을 출판하는데, 내용은 표주박 통신의 기본적 골격 10주년 이후로 20주년까지 통신 내용하고 거기에 참여한 마음나누기 내용들을 종합해서 구성을 하고 있고요. 그 구성의 일부분으로서 '표주박통신'이라는 말이 생소한 분들에게 오늘 대담을 통해 '표주박통신'이 무엇이며 '표주박통신'을 어떻게 받았으며 '표주박통신'이 현재 어떻게 진행되어 왔는지, 그 '표주박통신'을 통해서 어떤 영향이 있었으며, 실제 '표주박통신'을 가지고 내 삶에 어떤 변화가 있었는지, '표주박통신'을 통해서 생기는 관계나 '표주박통신' 때문에 생기는 어떤 운동이라든지, 함께 하는 실천의 장이 뭔지, 그래서 향후에 '표주박통신'이 지금 이 상태로 계속 가는 것이 좋은 것인지 또는 '표주박통신'의 미래에 어떤 다른 형태를 모색해 볼 것인지, 이런 것들을 한번 점검하고 책에 실어보자는 생각으로 좌담을 준비했습니다.

그래서 처음부터 '표주박통신'을 했던 초기멤버들이나 중간멤버들이나 후기멤버들이 고루 참여하고 시대별로 느꼈던 느낌이나 그 이후의 변화의 과정을 느낄 수 있도록 더 많은 분이 참여했으면 좋았겠는데 어쨌든 지금 현재 여섯 분이 토론대담의 중심이 돼서 한 번씩 짚어봤으면 좋겠습니다. '표주박 통신'이 10주년 될 때 까지만 해도 대단하다고 생각했는데 20년이 되었습니다. 물론 이대로든 아니면 정지할 수도 있고 30년도 가고 40년도 갈 수도 있겠지만, 20년 30년의 시기가 중요한 게 아니고 20년까지 오는 동안 어떤 내용들이 있었는지 각각의 감회를 먼저 들으면서 대담을 전개했으면 좋겠습니다. 박용배 님께 먼저 부탁합니다.

박용배 : 전 어쩌면 표주박 통신이라는 어떤 구체적인 이름을 갖기 전에 통신의 시작부터 받아본 사람 중에 하나가 될 것입니다. 교수님이 독일에서 귀국하신지 얼마 되지 않아서 저희가 연구실 놀러가기도 하고 그러는 중에 교수님의 생각을 듣게 되고 그것에 또 상당히 매료되었습니다. 교수

님은 또 졸업한 제자들이나 졸업한 아는 학생들과 계속 무엇인가 같이 교통하고 싶어 했고 당신의 어떤 생각을 전달하고 싶어 하셨습니다. 그리고 또 졸업한 학생들의 생활이나 안부를 궁금해 하셨고 그 사람들의 생각을 듣고 싶고 해서 이것이 점차적으로 이런 표주박이란 이름으로 발전되어졌다고 알고 있습니다. 그 표주박 사진을 지금도 전 기억 하고 있는데 아마 계룡산에 놀러가셨다가 찍으셨죠? 그래서 물을 떠먹으면서 표주박의 의미를 거기서 생각하고 구체화 하셨던 거 같아요. 사진을 찍고 저희가 표주박으로 물을 떠먹으면서 각자의 생각이나 진실의 또는 생활의 그러한 것들을 한 모금씩 떠서 먹고 나누었던 게 그게 구체화 되었던 것 같습니다. 제가 아까 시를 쓴다고 거창하게 이야기를 했지만 뭐 그다지 잘나가는 사람도 아니고 그냥 쓰는데요, 오늘 이러한 시를 소개하고 싶어요. 황동규 시인의 '즐거운 편지' 라는 아주 잘 알려진 시입니다.

내 그대를 생각함은
항상 그대가
앉아있는 배경에서
해가 지고 바람이 부는 일처럼
사소한 일일 것이나
언젠가 그대가 한없이
외로움 속을 헤매일 때에
오랫동안 전해오던 그 사소함으로
그대를 불러보리라

여기에서 그 '사소함' 이라는 시어가 의미하는 것처럼 '표주박통신' 은 제게 그런 의미였습니다. 사소함. 20년의 시간이 흘렀지 않습니까? 20년의 시간이 흐르면서 '표주박' 은 일상의 사소함처럼 제게 그렇게 친근하게 다가왔고 '표주박' 속의 사소한 편지 내용처럼 많은 사람들이 거기다 편지를 보내고 그 편지를 '표주박통신'에다 싣고, 그리고 당신의 생각을 맑은 목소리로 거기다 실으셨죠. 그러한 것처럼 그 속에서 쉽게 우리에게 다가갈 수 있는 사소함 속의 진실함이 있지 않았나 저는 생각합니다.

이러한 것들이 저에게 사소한 일상처럼 느껴지고 '표주박'이 언제나 제게 기다림의 즐거운 편지가 되어버렸어요. 제가 생각할 때는 시에서 의미하는 사소함처럼, 어떤 의도적인 것에는 진실함이 있을 수가 없다고 생각합니다. 어떤 사소함 속에 진실함이 있는 것은 마치 공기의 존재를 인식하지 못하면서 숨을 쉬는 것처럼, '표주박'은 저희한테 없어서는 안 될. 그래서 사람들이 다소 편안하게 숨을 쉬면서 공기의 존재를 의식하지 못하는 것과 같은 느낌으로 받아들인 것 같습니다.

변갑훈 : 다른 분은 어떠실지 모르겠지만 박용배 선생님은 시도 준비하시고 그 느낌과 마음을 오늘 이 자리를 위해서 많이 모아오신 것 같습니다. 특히 그 중에 '표주박'이 가지고 있는 그 사소함, 사소함 이라는 것이 지닌 일상적이고 편안함이라는 것 속에서 우리에게 주어지는 어떤 보이지 않는 가치를, 잘 느끼지 못하고 그냥 지나치던 그 가치를 말씀하려 하신 것 같습니다. 권술용 관장님.

권술용 : 김조년 선생과는 사단법인 씨올 함석헌 기념사업회 같은 멤버로 또 대전 퀘이커 공부 멤버로 표주박 통신의 독자로 평화의 마을 임원으로 여러 가지 인연으로 오랜 세월을 함께 했습니다. 10주년 때에는 김지하 씨 기념강좌도 있었고 매년 한번씩 1박2일로 연수 모임도 있었습니다. 보름달맞이 산행을 비롯해서 여러 가지 일들도 함께 했습니다. '표주박통신'이 처음에 졸업한 제자들에게 다 못한 강의 노트로서 들려주는 마음으로 시작했다고 하는데, 시작은 참 미약했지만 그런데 20년이 되고 보니 참 한결같다는 이야기를 드리고 싶습니다. 사람들은 큰 느티나무가 한자리에 있어도 고마움을 모르지만 그 느티나무가 없었으면 어쩔 뻔 했나하는 아쉬

움을 느끼지요. 표주박통신은 늘 변함이 없으면서도 변함이 있었다고 생각이 되고 또 몇 가지 원칙이 있습니다. 광고나 청탁을 하지 않는다는 것입니다. 상업성 광고만이 아니라 어떤 광고도 안 된다거나 몇 가지 기본원칙을 지키면서도 또 계속 변화가 있었다고 생각합니다.

깊은 샘물같이 솟아나는 생명력을 퍼 올려준다는 느낌을 받고 있습니다. 20주년이면 성년이 될 텐데, 김조년 선생은 이제 '표주박통신'이 지향해야 할 것은 아무래도 생명과 평화를 소중히 여기고 그 일을 끝내 추구해가는 영성, 깨우침이라고 말씀을 하시더군요. 그런 생명·평화를 일깨우는 깨우침을 한결같이 지켜나가는 것이야말로 미래를 위해 우리가 희망을 키우는 길이지 않느냐 생각하면서 마치겠습니다.

변강훈 : 예, 권관장님은 다소 오랫동안 '표주박' 이전인 씨알모임부터 함께 마음을 나누셨던 분이라 더 깊은 마음으로 바라보실 것 같습니다. 다음에 스스로 김조년 교수님의 수제자라고 (모두 웃는다.) 자칭하는 오다함 선생의 의견을 듣겠습니다.

오다함 : 제가 처음에 여기가 어떤 자리인지 잘 모르고, 어떤 목적으로 모이게 된 것인지 사실은 너무 모르거든요. 갑자기 참가하게 돼 가지고 진짜 너무 당황스러워요. 무슨 이야기를 해야 할지 아직은 잘 모르겠어요.(웃는다.)

변강훈 : 그러면 저까지 돌아간 다음에 다시 말씀을 해주시기를 바라고 그 다음에 여전히 본인은 서기인 것처럼 모르는척하고 앉아있는(웃는다.) 권민정 선생이 말씀하실 차례입니다. 어쨌든 독서모임을 함께 하신다니 '표주박통신'은 받으시나요?

권민정 : 이번부터 받았습니다.

변강훈 : 갑자기 받은 '표주박통신'에서 받은 느낌이 더욱 궁금합니다. 원래는 못 다한 강의 노트이거든요. 그런 의미로 보면 강의 밖으로 내쳐진다는 뜻인데 이 통신을 받으면 벌써 예비 내쳐진 상태가 된 거죠? 첫 번을

받은 우리 권선생의 생각이 어떤지 한번 들어보죠.

권민정 : 교수님 통해서 '표주박통신' 받는다고 이야기 들었는데요. 저번 주 목요일 날 처음 주셨어요. 전 다보지 못했고 처음 글하고 뒤에 달맞이 산행을 하신다는 글을 봤는데 함께 참여하고 싶은 마음이 드는 거예요. 너무 재미있을 것 같았습니다. 이런 것을 꾸준히 하시는구나 생각이 들면서 이런 게 20년을 지나면서 아까 권관장님 애기하셨지만 변화도 있지만 원칙도 지켜지고 있구나 라는 생각을 했구요. 처음 읽었을 때는 선생님의 많은 일상의 얘기들을 담고 있는 것 같은 생각이 들었어요. 뭐 큰 것을 담아내고자 하는 것이 아니라 그냥 사소한 것, 주변사람한테 들려주고 싶은 것을 이야기하고 싶은 것이 아닌가 하는 생각이 들었습니다.

변강훈 : 처음 받아 봤을 때의 느낌이 선생님의 일상의 이야기 같다고 느낀 것, 그리고 처음에 박 선생님이 말씀하시듯이 사소한 것 같았는데 여전히 그 속에 의미가 있고, 권술용 관장님이 말씀하시듯이 변화와 원칙이 함께 있어 보이는 느낌을 가졌다는 것, 게다가 그 속에서 본인 자신이 남에게 권하고 싶은 마음이 생길정도라면, 이정도의 느낌이면 대단한 거죠. 처음 받아본 상태에서는.

박용배 : 어쩌면 더 객관적인 시각일 수 있어요. 우리는 이미 많은 세월 동안 그 안에 있었지만 권 선생 같은 경우 처음 받아봤는데 그런 느낌이었다면 좀 더 객관적인 평가라고 생각합니다.

변강훈 : 저희는 20년 동안 받다보니까 흐름이 읽히면 쉽게 지나치는 경우가 많은데 그 속에서 처녀림을 발견한 것과 같은 느낌이 있다면 더 많은 것을 캐낼 수 있는 기회를 갖게 되겠죠. 김성훈 선생님은 어떤 느낌 이셨는지?

김성훈 : 저는 민들레 의료 생협이 인연이 되었죠. 이사장님께서 초대부터 5년 지나고 있는데 이사장님으로 역할을 하고 계시는 그 전에는 '표주박통신' 도 잘 몰랐고 김조년 교수님도 잘 몰랐습니다. 조합을 만들면서 지

역에 계신 어르신들 찾아뵙고 주민들이 직접 만들어 가는 건강공동체를 만든다는 의미에서 일들을 이끌어 나가실 분들을 찾고 있던 중이었는데 많은 분들이 당시 대전 환경운동 연합 하고 계시던 김조년 교수님을 추천해주셔서 알게 되었습니다. 그 때 이후로 '표주박통신'이 발행이 된다는 것을 알았고 받아보게 되었죠. 받아봤지만 솔직히 다 꼼꼼히 읽어보지는 못했고 어쩔 때는 보고 어쩔 때는 안보고 한참 안 봤다가 나중에 한참 지나서 옛날 거 다시 보기도 했습니다.

최근 표주박 통신에 실렸던 글이라고 알고 있는데 교수님의 생각이나 철학이나 살아오시는 구체적인 삶의 방법들에 대해 제가 아직까지도 크게 생각하고 있는 것 중에 하나는 '사회 운동과 영성'이라고 하는 글이거든요. 그 때 당시가 주로 지역에서 사회 운동하시는 분들이 영성에 대해 새로 고민하시기 시작하신 그런 때였다고 생각됩니다. 특히 제가 개인적으로 일하고 있었던 곳이 한밭레츠나 의료 생협 부분이라 더 공동체 지향적인 일들이기 때문에 관계문제가 중요했습니다. 당시에 한국의료생협연대에 관여하는 분들에게도 '표주박통신'이 소개가 되기 시작했고 연대직원수련회, 임직원수련회 같은 거 할 때 이사장님이 의료 생협 활동하는 사람들에게도 영성에 관해서 특별 강좌도 해주시고 또 그때 한창 유행이 되기도 하고 했던 것 같아요. 지금은 참 많이 이야기 하는 보편적 주제가 되기도 했습니다만 영성이라고 하는 문제는 보통 신비주의적으로 될 수 있어서 전문적으로 도를 닦는다거나 성직자의 일이라고 할 수 있습니다.

우리가 일상에서 살면서 사회적인 문제 정치적인 문제 경제적인 문제 속에서 나를 성찰하고 성찰한 힘만큼 또 사회를 변화시켜낼 수 있는 부분들에 대해 생각하는 매개가 자연스럽게 '표주박통신'이 되지 않았나 이렇게 생각합니다. 볼 때마다 기본적으로 교수님이 서두에 쓰시는 글들 같은 경우에는 편안하게 본인의 이야기들을 쓰시는데 내용의 전체적인 강도가 주장을 강력하게 해서 이것이 이렇게 돼야 된다 라고 하는 것이 아니라, 비록 어떤 문제들에 대해서는 감정적이거나 솔직하게 표현도 하지만 아무튼 차분하게 우리가 옆에서 거리를 두고 지켜 볼 수 있도록 여유를 주었습니다.

변강훈 : 김성훈 선생님은 처음부터 한밭레츠를 이끌어냈고 그걸 통해 의료 생협을 만들고 지금까지 지역 내 공동체운동의 실무를 담당해 오신 분이라 그 중에서 김조년 교수님을 만나고 '표주박통신'을 만나고 또 그 속에서 나누는 여러 가지 주고받았던 깊은 인연이 있었던 걸로 보입니다. '표주박통신'은 강의로 다 못한 이야기들과 선생님의 생각을 정리한 것인데, 그 당시가 사회적 변혁이 소용돌이치던 때였고 그 소용돌이치던 곳에서 '표주박통신'의 내용이 큰 영향을 발휘하기에는 당시 이슈가 너무 강한 때였습니다. 적이 내 바로 앞에 있다고 여기는 상황에서 선생님이 의도하고자 하는 마음이 독자들에게 강하게 전달되지는 않았던 그런 때였어요.

박용배 : 난 그런 예를 보면서 지금도 이런 생각을 하고 있습니다. 아까도 예를 들었지만 그런 상황에서 선생님의 글이 강한 어조였다면 오히려 개개인에게 진실로 파고들지 못했을 거예요. 전 앞으로 방향도 마찬가지로 봅니다. 그 부분만큼은 일관적이어야 되지 않을까 해요. 선생님의 성격이나 여태 살아오신 삶이 그렇고 전 그것이 '표주박통신'의 가장 강점이라고 생각을 하고 있거든요. 그 사소함과 일상 속에 진실이 있고, 그 진실함이 전달되고 거기서 공감을 느끼고 저희가 아 그렇구나 서로 공감을 했을 때 같이 가는 거거든요.

변강훈 : 결국은 그런 시기를 지나고 다시 적도 없어지고, 누가 적이고 누가 아군인지 파악이 안 되는 이 기묘한 상태가 진행되는 현 상황에서, 여전히 변함없이 가고 있는 어떤 모습들, 침착하고 일상적인 그것이 우리에게 큰 힘이라는 것을 다시 한 번 느낍니다.

박용배 : 그렇죠.

변강훈 : 어쩌면 이제 우리 스스로가 조금씩 조금씩 맛들어진 샘물이 되고 있는 게 아니냐하는 생각입니다. '표주박통신'의 가치를 알고 '표주박

통신'에 심취하면 자기 자신이 점점 물맛이 변하는 샘물이 되는 게 아닌가 하는 생각을 갖게 됩니다. 그런 가치가 '표주박통신' 20년 동안 내내 가졌던 느낌이 아닌가 생각합니다.

박용배 : 동감합니다. 정말 그런 것 같습니다.

변갑훈 : 이제는 조금 '표주박통신'에 대해서 감을 잡았을 거라고 생각하고 우리 오다함 선생께서 한 말씀.

오다함 : 이 시간이 안 오길 빌었는데 피해갈 수 없네요. 네, 저는 사실은 교수님의 이미지를 이야기하자면 처음에 뵈었을 때 신비롭고 어렵구나 하는 생각을 했습니다. 제가 1학년 철없을 때 첫 수업을 들었는데 졸다가 꿀밤을 맞았어요. 아, 대학교 와도 맞는구나(모두 웃는다) 하고 생각했습니다. 그 후 "책을 읽는 모임이 있는데 혹시 하고 싶은 사람 있나?" 해서 부족하지만 들어봐도 되는지 여쭤보고 모임에 들게 되었습니다. 사실은 제가 '표주박통신'에 대해서 할 말이 없어요. 읽어본 적이 없거든요. 하지만 표주박을 안 읽어본 사람으로서, 제자로서 말해 보겠습니다. 워킹할러데이라는 일하는 비자를 통해서 잠시 1년 동안 호주에 있다가 왔는데요. 갔을 때 정말 많은 자극들이 있지만 저한텐 정말 필요한 자극은 내면의 갈증을 해결하는 문제였습니다. 에너지가 소모되는 데 채워 줄 에너지가 필요하더라고요. 교수님과 정말 대화하고 싶었습니다. 그래서 그 당시 호주에 저희 친척분이 계셨는데 가지 말라고 한 걸 교수님과 조금 더 대화해 보고 싶은 게 있어서 돌아왔습니다. 제가 다시 호주로 가거든요, 졸업을 한 지금요. 그런데 저번에 교수님께 호주에 가서도 제가 이런 모임을 할 수 있을까요 여쭤봤습니다. 이런 자리가 있는지 이런 대화를 할 수 있는 기회가 있는지. 교수님께서 거기도 있을 것이라고 이야기하셨던 것 같습니다. 물론 20대인 저에게는 인터넷을 통해서 정말 많은 지적정보들이 들어오지만 내면을 채워주는 정보들이 없어요. 정말 내면의 갈증을 채울 곳이 필요하거든요. 제가 자꾸 무의식적으로 교수님과 대화를 원하니까 옆에 있지 않더라도 교수

님과 대화할 수 있고 생각을 읽을 수 있는 그런 '표주박통신'이 되었으면 좋겠다는 생각을 합니다.

전순용 : 김 선생님이 자기 글이나 얘기가 나가면 좀 창피하고 나의 이야기를 남이 엿보는 재미라고 했는데 내가 평화의 마을 아동복지 시설에 와가지고 회보를 시작을 해보았는데 그것도 20년이더군요. 이 '표주박통신'을 보면 그래서 감회가 새롭습니다. 내가 이걸 소중히 여긴다면 음. 그래 20주년이구나 하는 생각이 드는 게, 이게 멍석 까는 거거든요? 이야기마당의 멍석을 깐다는 것은 사람들 각자 누구나 지닌 인생이야기를 펼치는 겁니다. 나는 20년 이야기를, 늙은 전사의 이야기를 썼어요. '표주박통신'은 언뜻 느낌이 그래. 이게 다양한 이야기란 말이지. 내 이야기가 여기 실리면 쑥스러워도 남의 이야기를 들어보면 그게 그렇게 재밌고 속을 엿 보는 것 같은, 훔쳐보는 것 같은 재미가 있어요(웃음). 이게 우리 레즈가 다자간의 교환이라 하듯이 다자간의 이야기 마당을 펼쳐 논 거란 말이지. 거기서 공감을 얻고 또 살아가는 이야기와 정보를 얻는 거거든요? 그래서 우리가 자꾸 상상하는 것이야. 근데 가늘고 긴 이 여운이 표주박이야기인데 그게 과격한 사회적 이슈를 끌고 폭력이 난무하던 시대에 귀에 들리겠어? 그냥 가라앉아서 들릴 리도 없죠? 함석헌 선생님이 많이 매도당했잖아요. 60·70년대에. 50~60년대에는 소리가 그렇게 컸는데, 폭력이 난무하던 시대가 되니까 아무리 정의란 이름이지만, 이 목소리는 안 들리는 거야. 그러다가 80년대 지나고 이제 세상이 조금씩 달라지니까 함 선생님의 노자 이야기나 고전강좌의 이야기가 자꾸 화제가 되듯이 보편타당한 이야기가 늘 힘이 있는 거고 끈질긴 거니깐 그 이야기가 삶의 원류가 되는 거지요. 홍수가 넘치면 마실 물은 없지 않느냐 이거지요. 너무 많은 정보의 홍수 속에서 '표주박'은 이렇게 정말 조금씩 마시는 샘물 같은 거고 이제 이사야서에 나오는 가늘고 고요한 목소리를 함 선생님께서 자주 얘기를 하셨는데 가늘고 고요한 목소리에 귀를 기울여야 생명과 평화가 깃드는 세상이 되지 않느냐

이겁니다.

변상훈 : '표주박통신'이 나하고 어떤 인연이 있는지 또는 내가 내 속에서 어떤 느낌으로 받아들였는지를 돌아봤습니다. 이제 '표주박통신'이 정말 나에게 어떤 변화의 계기 또는 '표주박통신'으로 인해 결정적인 선택의 상황에서 변화들이 있었을 것 같아요. 일단 김성훈 선생님께서 얘기 했던 사회운동과 영성이라는 글이 실제 사회 운동 속에서 중요한 영감을 줬던 것처럼 그런 부분이 개인별로 있었을 것 같은데 말씀들을 해주시지요.

김성훈 : 저는 아무튼 자주 뵙게 되니까요 일로도 만나고 그러고 보면 직장 상사라고 해야 되나 그런 것도 있잖아요? 근데 뭐 전체적으로 이사장님 분위기를 닮아서 그런지 저희 조합은 요즘에는 특별한 주장으로 이렇게 해야 된다 라고 하거나 사람들이 일사분란으로 움직이는 그런 문화가 아니에요. 그래서 사실은 굉장히 불편하거나 어려울 때가 많아요. 사실 누가 대장인지 잘 모르겠어요. 실무자들도 좀 그런데다가 대체적으로 이사장님도 그러시고, 다른 조직은 일사분란하게 잘 움직이는 거 보면 아 좀 저렇게 우리 이사장님도 하셔야 되는 거 아닌가 하는 생각이 들 때도 있습니다. 그런데 반대편 경우를 보면 여러 가지, 이를테면 좋은 뜻을 가지고 평화라든가 우리가 옳다고 생각하는 가치들, 협동이라든가 나눔이라든가 이런 것들을 한다는 조직에서 늘상 전쟁이 일어나잖아요? 다툼이 있고 갈등이 생기고 그래서 서로 미워하게 되고 또 지치고. 이런 걸 볼 때 마다 알게 모르게 교수님께서 하시는 그런 태도라든가 사람들과의 만남이라든가 여러 가지 전체적인 마음을 모아나가는 일종의 그런 종류의 리더쉽이라고 하는 것이 오히려 저희가 하는 일, 공동체나 협동조합이나 이렇게 여러 사람들이 같이 서로간의 부족하지만 힘을 합쳐서 할 수 있는 어떤 일을 해야 된다는 그런 조직에서는 굉장히 중요한 리더쉽 중에 하나구나 이런 생각이 듭니다. 그게 사실 '표주박통신'이라고 하는 형식에서 많이 나타난다는 생각이 들었어요. 그런 면에서는 교수님 쓰시는 거 외 나머지 글은 나름대로 정성을 들

여서 발표되지 않은 원고를 게재하니 사실 뭐 하나의 일관된 편집의 방향이라는 것들이 없는 거잖아요. 글의 내용으로 보면 이 얘기도 나왔다 저 얘기도 나왔다 하지요. 어쩔 때는 교수님 생각이랑 다른 생각들도 많이 올라와 있기도 하고요. 가끔 말씀하시기도 하지만 '표주박통신' 이라고 하는 것을 만드는 과정에서 소통하는 문제들에 대해서 굉장히 많이 생각하고 계시구나 하는 생각이 들었고, 최근에도 교수협의회 문제 때문에 본인도 당연히 여러 가지 생각하고 계시지만, 늘상 만날 때마다 보이는 태도 중에 하나가 남에게 물어보는 거거든요. 어떻게 생각하는지 물어보면서 많이 배우게 되는데 기본적으로 누구든 갈등이라든가 오해라든가 여러 가지 불편한 감정이 있다고 하더라도 만나서 이야기를 하면서 풀어나가야 된다 라고 하는 나름대로 그런 원칙을 가지고 계신 것을 볼 때 '표주박통신' 이라는 형식과 실제 살아가는 삶이 맞물려서 이렇게 되는 모습들이 참 많이 배우게 되는 것 같아요. 사실 기분이 나빴거나 상대방한테 상처를 받았거나 공격을 받았으면 일단 나도 방어막을 치면서 반대편을 조직해서 그 사람과 힘으로 대결하기가 쉬운 쪽으로 사고방식이 발달하게 되는데 그럴 때 교수님은 누구든지 그 사람들이 자연스럽게 얘기하고 자유롭게 얘기할 수 있도록 하는 공간들을 확보해 놓는 것 같이 보였습니다.

또 특히 글을 쓸 때마다 항상 교수님이 떠올라요. 실제 어려운 생각을 하는 것도 아닌데 이를테면 문장 쓸 때 일부러 어렵게 쓸려고 하는 거 있잖아요. 교수님이 쓰는 글도 그렇지만, 그런 글들이 별로 좋은 글들이 아니다 이러면서 편하게 누구나 알아듣게, 중학생 정도가 이해할 수 있는 그런 정도로 글을 쓰는 것들이 젤 좋다고 하시거든요. 이런 얘기들이 항상 떠올라서 어떤 단어를 썼다가도 습관적으로 다시 고쳐서 이렇게 써보고 그렇게 하면서 오히려 글에 내 생각을 더 잘 들어 낼 수 있게 되는 그런 것들을 경험하는 것 같아요. 그래서 그렇게 누구나 알아듣게 쓴다 라고 하는 것을 통해서 오히려 내가 습관적으로 쓰는 말들이나 버릇을 돌이켜 보게 되는 경우가 많았습니다.

그 다음에 또 하나는 기록의 문제입니다. 오늘도 녹음을 하고 있습니다만 했던 일들을 기록으로 남기면 그 기록이 그 다음 사람들에게 교훈이 된다고 많이 강조하셨던 것들이 생각이 납니다. 기록을 담는 것 자체가 일종의 '표주박통신'이라고 하는 것이고 그것이 20년 동안 계속 돼 오면서 이어져 온 거죠. 이를 테면 사소하게 우리가 일상적으로 직장생활을 하거나 누구나 갈등이 생겼을 때 나눴던 얘기들에 대해서 가끔 어디 여행을 가거나 회의를 갈 때 다니면서 말씀을 드릴 때가 있어요. 한참 듣고 나서 그걸 기록으로 남기면 참 좋을 텐데 하십니다. 기록남기는 것은 저에게 아직 안 되는 부분이지만 정말 그런 기록을 남겨 놨을 때 다시 우리가 그것을 통해 배우게 될 수 있고 똑같은 일들을 되풀이하지 않고 더 좋은 생각들을 이어나갈 수 있겠단 생각이 들었습니다. 그런 매개로써 '표주박통신'이 기능을 해왔고 그런 형식 자체가 우리에게 그런 메시지들을 그동안에 줘 왔던 건 아닌가 그런 생각이 듭니다.

변강훈 : 평범하지만 그 평범 속에 삶의 이야기들을 생각하게 하는 부분이 있고 그리고 그것이 사람들 간의 소통을 풀어가고 적어도 어떤 문제든 대화로써 풀어갈려는 자세로 대하며, 언어표현의 방식들, 언어가 어떻게 사람들에게 쉽게 전달될 수 있는가에 대한 태도와 기록의 정신, 이런 것들이 실제 '표주박통신'을 통해 김성훈 선생에게 자극이 되고 스스로 그걸 이렇게 변화하려고 노력도 하고 깨우치게 되었다는 말씀을 해주셨습니다.

전숙용 : 다른 부분의 이야기인데요, 그런데 요즘 보면 몇 일 밤을 꼬박 새면서 악착 같이 하는 것은 해당이 안 되는 것 같아요. 글쎄, 그냥 놀며한다고 할까? 김조년 교수님 자체에 이미 노하우가 쌓여있고, 그럴 힘이 축적이 되어 있는 거예요. 그러면서 그 대신 시간 관리를 참 잘한다는 생각을 해요. 해병대에서 늘 꼴찌만 했다고 그러거든요. 그런데 꼴찌해도 죽을 맛이라고 안 느끼는 거죠. 천성적인 어떤 그런 게 있었을 거예요. 여유 같은 거.

시간 관리를 잘 해서 한결같이 갈 수 있었던 거죠. 그저 악착같이 하는 것 같지 않는데도 뭐 하는. 그런 걸 많이 김조년 교수님한테 느껴요. 그게 노력만 가지고 될 일도 아니고, 뭔가 놀라운 그런 게 있는 거지.

박용배 : '표주박통신'을 심층적으로 분석하고, 이젠 또 김조년 교수님을 분석을 하는 그런 시간 같아요. 저희들이 지금 '표주박통신'의 주체이니까 이런 얘기가 될 수밖에 없는 거고. 저 역시 그 범주에서 벗어날 수가 없을 것 같아요. 제 생각도 마찬가지고. 일단은 교수님이 졸업한 사람에게 못다한 강의를 하시겠다는 그런 생각으로 '표주박통신'을 시작하셨고 끌어오셨지만 그렇다고 해서 당신의 그 어떤 주장을 강력하게 피거나 그러지는 않으셨어요. 그러한 점이 사람들이 뭐랄까 두려움 없이 거기에다가 편지 형식의 글을 올리게 할 수 있는 여유나 그런 생각을 갖게 하지 않았나 생각을 해요. 그래서 하나의 의도되지 않은 것 같으면서 의도된 그런 어떤 대화의 창, 주제가 있는 대화의 창이 된 것이 '표주박통신'이 아닌가 이렇게 생각이 됩니다.

저도 선생님이 함석헌 선생님을 아주 몹시 사모하고 좋아한다는 걸 알고 있습니다. 정말 어떤 위인보다도 가장 좋아하지 않으셨나 그런 생각을 하는데, 저도 몇 번이나 함석헌 선생님에 대해 말씀하시는 걸 들은 적이 있어요. 있는데. 글쎄요. 물론 함석헌 선생님에 대해서 누군가 뭐 다른 사람들이 그 분에 대한 어떤 생각과 그 분의 사상, 그 분의 일대기나 이런 것들을 책으로 엮어내기도 하지만 이렇게 그 분의 생각과 사상을 실천적으로, 운동이라고 하긴 뭐 하지만 아무튼 그 비슷한 유형의 살아있는 여러 사람이 참여할 수 있는 이런 '표주박통신' 류의 그런 것들을 해 나가는 사람은 없다고 생각합니다. 그래서 김조년 교수님이 함석헌 선생님의 어떤 큰 영향 아래서 그 분의 생각과 그 분의 생각에다가 자신의 생각을 더해서 지금 그러한 것을 우리 '표주박통신'을 통해서 계속해서 나가고 있지 않나. 전 이렇게 생각이 들고요. 인간이 바르게 사는, 어떤 것이 바르게 사는 것인가,

적어도 그 점을 생각할 수 있는 장을 마련했고 누구나 기꺼이 참여할 수 있는 마음의 여유를 갖도록 최면 걸듯이 유도해 오지 않았나 전 이렇게 생각을 합니다.

변강훈 : 의도되지 않은 의도된 장, 우리 스스로를 바른 삶으로 살아가도록 최면을 건다, 그런 표현들은 그 만큼 내면의 힘이 전달된다 라는 뜻인 것 같습니다. 전달되는 그 내면의 힘의 가치는 사실은 김조년 선생님 생각, 그가 존경하는 함석헌 선생님의 생각 이것이 결합되면서 그것이 우리에게 더 강한 힘으로 전달되는 게 아닌가 여겨지고요. 사람을 변화시키는 힘. 그 때 그걸 엎어서 바꾸는 것이 아니고 사람이 자기 스스로 변화하고 성찰해서 변화되도록 하게 하는 것. 바꾸도록 하는 것. 그런 문제는 결국 영성의 문제가 되겠는데. 결국은 그런 것들이 '표주박통신'이나 김조년 선생님이 가지고 있는 어떤 잔잔한 힘이고 또 그 속에서 그 힘이 지금까지 한 번의 큰 소리, 한 번의 흥미, 한 번의 이슈 없이도 잔잔하게 바탕을 깔아 오면서 삶의 태도로 보여지는 것이라는 생각이 듭니다.

박용배 : 제가 얘기하고 싶은 것은, 자기 성찰이라는 건 결국 긍정적인 생각이거든요. 어떤 사안에 대해서 자기 생각을 하되 정확히 보고 그것에 대해서 애정을 갖고 긍정적인 생각을 하자는 얘기거든요. 그랬을 때 어떤 대화가 이루어지는 거고 올바른 기능도 대화도 진행이 될 거구요. 그러다 보면 어떤 자리라든지 반복되는 것들 불합리한 그런 요소가 적어진다든지 그렇겠죠. 그런데 제가 느낀 '표주박통신'의 전체적인 느낌은 이것입니다. 거기에 오는 편지와 선생님의 그 때 그 때 내놓는 말씀들 그런 모든 것들이 그렇다는 거죠. 긍정적인 생각을. '표주박통신'은 따뜻해요. 그 따뜻하다는 것은 그 안에 사람 얘기를 담고 있고 긍정적인 생각을 갖게 한다는 거죠 은연중에. 그래서 제가 아까 최면이라는 말을 쓴 것이 바로 그런 거예요. 그런데 그것이 어느 한 번에 이렇게 된 것이 아니라 진짜 20년이란 세월이 흘러 오면서 그러한 것이 일관성 있게 계속 되어졌다는 얘기죠. 그러다 보

니깐 거기에 참여하는 사람들도 그런 류의 사람들이 모여 들고, 아니라 하더라도 하다 보니깐 또 같이 그렇게 변화가 되고. '표주박통신'이 어떤 반응을 사람들과 사회에 보였나. 그런 그 주제를 두 번째 얘기에서 생각을 해봤는데. 저도 '표주박통신'처럼, 좀 더 축소해서 얘기하면 김조년 선생님처럼 사람들과 대화할 때 이야기할 수 있는 어떤 여유를 준다는 거죠. 그래서 제가 만나는 사람들이 저에 대해서 꽤나 긍정적이라든지 아니면 이야기를 할 만한 사람이라고 여기도록 이렇게 저도 그런 변화를 갖습니다. 그건 '표주박통신'의 영향이라고 얘기할 수 있습니다.

변강훈 : 형식적인 면에서 '표주박통신' 자체에 대해 어떠한 변화 또는 거기에 뭐 다른 모습에 대한 모색을 할 수 있을 수도 있겠어요. 어쨌든 이제 정년퇴임하면 연구실을 나오셔야 되는 거잖아요. 그랬을 경우에 결국 표주박이 필요한 옹달샘이 있어야 되는 것처럼 사랑방이 있어야 되지 않을까도 지금부터 염두에 두어야 할 문제 중에 하나일 거란 생각이 들어요. 왜냐면 아예 그냥 집에서 하셔라 할 수 있는 분이라면 할 수 있지만 향후 '표주박통신'이 갖는 문제가 새로운 모습으로 만들어야 되는 상황이 될 수 있으니까요. 그게 하나가 있고요. 또 하나는 그냥 '표주박통신'만의 모습을 20년 이후로 계속 이어 갈 것인가, 아니면 '표주박통신'이 요즘 흔히 쓰는 말로 업그레이드 돼서 단순하게 이제 글만의 어떤 집합, 글만 주고받는 교감이 아니라, 좀 더 직접적인 교감이 이루어지는 그래서 좀 더 실천의 강도를 좀 높게 하는 어떤 모임체 라든지 또는 모임체의 어떤 집결지라든지 이런 형태들도 역시 변화하는 모습의 하나로 이렇게 올려볼 필요는 있지 않느냐 생각합니다.

박용배 : 글쎄요. 20주년을 계기로 해서 갑자기 이렇게 변하는 건 아닌 것 같습니다. 만두집이 잘된다고 갑자기 새 집 지어서 갔더니 폭삭 망하는 것처럼, 뭔가 갑자기 변화하면 거기에 가졌던 느낌이라는 게 그건 참 굉장히 중요하거든요. 사람한테 습성이나 어떤 일정기간의 그 안에서의 느낌이

나 생활이나 뭐 이런 모든 것들이 전 굉장히 중요하다고 보거든요. 그래도 '표주박통신'도 변하긴 변해야 합니다. 왜냐면 이제 상황이 변하니까. 김조년 선생님의 상황이 변할 거고, 또 자꾸 연세도 더 드실 거고. 종래에는 또 영혼으로 가셔야 되는 거고 하니까. 사실은 20년이란 세월이 이게 진짜 그냥 보통세월이 아닙니다. 그래서 우리가 변해야 하는데 '표주박통신'의 고유성 그러니까 그 느낌이겠죠. 받았을 때 그 글을 보면서 그 분위기나 여태까지 행해진 모든 일련의 것들을 그러한 것들의 느낌, 그런 것들이 훼손되지 않으면서 서서히 변하는 것이 바람직하다고 생각 합니다.

변강훈 : 그래서 20주년에 뭘 변화한다가 아니고.

박용배 : 그렇죠.

변강훈 : 20주년은 20주년대로 행사로 기념하고, 20주년이 지나고 나면 변화의 계기로 삼자는 뜻입니다.

박용배 : 그렇죠. 생각을 해야 하죠.

전숙용 : 지금 뭐를 이렇게 하자고 해도 될 수가 없고 뭔가 변화를 생각해 보자는 것으로 끝나야 되지 않을까.

변강훈 : 근데 뭐 여기는 뭔가를 결정하는 자리가 아니고 그냥 변화 자체에 대해 이야기를 시작해야 된다는 거죠.

박용배 : 그렇죠. 아까 우리 사회자님이 말씀 하신 것 중에서 와 닿는 게 뭐냐면 표주박이 떠있을 수 있는 옹달샘이 있어야 된다는 그 의미입니다, 사실 지금 김조년 선생님과의 인연으로 해서 그 분의 향기, 이분의 향기가 대단합니다. 사실은 하나하나 다 연결이 되어 있어요. 사실은 '표주박통신'을 받아보는 모든 사람들의 그 끈이 다 연결돼 있다구요. 김조년 선생님한테. 그래서 김조년 선생님의 그 인간미가 됐든 어떤 사상이 됐든 간에 그 향기에 끌려서 그 향기의 힘에 의해서 '표주박통신'이 지금까지 존재했다 해도 과언은 아니거든요 사실은. 그런데 이 '표주박통신'이 종래에 가서는 향기를 잃을 이 분의 향기를 우리가 보존하면서 같이 가야 되는 것은 분명

하지만 그것이 개개인이 다 그랬을 때에 그 어떤 '표주박통신'의 존재, 그 존재가 지속될 수 있도록 서서히 완곡한 드라이브로 우리가 변화를 가져야겠고, 그 변화를 갖기 위해서 서서히 준비를 해야합니다. 그건 우리 '표주박통신'을 받아보는 사람들 또 그 '표주박통신'으로 해서 생각을 하는 사람들 모두의 책임이고 또 같이 해야 하는 일들이 아닐까 생각이 듭니다.

변강훈 : 너무 냉엄한 이야기라서 해야 될 얘긴지 아닌지 모르겠지만 '표주박통신'의 축인 김조년 선생님이 어느 부분에서 축을 놓아버리면 실제 과연 얼마만큼 결속력 있게 나머지 사람들이 같이 하려고 하겠는가 하는 부분은 우려가 됩니다. '표주박통신'이 다자간의 교류가 하나도 없었고 오로지 일대일 정점을 향해서만 다자간 교류만 있었기 때문에 이 정점이 흩어질 경우 이 다자들 서로간의 연결은 거의 시도한 바도 없어서 우려되는 것입니다.

박용배 : 예. 그래요.

권술용 : 음, 그리고 변화 발전의 모색은 좋은데 꼭 구태여 그렇게 고민할 필요가 없는 게 이대로 유지를 하더라도 또 다른 모임들이 다 끈이 있잖아요. 퀘이커 대전 모임. 또 공동체적인 그런 자연과 더불어 하는 뭐 그런 여러 가지 일들이 있고, 때문에 그게 스스로 있을 곳에 있으면서 그렇게 어울려서 가는 거고 앞으로 퇴직이 4년 정도 남았습니다. 그동안 충분히 그런 준비나 연습이 될 거예요.

박용배 : 예 저희가 이제 우려하는 것은 다름이 아니고 '표주박통신'의 고유성 그 정체성이 어떤 변화를 가지긴 가지면서도 그것이 확고하게 유지가 되고 얼마만큼 될 수 있느냐가 중요하단 생각을 하면서 한 번 어떤 변화 모색을 해야 되지 않을까 여깁니다. 서서히 뭐 그러니까 갑자기 하자는 얘기는 아니고 이제 표주박이라는 게 선생님의 변동사항에 따라 기본적으로 변할 수밖에 없는 상황이기 때문입니다.

오다함 : 저희 할머니가 식당을 하세요. 40년 동안 하셨어요. 꽤 오랜 시

간을 하셨어요. 그런데 한 장소에서 하세요. 사람들이 찾아오는 건요, 분명히 맛만은 아니란 말이에요. 맛과 할머니의 미성 때문이예요. 항상 이렇게 "어서 오세요"하고 "안녕히 가세요, 행복하세요." 이렇게 말씀을 해주시거든요. 그런 느낌을 찾아서 오시는 분들이 많거든요. 제가 정체성을 지켜야 된다는 것에 대해서 저희 할머니에 대해서 생각을 많이 했기 때문에 그건 정말 중요하다고 생각해요. 왜냐면은 같은 가게인데 할머니가 하지 않고, 할머니가 10년 또는 몇 년 동안 이렇게 데리고 계신 아주머니가 할머니가 잠깐 삼계탕을 안 볼 때 하시면 손님들이 바로 알아요. 할머니 안계시냐고 물어본단 말이에요. 그 느낌, 그 느낌을 바로 안단 말이에요. 그래서 저는 교수님의 정체성이란 게 정말로 유지가 돼야 된다고 생각하고요, 제가 이렇게 들으면서 한편으론 교수님의 느낌이 어떨까 생각하면서 아, 슬프다 라는 느낌을 했고요(웃음). 왜 교수님이 꼭 당신이 존재 해야지만, 이 모두가 당신을 통해서 연결이 돼야 되나 그런 느낌을 받았고요. 또 한편으로는 교수님이 뿌듯하다는 느낌을 가지겠다 라는 생각을 했어요. 저희 할머니가 지금 어떻게 계시냐면 꽤 오랜 시간을 장사를 하시면서 상권이 변하기 시작했어요. 이제 그쪽에 사람들이 안 다닌단 말이에요. 정말 그 맛을 아는 사람들과 지금은 거의 교수님 뻘 되시는 분들이 저희 할머니한테 찾아오세요. 그 당시 젊었던 그 분들이 찾아오시는 거거든요. 그 변화라는 것은 이제 저희 할머니를 예를 들면 상권이 좋은 목으로 옮겨야 된다. 이정도의 변화는 가져야 되지만, 그 정도의 변화를 가지시기에는 저는 제 좁은 소견이지만 교수님께서 충분한 시간과 생각을 가지고 계실 거라고 생각하고 있습니다. 교수님, 아주 정정하시잖아요.

박용배 : 그래요.

오다함 : 저희가 교수님의 편집을 대신하고 그래버리면 마치 할머니가 만들어 놓은 삼계탕을 아주머니들이 손을 대서 맛을 잃어버리는, 그래서 손님들이 떨어져 나가버리는 그런 상황이 오지 않게 하는 것이 아닌가 생

각됩니다.

박용배 : 표현이 아주 좋네요.(웃음)

변갈훈 : 그래요. 충분히 예견 할 수 있는 내용이에요. 그런데 아까 권관장님도 말씀하셨지만, 변화를 굳이 모색해야 될 필요가 있느냐, 변화라는 것은 자연스럽게 가는 형태고, 의도적으로 이렇게 우리가 막 변화를 모색한다고 해서 그 변화된 모습이 과연 가치있게 유지, 존재할 것인가는 다른 문제인 것 같습니다. '표주박통신' 자체가 가지고 있는 느낌이나 모든 것들은 그대로 가는데 그것에 어떤 새로운 변화가 매겨졌을 때 과연 그것에 익숙해 있는 많은 사람들이 또 다른 부분을 가질 수 있겠느냐 그리고 계속 같이 갈 수 있겠느냐는 문제가 있습니다.

박용배 : 저는 이렇게 생각해요. 아까도 제가 함석헌 선생님 말씀을 하였는데 함석헌 선생님을 김조년 선생님이 사모하고 그 분의 사상을 마음에 놓고서 사시고 아마 그렇기 때문에 지금 종교를 초월해서 우리 선생님 주변에 사람들이 모일 겁니다. 이분이 그냥 일반 그 시중에 있는 어떤 기독교에 있는 한 종파의 사람으로, 그런 모습으로 그런 언어와 그런 생각을 가지고 사람을 접했다면 아마 그에 해당되는 일부 그 색깔의 사람들만 모였겠죠. 선생님은 그렇게 하지 않으셨어요. 함석헌 선생님을 좋아한 만큼 그분의 사상을 실천으로 해보시려고 아마 어쩌면 '표주박통신'을 통해서 서서히 저희에게 같이 갈 수 있는 장을 만들고 지금까지 왔는지도 모르겠습니다. 그래서 저는 시간은 충분하다고 생각합니다.

김선훈 : 어쨌든 말씀을 듣다보니깐 여러 가지 생각이 많이 드는데 그동안에 우리가 '표주박통신'을 받아오면서 느꼈었던 그런 것들 속에서 잘 보전하고 계속 가꾸어 나가고 유지시켜 나가야 될 것들이 분명히 있을 것이라고 보고요. 또 반면에 이제 그러면서도 조금씩 변화를 하면 혹시 더 좋을 수 있는 것들도 있지 않을까 이런 생각이 들어서 그런 차원에서 드린 말씀인데, 아무튼 이제 그 두 가지를 같이 만들어 나가는 일이 불가능하다고

는 생각하지 않기 때문에요, 그래서 그런 얘기들이 오늘 이런 자리가 되었기 때문에 이런 자리에서 그런 얘기들이 한번 나오면 다시 한 번 그 문제를 생각할 수 있을 것이라고 보고, 이제 고유성과 정체성 말씀을 하다 보니간 생각이 드는데 우리가 전체, 쭉 지금까지 얘기했던 내용들이 다 그런 내용이라서 이 말을 좀 짧게 요약을 어떻게 해 볼 수 있을까 생각을 해봤는데, 잘 안 되죠. 그러는 만큼 뭔가 감으로는 '표주박통신'의 고유성과 정체성에 대해서 느껴지는데 이를테면 여러 가지가 있어요. '표주박통신'에 대해서도 말씀하시고, 개인적으로 들었을 때는 이제 김조년 교수님께서도 강조하시는 게 아까 말씀하셨던 함석헌 선생님이나 간디나 또 그런 사람들의 실제 살았던 삶의 모습이나 그러면서 영성의 문제, 소통의 문제, 대화의 문제, 이런 것들 그 다음에 우리 일상 이런 것들. 그 몇 가지 말들의 키워드들이나 강조하시는 내용들이 있긴 한데, 이런 내용들을 잘 가꾸어 나가는 쪽으로 하고 그것이 실지 생활 속에서 일어나는 실천으로써 이어지게 하는 부분들에 대한 고민들은 여전히 굉장히 중요하다고 생각이 됩니다. 그게 인간, 한 개인의 김조년이라고 하는 사람의 결단이라든가, 그냥 이것만의 문제는 아닐 수도 있습니다, 어떻게 보면 이미 '표주박통신'이라는 게 여러 사람들과의 교감의 내용들이 나타나는 거고 드러나면서 같이 공유해왔던 문제이기 때문에 어떤 면에서는 그런 것을 같이 우리가 읽는 독자들이 단지 그냥 받아보는 입장이 아니라 뭔가 이것을 같이 만들어 나가는 책임들도 한편 느끼는 것들이 원래 '표주박통신'의 정신일 수도 있다는 생각도 들어서입니다.

박용배: 네, 그래요.

김성훈: 그런 면에서 저도 어떻게 결론을 내릴 수 있을 거 같진 않고 어떤 방향은 잘 모르겠는데, 동안에 해왔던 여러 가지 고유성, 정체성의 문제에서 자주 강조했던 내용이라든가 이런 것들을 잘 살려나가는 방향으로 찾아가고 그런 것들을 제안해서 만들어 보고, 그런 일들은 좀 많이 필요할 거

같다는 생각이 듭니다.

변강훈 : 지금까지 편지를 보내고 받고 편지에 대한 화답의 의미로 자기의 생각이나 소식을 전하고 이런 통신 자체의 형식들이 있고요, 두 번째는 '표주박통신'에서 만남의 교류를 만들죠. 보름달맞이 행사라든지, 단식이라든지, 기타 이런 것들을 일 년에 몇 번 하게 되는데 이게 외형적인 형태고, 아까 내용부분에서는 김성훈 선생님이 얘기한대로 그 안에 키워드들에 의한 내용들로 사상에 대한 흐름들이 있습니다. 이 두 가지 부분을 그대로 유지하고 더 계승할 것과 그 다음에 또 그 속에서 변화를 모색할 것이 있다고 생각합니다. 그래서 변하지 않을 것, 우리가 꼭 지켜야 될 것이 있을 수 있고, 그렇지 않은 것이 있을 수 있는데 적어도 기본적으로는 사상이나 정신에 있어서는 변화해야 되는 점은 아니라고 보고요.

박용배 : 제가 한 예를 들자면 그런 것은, 분명히 변화하기는 변화해야 합니다. 왜냐면 시대가 변하고 사람들의 생각과 생활이 변하기 때문에, 물론 형식상에 있어서의 그런 것들은 변화해야 될 거라고 생각을 합니다. 예를 들자면 가야금이 원래 열두 줄 아닙니까? 열두 줄에 지금은 스물넉 줄짜리로도 나오고 하지 않습니까? 시대의 요구에 따라서 변했겠죠, 그렇죠? 옛날에 우리의 궁상각치우 우리 음계를 배워서 그 얘기 밖에 할 수 없는데, 지금 그러다 보니깐 그거로 또 양악도 연주를 해야 하고 그러기 위해서 이제 시대의 상황에 따라 줄을 더 배로 늘린 거죠. 그러나 음색은 변하지 않았거든요. 또 그걸로 고유의 우리 음악을 연주할 수 있다고요. 그런 것처럼 저희의 '표주박통신'도 그런 식으로 소리는 변하지 않되 어떤 약간의 그 모양 이런 것들이 변화해야 될 어떤 필연성은 있을 것 같아요. 시대, 상황이나 이런 것에 의해서.

변강훈 : 딱 여기서 규정할 건 아니지만 가령 이제 혼자 하시던 일을 팀으로 모여서 한다든지 그런 것들은 이제 하셔야 될, 예전에는 선생님 제자들이 있어서 할 수 있었겠지만 그 이후에는 또 그게 아닐 수도 있으니깐 그

럴 경우에는 사전에 그런 것들이 좀 만들어져서 같이 할 수 있는 상황을 만드는 것. 이런 것들이 가능한 부분 중에 변화할 수 있다는 거죠.

박용배 : 그렇죠.

변강훈 : 그것이 내용을 훼손시킬 어떤 그런 형태로서의 변화가 아니라, 기본적인 정신을 가지고 가되 그렇게 그 상황에 맞게 변화하는 것들로 보는 거죠.

김성훈 : 이 부분을 이런 모임을 계기로 해서 시간을 두면서 계속 얘기를 해나가면 좋을 것 같아요. 이를 테면 '표주박통신'에 제가 한번 기고를 하는 거죠. '아! 표주박통신 변해야 한다. 좀 낡았다' 그래서 한번 딱 올리는 거죠. '이런 식으로 바뀌어야 되고 이래야 하는 거 아니냐 또 누구는 보면서 그렇지 않다. '표주박통신'은 그것을 지켜야 되는 어떤 면이 있고 이렇게 하면서 오히려 여러 가지 이야기가 될 수 있으니깐. 그렇게 가져가면서 하다 보면은 자연스런 토론이 되고요.

변강훈 : 그거 자체가 변화죠. 왜냐면 지금까지는 '표주박통신'의 그런 논쟁거리가 올라오거나 하는 기억이 없었단 말이죠. 그런데 이렇게 이야기를 가지고 자연스럽게 공론화하는 것이죠.

박용배 : 예, 지금 아주 좋은 말씀 하셨네요.

변강훈 : 그런 이야기를 가지고 각자의 생각들을 또 다음에 논쟁 하고 그럴 수 있는 부분이라고 생각이 듭니다. 지금 나누는 이야기가 잘 정리가 되면 사실은 이제 책이 출판될 때 이 이야기를 통해서 독자들이 '아, 표주박통신이란 것이 이런 것이구나'라고 이해하는데 도움이 되는 정도는 마련하자는 본래 취지는 달성하지 않았나 생각됩니다. 특별히 다른 더 하실 얘기가 없으시면 이것으로 표주박 20주년 기념 좌담회를 마치겠습니다.